CONTEÚDO DIGITAL PARA ALUNOS
Cadastre-se e transforme seus estudos em uma experiência única de aprendizado:

1 Entre na página de cadastro:
https://sistemas.editoradobrasil.com.br/cadastro

2 Além dos seus dados pessoais e dos dados de sua escola, adicione ao cadastro o código do aluno, que garantirá a exclusividade do seu ingresso à plataforma.

3487811A8938567

3 Depois, acesse:
https://leb.editoradobrasil.com.br/
e navegue pelos conteúdos digitais de sua coleção :D

CB042198

Lembre-se de que esse código, pessoal e intransferível, é valido por um ano. Guarde-o com cuidado, pois é a única maneira de você acessar os conteúdos da plataforma.

Editora do Brasil

TEMPO DE MATEMÁTICA

MIGUEL ASIS NAME
- Licenciado em Matemática.
- Pós-graduado em Álgebra Linear e Equações Diferenciais.
- Foi professor efetivo de Matemática da rede estadual durante trinta anos.
- Autor de diversos livros didáticos.

COLEÇÃO
TEMPO
MATEMÁTICA 7
4ª edição
São Paulo, 2019.

Dados Internacionais de Catalogação na Publicação (CIP)
(Câmara Brasileira do Livro, SP, Brasil)

Name, Miguel Asis

Tempo de matemática 7 / Miguel Asis Name. – 4. ed. –
São Paulo : Editora do Brasil, 2019. – (Coleção tempo)

ISBN 978-85-10-07670-8 (aluno)
ISBN 978-85-10-07671-5 (professor)

1. Matemática (Ensino fundamental) I. Título. II. Série.

19-27624   CDD-372.7

Índices para catálogo sistemático:
1. Matemática: Ensino fundamental 372.7
Maria Alice Ferreira – Bibliotecária – CRB-8/7964

© Editora do Brasil S.A., 2019
Todos os direitos reservados

Direção-geral: Vicente Tortamano Avanso
Direção editorial: Felipe Ramos Poletti
Gerência editorial: Erika Caldin
Supervisão de arte e editoração: Cida Alves
Supervisão de revisão: Dora Helena Feres
Supervisão de iconografia: Léo Burgos
Supervisão de digital: Ethel Shuña Queiroz
Supervisão de controle de processos editoriais: Roseli Said
Supervisão de direitos autorais: Marilisa Bertolone Mendes

Supervisão editorial: Rodrigo Pessota
Edição: Andriele de Carvalho Landim e Rodolfo Campos
Assistência editorial: Cristina Perfetti e Viviane Ribeiro
Copidesque: Giselia Costa, Ricardo Liberal e Sylmara Beletti
Revisão: Alexandra Resende, Andréia Andrade, Elis Beletti, Gabriel Ornelas, Flávia Gonçalves, Marina Moura e Martin Gonçalves
Pesquisa iconográfica: Daniel Andrade e Tamiris Marcelino
Assistência de arte: Carla Del Matto e Lívia Danielli
Design gráfico: Andrea Melo e Patrícia Lino
Capa: Megalo Design
Imagem de capa: Asanru/Shutterstock.com, Cristian Gusa/Shutterstock.com, David Barley/Shutterstock.com, Georgios Kollidas/Shutterstock.com e Tomas Ragina/Shutterstock.com
Ilustrações: Alexander Santos, André Aguiar, Ariel Fajtlowicz, Carlos Takachi, Danillo Souza, Desenhorama, Estúdio Mil, Estúdio Ornitorrinco, Ilustra Cartoon, João P. Mazzoco, Jorge Zaiba, Leonardo Conceição, Luiz Lentini, Marcelo Azalim, Marcos Guilherme, Paula Lobo, Paulo Borges, Paulo José, Reinaldo Rosa, Rodrigo Arraya, Wander Antunes e Wasteresley Lima
Produção cartográfica: Alessandro Passos da Costa e DAE
Coordenação de editoração eletrônica: Abdonildo José de Lima Santos
Editoração eletrônica: JS Design
Licenciamentos de textos: Cinthya Utiyama, Jennifer Xavier, Paula Harue Tozaki e Renata Garbellini
Controle de processos editoriais: Bruna Alves, Carlos Nunes e Stephanie Paparella

4ª edição / 2ª impressão, 2023
Impresso no parque gráfico da Meltingcolor Grafica e Editora

Rua Conselheiro Nébias, 887
São Paulo, SP – CEP 01203-001
Fone: +55 11 3226-0211
www.editoradobrasil.com.br

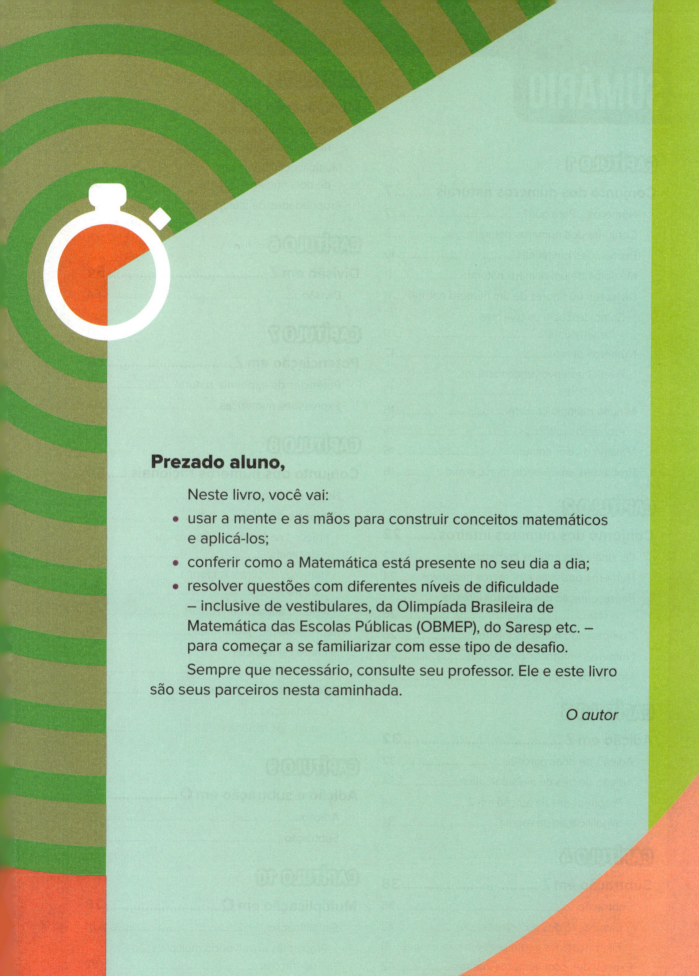

Prezado aluno,

Neste livro, você vai:

- usar a mente e as mãos para construir conceitos matemáticos e aplicá-los;
- conferir como a Matemática está presente no seu dia a dia;
- resolver questões com diferentes níveis de dificuldade – inclusive de vestibulares, da Olimpíada Brasileira de Matemática das Escolas Públicas (OBMEP), do Saresp etc. – para começar a se familiarizar com esse tipo de desafio.

Sempre que necessário, consulte seu professor. Ele e este livro são seus parceiros nesta caminhada.

O autor

SUMÁRIO

CAPÍTULO 1

Conjunto dos números naturais **7**

Números... Para quê? 7

Conjunto dos números naturais 8

Expressões numéricas 10

Múltiplos de um número natural 11

Divisores ou fatores de um número natural 11

Como descobrir os divisores
de um número? 11

Números primos 12

Problemas envolvendo múltiplos
e divisores 13

Mínimo múltiplo comum 15

Processos práticos 15

Máximo divisor comum 15

Problemas envolvendo m.m.c e m.d.c 16

CAPÍTULO 2

Conjunto dos números inteiros **22**

Os sinais dos antigos comerciantes 22

Números positivos e números negativos 24

Representação dos números inteiros
na reta 26

Comparando números inteiros 26

Números simétricos ou opostos 28

Módulo ou valor absoluto 28

CAPÍTULO 3

Adição em $\mathbb{Z}$ **32**

Adição de duas parcelas 32

Adição de três ou mais parcelas 34

Propriedades da adição em $\mathbb{Z}$ 34

Simplificação da escrita 34

CAPÍTULO 4

Subtração em $\mathbb{Z}$ **38**

Subtração 38

Eliminação dos parênteses 38

Eliminação dos parênteses em expressões ... 41

Expressões com números inteiros 42

CAPÍTULO 5

Multiplicação em $\mathbb{Z}$ **46**

Multiplicação com dois
números inteiros 46

Multiplicação com mais
de dois números inteiros 50

Propriedades da multiplicação 51

CAPÍTULO 6

Divisão em $\mathbb{Z}$ **54**

Divisão 54

CAPÍTULO 7

Potenciação em $\mathbb{Z}$ **58**

Potências de expoente natural 58

Expressões numéricas 60

CAPÍTULO 8

Conjunto dos números racionais **64**

Números racionais 64

Frações e divisões 66

Frações na forma de número
decimal 67

Números decimais na forma
de fração 68

Relembrando propriedades 69

Representação geométrica 69

Números simétricos
ou opostos 70

Valor absoluto ou módulo 70

Comparação de
números racionais 70

CAPÍTULO 9

Adição e subtração em $\mathbb{Q}$ **74**

Adição 74

Subtração 74

CAPÍTULO 10

Multiplicação em $\mathbb{Q}$ **78**

Simplificação 81

Problemas envolvendo multiplicação
de frações 82

CAPÍTULO 11

Divisão em Q 86

CAPÍTULO 12

Potenciação em Q 92

Potenciação 92

Expoente negativo 94

CAPÍTULO 13

Porcentagem 98

Ideia de porcentagem 98

Resolvendo problemas
de porcentagem 101

Resolução de outros problemas
de porcentagem 103

Descontos e acréscimos –
Cálculo direto 105

Descontos 105

Acréscimos 105

CAPÍTULO 14

Equações do 1º grau 110

Procurando o equilíbrio 110

Equações 112

Raiz ou solução de uma equação 113

Equações equivalentes 113

Equações do 1º grau 114

Resolução de equação do 1º grau
com uma incógnita em Q 114

Um pouco mais sobre resolução de
equações 119

CAPÍTULO 15

**Problemas do 1º grau com uma
incógnita** 122

Equacionando problemas 122

CAPÍTULO 16

Padrões em sequências 130

Variáveis 130

Padrões em sequências 131

Forma recursiva 131

Termo geral de uma sequência 132

CAPÍTULO 17

Razão 136

Noção de razão 136

Razão entre duas grandezas da mesma
espécie 138

Escala 140

CAPÍTULO 18

Proporção 144

Termos de uma proporção 144

Propriedade fundamental das proporções ... 146

Resolução de uma proporção 147

CAPÍTULO 19

Regra de três 152

Grandezas diretamente proporcionais ... 152

Grandezas inversamente proporcionais ... 153

Regra de três simples 154

CAPÍTULO 20

Gráficos e médias 160

Gráficos de barras 160

Gráficos de setores 161

Médias 166

Média aritmética 166

Amplitude dos dados 166

Média aritmética ponderada 168

CAPÍTULO 21

Probabilidade 172

Retomando o cálculo de probabilidades ... 172

Eventos complementares, evento certo
e evento impossível 176

CAPÍTULO 22

Retas e ângulos 180

Posição relativa de duas retas no plano ... 180

Semirreta 181

Segmento de reta 181

Ângulos 183

Ângulos especiais 185

Ângulos complementares 185

Ângulos suplementares 186

Ângulos opostos pelo vértice 187

CAPÍTULO 23

Ângulos formados por três retas.... 192

Ângulos formados por duas retas paralelas
cortadas por uma transversal 192

Propriedades...194

CAPÍTULO 24

Triângulos 200

A rigidez dos triângulos 200

Triângulo – elementos..............................201

Ângulo externo 201

Perímetro...201

Classificação dos triângulos 202

Condição de existência de um triângulo......204

Soma das medidas dos ângulos internos
de um triângulo 206

Medida de um ângulo externo.......................208

Relação entre lados e ângulos
de um triângulo 210

CAPÍTULO 25

Polígonos 214

Quadriláteros 214

Quadrilátero convexo 214

Soma das medidas dos ângulos internos
de um quadrilátero 216

Polígonos convexos 218

Diagonal de um polígono..........................218

Classificação dos polígonos 219

Soma das medidas dos ângulos internos
de um polígono 222

Soma das medidas dos ângulos externos de
um polígono 224

Polígono regular...224

CAPÍTULO 26

Círcunferência e círculo...................230

Formas circulares...230

Circunferência, círculo e seus elementos 231

O compasso...232

Comprimento da circunferência 234

Problemas que envolvem o comprimento
da circunferência 235

Construção de triângulos com régua
e compasso...237

CAPÍTULO 27

Áreas

Relembrando... 240

Área do retângulo.......................................240

Área do quadrado.......................................240

Área do paralelogramo 240

Área do triângulo..241

Área do losango...243

Área do trapézio...244

CAPÍTULO 28

**Medidas de volume e
de capacidade....................................248**

Medidas de volume......................................248

Medidas de capacidade............................... 250

CAPÍTULO 1
Conjunto dos números naturais

Números... Para quê?

Em casa, na rua, na escola, em lojas e no trabalho, inúmeras vezes temos de responder a perguntas como estas:

↑ Quantos são?

↑ Quanto você ganhou?

↑ Quanto falta?

↑ Quanto você tirou na prova?

↑ Quanto custa?

↑ Quanto mede?

Para responder a essas questões, que fazem parte de nosso dia a dia, necessitamos dos números. Você consegue imaginar a vida sem eles?

Conjunto dos números naturais

Quantas caixas cúbicas estão empilhadas no canto da sala?

Para contar, usamos os números 1, 2, 3, 4, 5, 6...

Com o zero, esses números formam o **conjunto dos números naturais**, que é indicado assim:

$$\mathbb{N} = \{0, 1, 2, 3, 4, 5, 6, 7, ...\}$$

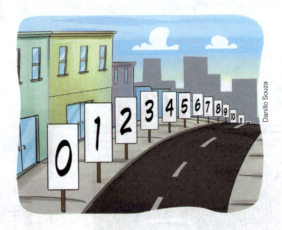

Relembre informações referentes ao conjunto dos números naturais.

1. Todo número natural tem um sucessor, e existem infinitos números naturais.
   - O sucessor de 15 é 16.
   - O sucessor de 3 000 é 3 001.
2. Todo número natural, com exceção do zero, tem um antecessor.
   - O antecessor de 13 é 12.
   - O antecessor de 1 000 é 999.
3. Um número natural e seu sucessor chamam-se **números consecutivos**.
   - 7 e 8 são números consecutivos
   - 200, 201 e 202 são números consecutivos

Sempre que somamos dois números naturais ou multiplicamos um número natural por outro, obtemos como resultado um número natural.

Já a subtração entre dois números naturais **nem sempre** é um número natural. Por exemplo, 7 − 10 e 25 − 30 não resultam em um número natural. Daí vem a necessidade de ampliar o conjunto $\mathbb{N}$ por meio dos números negativos, que estudaremos em breve.

EXERCÍCIOS
DE FIXAÇÃO

1. Veja os números que aparecem nestas frases:
   - Joana comeu $\frac{1}{3}$ do bolo de chocolate.
   - O eletricista comprou 19,5 metros de fio.
   - Em Londres a temperatura atingiu −2 °C.
   - O *show* reuniu 86 000 pessoas.

   Qual desses números é natural?

2. Responda:
   a) Qual é o menor número natural?
   b) Qual é o maior número natural?
   c) Quantos números naturais existem?
   d) Qual é o quinto número natural?
   e) Quantos números naturais são menores que 8?
   f) Que números naturais existem entre 4 e 5?

3. Observe os números que aparecem na senha e na placa de um carro.

   a) Em qual dessas situações o zero não pode ser excluído?
   b) Podemos dizer que 0398 é considerado um número de três algarismos?
   c) Podemos escrever: 0398 = 398?
   d) Quantas pessoas serão atendidas antes da pessoa que pegou a senha acima?

   Você deve ter observado que os números naturais também são usados para identificação e ordem.

4. Determine a sequência de:
   a) números naturais maiores que 4;
   b) números naturais menores ou iguais a 4;
   c) números naturais maiores que 6 e menores que 10.

5. Usando algarismos, escreva:
   a) quatro mil e nove;
   b) dez mil e dezenove;
   c) cinco mil seiscentos e oito;
   d) quinhentos mil e dois;
   e) dois milhões, três mil e sete.

6. A sequência 0, 2, 4, 6, 8, ... é a dos **números naturais pares**. Quais são os números pares maiores que 16 e menores que 24?

7. A sequência 1, 3, 5, 7, 9, ... é a dos **números naturais ímpares**. Quais são os números ímpares maiores que 70 e menores que 82?

8. Utilizando uma só vez cada um dos algarismos 1 3 6 8, escreva:
   a) o maior número natural;
   b) o maior número par;
   c) o menor número par;
   d) o menor número ímpar.

9. Responda:
   a) Qual é o sucessor de 58 999?
   b) Qual é o antecessor de 16 000?
   c) 4 800 é o sucessor de qual número?
   d) 3 200 é o antecessor de qual número?

10. São números naturais consecutivos:
    a) 5, 10, 15.   c) 2, 4, 6, 8.
    b) 0, 10, 20.   d) 58, 59, 60.

11. Determine cinco números naturais consecutivos sabendo que o do meio é 10 000.

12. Determine a sequência de:
    a) números naturais entre 20 e 25;
    b) números naturais de 20 a 25.

Expressões numéricas

Regras de prioridades das operações

- Os cálculos indicados dentro de parênteses devem ser efetuados primeiro, depois os dos colchetes e, por último, os das chaves.
- A potenciação tem prioridade sobre a multiplicação e a divisão.
- A multiplicação e a divisão têm prioridade sobre a adição e a subtração.
- Entre duas operações com a mesma prioridade, efetua-se a que aparece primeiro da esquerda para a direita.

Veja os exemplos:

A. $5 + 2^3 : 8 + 5 \cdot 2 =$
$= 5 + 8 : 8 + 5 \cdot 2 =$
$= 5 + 1 + 10 =$
$= 6 + 10 =$
$= 16$

B. $3^2 \cdot (1 \cdot 5 - 4)^3 =$
$= 9 \cdot (1 \cdot 5 - 4)^3 =$
$= 9 \cdot (5 - 4)^3 =$
$= 9 \cdot 1^3 =$
$= 9 \cdot 1 =$
$= 9$

EXERCÍCIOS DE FIXAÇÃO

13. Qual expressão tem como valor 20?
   a) $5 + 5 \cdot 2$
   b) $13 - 3 \cdot 2$
   c) $5 \cdot 0 \cdot 4$
   d) $40 : 4 \cdot 2$

14. (OM-SP) O valor da expressão $3 + 5 \cdot 2 - 4 : 2$ é:
   a) 6.
   b) 8.
   c) 11.
   d) 14.

15. (CAp–UFPE) Qual das expressões numéricas a seguir é uma simplificação correta da expressão $22 - 2 \cdot (6 + 12 : 3)$?
   a) $22 - 2 \cdot 10$
   b) $20 - (6 + 4)$
   c) $22 - 12 + 4$
   d) $20 - 18 : 3$

16. (CAp–UERJ) O resultado da expressão $(2\,412 : 12 - 8) - 1^3 + (48 - 6 \cdot 2)$ é:
   a) 46.
   b) 98.
   c) 226.
   d) 228.

17. (CAp–UERJ) O resultado da expressão $\{[16 - (4 : 4)] : 3\}^2 \cdot 2^3$ é:
   a) 8.
   b) 16.
   c) 150.
   d) 200.

18. Uma bola custa R$ 12,00, e uma camiseta R$ 15,00. Escreva uma expressão que represente o custo de 3 bolas e 4 camisetas e, depois, calcule o valor da expressão que você escreveu.

19. Calcule o valor das seguintes expressões.
   a) $20 - [6 - 4 \cdot (10 - 3^2) + 1]$
   b) $50 + [3^3 : (1 + 2) + 4 \cdot 3]$
   c) $100 - [5^2 : (10 - 5) + 2^4 \cdot 1]$
   d) $(4 + 80 : 40)^2 - 6^2$
   e) $(4^2 - 108 : 9)^2 \cdot (1 + 7^0)$
   f) $[(6^2 + 30) : 11] \cdot 7 : 2$
   g) $100 : [3 + 18 : 3 + 1^8]$
   h) $[(24 + 5^2) : 7 - 8^0] : 2$

Múltiplos de um número natural

Os múltiplos de um número natural são obtidos multiplicando o número por 0, 1, 2, 3, 4, 5, ...

- Os múltiplos de 3 são: 0, 3, 6, 9, 12, 15, ...
- Os múltiplos de 8 são: 0, 8, 16, 24, 32, 40, ...
- Os múltiplos de 0 são: 0, 0, 0, 0, 0, 0, ... (zero só tem um múltiplo).

Convém lembrar que:

- o **zero** é múltiplo de todos os números;
- todo número é múltiplo de **um** e de **si mesmo**;
- o conjunto dos múltiplos de um número natural diferente de zero é um conjunto infinito.

Divisores ou fatores de um número natural

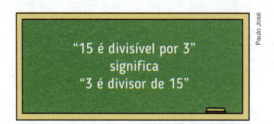

Na lousa há duas frases que têm o mesmo significado.

Se a divisão de um número natural por outro não nulo é exata, dizemos que:
- o primeiro é **divisível** pelo segundo, ou o primeiro é **múltiplo** do segundo;
- o segundo é **divisor** ou **fator** do primeiro.

Como descobrir os divisores de um número?

Para **obter os divisores** de um número, basta você dividir esse número por todos os números naturais menores ou iguais a ele. Aqueles cuja divisão é exata (resto igual a zero) serão seus **divisores**.

Quais são os divisores de 10?

Veja:

- 10 é divisível por 1 ou 1 é divisor de 10;
- 10 é divisível por 2 ou 2 é divisor de 10;
- 10 é divisível por 5 ou 5 é divisor de 10;
- 10 é divisível por 10 ou 10 é divisor de 10.

1, 2, 5 e 10 são divisores de 10 e 10 é divisível por 1, 2, 5 e 10

Convém lembrar que:

- o **um** é divisor de todos os números naturais;
- o **zero** não é divisor de nenhum número natural;
- todo número natural diferente de zero é divisor de si próprio;
- o conjunto dos divisores de um número natural diferente de zero é um conjunto finito.

Números primos

Números primos são os números naturais que têm exatamente dois divisores: 1 e ele mesmo.
Veja a sequência dos números primos até 50:

2, 3, 5, 7, 11, 13, 17, 19, 23, 29, 31, 37, 43 e 47.

O único número primo par é o 2. Há infinitos números primos.

Os números que não são primos são chamados de **números compostos**. Todo número composto pode ser escrito como produto de números primos. Veja exemplos:

- $12 = 2 \cdot 2 \cdot 3 = 2^2 \cdot 3$
- $75 = 3 \cdot 5 \cdot 7$
- $91 = 7 \cdot 13$

Quando escrevemos um número como produto de fatores primos, dizemos que ele foi decomposto em fatores primos.

Para decompor números maiores em fatores primos, podemos usar o procedimento que relembraremos a seguir:

- Decompor 180 em fatores primos:

180	2
90	2
45	3
15	3
5	5
1	

$180 = 2 \cdot 2 \cdot 3 \cdot 3 \cdot 5 = 2^2 \cdot 3^2 \cdot 5$

EXERCÍCIOS DE FIXAÇÃO

NO CADERNO

20. O número 21 é primo? Justifique.

21. No caderno, substitua os quadradinhos por números para que as decomposições em fatores primos fiquem corretas.

a)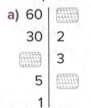

b)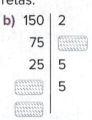

22. Responda usando apenas os números:

a) Qual é divisor de 35?

b) O 5 é divisor de qual número?

c) O 7 é divisor de dois números. Quais são?

d) Quais são os três divisores de 36?

e) Quais são os números divisíveis por 4?

23. Copie estas decomposições e complete-as com os fatores primos que faltam:

a) $56 = 2 \cdot 2 \cdot 2 \cdot \square = 2^3 \cdot \square$

b) $45 = \square \cdot \square \cdot 5 = \square \cdot 5$

c) $132 = 2 \cdot 2 \cdot \square \cdot 11 = 2^2 \cdot \square \cdot 11$

d) $96 = \square \cdot \square \cdot \square \cdot \square \cdot \square \cdot 3 = \square \cdot 3$

Problemas envolvendo múltiplos e divisores

Os conceitos de múltiplo e de divisor de um número são aplicados na resolução de vários tipos de problema. Vejamos alguns exemplos.

A. Certo curso tem 524 alunos matriculados. As turmas serão formadas com 18 alunos em cada uma. Há quantas turmas completas? Quantas matrículas faltam para completar mais uma turma?

Ao dividirmos 524 por 18, descobriremos quantas turmas estão completas:

```
5 3 4  | 1 8
1 7 4    2 9
  1 2
```

Há 29 turmas completas e sobram 12 alunos.

A nova turma deve ter 18 alunos, dos quais 12 já estão matriculados.

Faltam então 18 − 12 = 6 matrículas para completar a nova turma.

Com mais 6 matrículas poderão ser formadas 29 + 1 = 30 turmas.

B. Teresa sabe que tem entre 140 e 150 fotos para colar em um álbum. Experimentou colar 6 por página, mas sobraram 2. Quando experimentou colar 8 por página, também sobraram 2. Quantas fotos Teresa vai colocar no álbum?

O número de fotos não é múltiplo de 6 nem de 8, pois o resto da divisão por esses números dá 2.

Se o resto é 2, o número de fotos é um múltiplo de 6 somado a 2 e também é um múltiplo de 8 somado a 2.

Dividindo 140 por 6 e 140 por 8, temos:

```
1 4 0  | 6      1 4 0  | 8
  2 0    2 3     6 0     1 7
     2               4
  Resto 2        Resto 4
```

> 140 é um múltiplo de 6 somado a 2
> Como a divisão de 140 por 8 dá resto 4 e queremos resto 2, fazemos 140 − 2 = 138
> 138 é um múltiplo de 8 somado a 2

- A partir de 140, os múltiplos de 6 somados a 2 são: 140, 146 , 152, 158, ...
- A partir de 138, os múltiplos de 8 somados a 2 são: 138, 146 , 154, 162, ...

Como o número de fotos está entre 140 e 150, somente 146 está nas duas sequências.

Teresa vai colocar 146 fotos no álbum.

EXERCÍCIOS
DE FIXAÇÃO

24. O número 799 é divisível por 17. Qual é o próximo número natural divisível por 17?

25. Responda:
   a) 63 é divisível por 5?
   b) Qual é o número natural imediatamente posterior a 63 que é divisível por 5?
   c) Qual é o número natural imediatamente anterior a 63 que é divisível por 5?

26. Escreva:
   a) os divisores de 8;
   b) os divisores de 13;
   c) os divisores de 35.

27. Escreva:
   a) os divisores de 12 menores que 6;
   b) os divisores de 14 que também são divisores de 18;
   c) os divisores de 18 que não são divisores de 10.

28. Quando Léo guarda seus livros em pilhas com 5 livros em cada uma, sobram 3 livros. Quando ele guarda em pilhas com 4 livros, sobram 2. No mínimo, quantos livros Léo tem?

29. Quais são:
   a) os múltiplos de 7 menores que 77?
   b) os múltiplos de 19 menores que 100?
   c) os múltiplos de 12 maiores que 20 e menores que 45?
   d) os múltiplos de 101 maiores que 202 e menores que 606?

30. O maior múltiplo de 8 menor que 1000 é:
   a) 88.
   b) 800.
   c) 992.
   d) 998.

31. Os múltiplos de 10 terminam todos pelo mesmo algarismo. Qual é esse algarismo?

32. Quais são os múltiplos de 20 que se escrevem com dois algarismos?

33. Os números 12 e 15 são:
   a) múltiplos de 60.
   b) múltiplos de 90.
   c) divisores de 60.
   d) divisores de 90.

34. Das sequências a seguir, aquela que tem como termos exatamente dois divisores de 18 e três múltiplos de 18 é:
   a) 1, 2, 3, 18, 36.
   b) 1, 18, 36, 180.
   c) 2, 36, 72, 180.
   d) 2, 9, 18, 36, 180.

35. Os **números primos** têm somente dois divisores: o próprio número e o número um.
   Com essa informação, podemos afirmar que a única sequência constituída somente de números primos é:
   a) 2, 5, 17, 21.
   b) 3, 7, 9, 19.
   c) 7, 17, 27, 47.
   d) 2, 7, 11, 17, 23.

36. Determine:
   a) o menor número de 3 algarismos que é múltiplo de 12;
   b) o maior número de 3 algarismos que é múltiplo de 11.

37. Lilian quer distribuir 185 balas em saquinhos que contenham uma dúzia delas. Quantos saquinhos completos ela pode montar? Quantas balas faltam para completar mais um saquinho?

38. A fatoração completa de 1 020 é:
   a) $2^3 \cdot 3 \cdot 5$.
   b) $2 \cdot 3 \cdot 17$.
   c) $2^2 \cdot 3 \cdot 5 \cdot 17$.
   d) $2 \cdot 3^2 \cdot 5 \cdot 17$.

Mínimo múltiplo comum

O menor dos múltiplos comuns (excluindo o zero) de dois ou mais números chama-se **mínimo múltiplo comum (m.m.c.)**.

Exemplo: Qual é o m.m.c. de **2** e **3**?

Para determiná-lo, temos:

- múltiplos de 2: 0, 2, 4, 6, 8, 10, 12, ...
- múltiplos de 3: 0, 3, 6, 9, 12, 15, ...
- múltiplos comuns de 2 e 3: 0, 6, 12, ...

Excluindo o zero, o menor múltiplo comum é 6. Então escrevemos:

$$m.m.c. (2, 3) = 6$$

Processos práticos

- **Por decomposição em fatores primos (fatoração completa)**

Determinar o m.m.c. de 315 e 60.

315	3
105	3
35	5
7	7
1	

60	2
30	2
15	3
5	5
1	

Assim:

$315 = 3^2 \cdot 5 \cdot 7$

$60 = 2^2 \cdot 3 \cdot 5$

$m.m.c. (315, 60) = 2^2 \cdot 3^2 \cdot 5 \cdot 7 = 1260$

O m.m.c. é o produto de todos os fatores primos tomados com os maiores expoentes.

- **Por decomposição simultânea**

Determinar o m.m.c. de 315 e 60.

315, 60	2	← apenas o 60 é divisível por 2
315, 30	2	← apenas o 30 é divisível por 2
315, 15	3	← 315 e 15 são divisíveis por 3
105, 5	3	← apenas o 105 é divisível por 3
35, 5	5	← 35 e 5 são divisíveis por 5
7, 1	7	← apenas o 7 é divisível por 7
1, 1	$2 \cdot 2 \cdot 3 \cdot 3 \cdot 5 \cdot 7 = 1\,260$	

Logo, m.m.c. (315, 60) = 1 260

Determinar o m.m.c. de 10, 15 e 8.

10, 15, 8	2
5, 15, 4	2
5, 15, 2	2
5, 15, 1	3
5, 5, 1	5
1, 1, 1	$2 \cdot 2 \cdot 2 \cdot 3 \cdot 5 = 120$

Logo, m.m.c. (10, 15, 8) = 120

Máximo divisor comum

O maior dos divisores comuns de dois ou mais números chama-se **máximo divisor comum (m.d.c.)**.

Exemplo:

Qual é o m.d.c. de 8 e 12?

Temos:

- divisores de 8:
  1, 2, 4, 8

- divisores de 12:
  1, 2, 3, 4, 6, 12

- divisores comuns de 8 e 12:
  1, 2, 4

Então: m.d.c. (8, 12) = 4

Problemas envolvendo m.m.c. e m.d.c.

Mínimo múltiplo comum (m.m.c.)

Dois ciclistas, **A** e **B**, partem juntos, do mesmo ponto, numa prova em pista circular. O ciclista **A** faz cada volta em 48 s e o ciclista **B**, em 45 s. Depois de quantos minutos os dois passarão juntos novamente pelo ponto de partida se mantiverem esses tempos?

- O ciclista **A** passa pelo ponto de partida a cada 48 s: 0, 48, 96, 146... (múltiplos de 48)
- O ciclista **B** passa pelo ponto de partida a cada 45 s: 0, 45, 90, 135, ... (múltiplos de 45)

Para resolver o problema precisamos encontrar o **menor múltiplo comum** entre 48 e 45 depois do zero, ou seja, precisamos determinar o m.m.c. (48, 45).

48, 45	2
24, 45	2
12, 45	2
6, 45	2
3, 45	3
1, 15	3
1, 5	5
1, 1	

m.m.c. $(48, 45) = 2^4 \cdot 3^2 \cdot 5 = 720$

Aos 720 s de prova, os ciclistas passarão juntos novamente no ponto de partida. Como queremos o tempo em minutos, faremos:

720 : 60 = 12, pois 1 min = 60 s

A resposta do problema é 12 minutos.

AQUI TEM MAIS

Para descobrir se um número é ou não primo, usamos um procedimento simples. Veja um exemplo: 103 é primo?

Dividimos 103 por números primos até que o quociente fique menor que o divisor. Já sabemos que 103 não é divisível por 2, por 3 nem por 5.

```
1 0 3 | 7           1 0 3 | 11
  3 3   1 4             4    9
    5
```

14 > 7   9 < 11   Então 103 é primo.

Máximo divisor comum (m.d.c.)

Fábio tem duas tábuas de madeira com comprimentos de 1,2 m e 1,6 m. Ele pretende serrar essas tábuas para obter pedaços todos iguais, com o maior comprimento possível. Qual deve ser esse comprimento? Quantos pedaços de tábua obterá no total?

Como 1,2 m = 120 cm e 1,6 m = 160 cm, precisamos encontrar um divisor comum a 120 e 160.

Além disso, esse divisor deve ser o maior possível. Precisamos achar o **m.d.c. (120, 160)**.

- Divisores de 120: 1, 2, 3, 4, 5, 6, 8, 10, 12, 15, 20, 24, 30, 40, 60, 120
- Divisores de 160: 1, 2, 4, 5, 8, 10, 16, 20, 32, 40, 80, 160

m.d.c. (120, 160) = 40.

Cada pedaço serrado das tábuas terá 40 cm de comprimento.

Para saber quantos pedaços serão obtidos, faremos:

120 : 40 = 3 pedaços   e   160 : 40 = 4 pedaços, então 3 + 4 = 7 pedaços.

Ao todo, serão 7 pedaços de 40 cm de comprimento.

EXERCÍCIOS DE FIXAÇÃO

39. Responda:
   a) Quais são os múltiplos de 3?
   b) Quais são os múltiplos de 5?
   c) Quais são os múltiplos comuns de 3 e 5?
   d) Qual é o m.m.c. (3, 5)?

40. Calcule mentalmente:
   a) m.m.c. (2, 6)
   b) m.m.c. (5, 9)
   c) m.m.c. (4, 6)
   d) m.m.c. (8, 4)
   e) m.m.c. (3, 2)
   f) m.m.c. (6, 9)
   g) m.m.c. (6, 10)
   h) m.m.c. (3, 4, 6)

41. O mínimo múltiplo comum dos números 4, 8 e 16 é:
   a) 2.   b) 4.   c) 8.   d) 16.

42. O mínimo múltiplo comum de dois números naturais diferentes, sendo um deles divisor do outro, é o:
   a) maior dos dois números.
   b) menor dos dois números.
   c) produto dos dois números.
   d) quociente do maior pelo menor dos números.

43. (UMC-SP) A sequência de todos os números naturais múltiplos comuns de 2, 3 e 4 é:
   a) 0, 4, 8, 12, ...
   b) 0, 6, 12, 18, ...
   c) 12, 24, 36, ...
   d) 0, 12, 24, 36, ...

44. Carolina dá uma volta na pista em 4 minutos e Juliana, em 3 minutos.

As duas partiram juntas. Quanto tempo levará para que estejam novamente lado a lado?

45. O mínimo múltiplo comum de 6 e 18 é igual:
   a) ao triplo de 6.
   b) ao triplo de 18.
   c) à terça parte de 6.
   d) à terça parte de 18.

46. O máximo divisor comum e o mínimo múltiplo comum de 8 e 20 são, respectivamente:
   a) 4 e 80.   c) 2 e 80.
   b) 4 e 40.   d) 2 e 40.

47. (Vunesp) Em um criadouro de animais, a higiene e a limpeza são realizadas diariamente, mas, a cada período, é feita uma higienização mais completa com cloro e germicidas, como mostra a tabela.

Criadouro de	Periodicidade de
galinhas	4 em 4 dias
porcos	2 em 2 dias
coelhos	3 em 3 dias
bezerros	5 em 5 dias

Supondo que hoje seja feita essa higienização nos quatro criadouros, o número de dias decorridos, a partir de hoje, em que essa higienização completa ocorrerá nos quatro criadouros novamente, no mesmo dia, será:
   a) 24.   c) 40.   e) 60.
   b) 30.   d) 45.

48. Uma turma de Educação Infantil com mais de 5 alunos receberá:
   • 18 folhas de papel azul;
   • 12 folhas de papel verde;
   • 30 folhas de papel amarelo.

Essa distribuição será feita de modo que cada aluno receba o mesmo número de folhas de cada cor e que não sobre nenhuma folha. Pergunta-se:
   a) Quantos são os alunos?
   b) Quantas folhas receberá cada aluno?

AQUI TEM MAIS

Um pouco de história

Quanto tempo você gastaria para calcular o valor de:

1 + 2 + 3 + 4 + ... + 97 + 98 + 99 + 100?

Certo dia, um professor pediu a seus alunos que somassem os números naturais de 1 a 100. Gauss, com apenas 9 anos na época, encontrou a resposta em poucos segundos. Veja como ele fez:

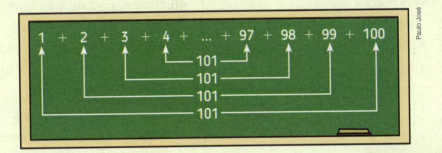

Começou somando 1 com 100, depois 2 com 99, a seguir 3 com 98 e assim por diante, obtendo sempre o mesmo número 101. Ora, na soma desejada, esse número aparece 50 vezes. Então o resultado é:

50 · 101 = 5 050

Karl Friedrich Gauss foi um matemático alemão que viveu de 1777 a 1855. Já adulto, divertia-se ao declarar que aprendera a contar antes de saber falar. Por seus muitos trabalhos em vários ramos da Matemática, é considerado hoje um dos maiores matemáticos de todos os tempos.

Desafio

A figura ao lado mostra parte de uma pilha em que foram colocadas 14 latas em sua base e uma a menos em cada fileira. Quantas latas foram empilhadas?

EXERCÍCIOS COMPLEMENTARES

49. A sequência numérica abaixo foi formada seguindo determinada regra.

| 0 | 3 | 8 | 15 | | 35 |

Qual valor está faltando?

50. A soma de dois números ímpares é um número par ou ímpar? E a soma de dois números pares?

51. A soma de dois números naturais consecutivos é par ou ímpar?

52. Qual é o sucessor do maior número de 3 algarismos?

53. Escreva todos os números naturais de três algarismos diferentes formados por 0, 3 e 8.

54. Veja a seguir o hodômetro de um carro, que indica a quilometragem percorrida pelo veículo após algum tempo de uso.

a) Quantos quilômetros esse carro já percorreu? Escreva o número por extenso.

b) Se esse carro for levado para fazer uma revisão aos 5 000 quilômetros, quantos quilômetros ainda precisam ser rodados?

c) Qual é o maior número que esse marcador de quilometragem pode mostrar?

d) Quantos quilômetros esse carro deverá percorrer até atingir esse número?

55. Determine:

a) o maior número de 3 algarismos que é múltiplo de 12;

b) o menor número de 4 algarismos que é divisível por 11.

56. Quanto é o dobro de 15 mais o triplo de 10 menos o quádruplo de 7?

57. Daniela precisa cortar 2 pedaços de fita, um com 75 cm e outro com 1,25 m, em pedaços menores, todos do mesmo comprimento, sem deixar sobras.

a) Qual é o maior comprimento possível para cada pedaço?

b) Quantos pedaços ela obterá ao todo?

58. O quadro a seguir mostra o número de alunos (rapazes e moças) matriculados em uma escola.

	Diurno		Noturno	
	Nº de rapazes	Nº de moças	Nº de rapazes	Nº de moças
6º ano	98	124	137	108
7º ano	84	101	86	52
8º ano	70	85	54	39
9º ano	65	71	28	18

Responda.

a) Quantos alunos cursam o 9º ano?

b) Quantas moças cursam o 7º ano?

c) Quantos rapazes cursam o 8º ano?

d) Em que período há mais moças matriculadas?

e) Quantos rapazes estão matriculados no período noturno?

AQUI TEM MAIS

Calculadoras simples e as teclas de memória

Para efetuarmos operações matemáticas mais simples no dia a dia, usamos cálculo mental. Para operações um pouco mais difíceis, usamos papel e lápis e, muitas vezes, a calculadora. Para utilizarmos uma calculadora, precisamos conhecer seus recursos. A calculadora da foto tem as teclas M+ , M– e MRC , que possibilitam guardar resultados na memória. Vamos ver, por meio de exemplos, como utilizar essas teclas.

- As teclas M+ e M– guardam na memória respectivamente o resultado de adições e de subtrações.
- A tecla MRC será usada para resgatar o que está guardado na memória.

1. Vamos resolver a expressão 6 · 75 + 38 · 42 usando a calculadora.

   Sabemos que a multiplicação deve ser feita antes da adição.
   - Digitamos 38 × 42 = e aparece no visor 1 596. Teclamos M+ .
   - Digitamos 6 × 75 = e aparece no visor 450. Teclamos M+ .

   Para somar os dois produtos obtidos teclamos MRC . No visor aparece 2 046, que é o resultado da expressão.

2. Mariana e Julia têm na carteira R$ 59,00 e R$ 63,00, respectivamente. Juntaram essas quantias para comprar um bolo de R$ 48,50 e um pudim de R$ 37,80. Que quantia sobrou depois da compra?

   Resolveremos o problema com auxílio da calculadora e das teclas de memória.

   Lembre-se de que, na calculadora, para digitar números decimais, usamos ponto no lugar de vírgula.
   - Digitamos 59 + 63 = e o visor mostra 122 (é a quantia que elas possuem juntas).
     Teclamos M+ .
   - Usando ponto decimal, digitamos 48.5 + 37.8 = e o visor mostra 86.3 (é o valor da compra).
     Teclamos M– , pois 86.3 deverá ser subtraído de 122.
   - Teclamos MRC para resgatar os valores da memória.
     Aparece no visor 35.7, ou seja, 35,7, que é a resposta do problema.

   Depois da compra, sobraram R$ 35,70.

Se você tem acesso a uma calculadora com teclas de memória, explore esses recursos. Esta é a melhor maneira de aprender a utilizá-la. No entanto, lembre-se: a calculadora só é realmente útil para quem compreende como as operações são realizadas!

PANORAMA

FAÇA OS EXERCÍCIOS A SEGUIR E VEJA O QUE VOCÊ APRENDEU.

59. Subtraindo a metade de 148 do triplo de 85, obtemos:
a) 171.
b) 181.
c) 92.
d) 81.

60. Um carteiro distribui correspondência numa rua. Ele tem de entregar uma carta em todas as casas com número par. A primeira casa tem o número 18; a última, o número 38. Em quantas casas o carteiro entregou cartas?
a) 9
b) 10
c) 11
d) 20

61. Em uma avenida com 4 km de extensão foram colocadas lixeiras a cada 200 m e floreiras a cada 150 m. No início da avenida há uma lixeira e uma floreira. Isso acontecerá também em outros:
a) 3 pontos.
b) 4 pontos.
c) 5 pontos.
d) 6 pontos.

62. O capítulo de um livro começa na página 37 e termina na página 56. Quantas páginas tem esse capítulo?
a) 18
b) 19
c) 20
d) 21

63. Qual é o menor número natural que devemos subtrair de 834 para obtermos um número múltiplo de 23?
a) 6
b) 7
c) 5
d) 4

64. (FCC-SP) Considere que os termos da sequência 5 12 10 17 15 22 20 obedecem a uma lei de formação. Assim, o termo que vem após o número 20 é:
a) menor que 25.
b) maior que 30.
c) a metade de 52.
d) o triplo de 9.

65. Uma prateleira de supermercado estava cheia de caixas de ovos, cada uma continha 6 ovos. Qual é o total de ovos na prateleira, sabendo que esse número é maior que 705 e menor que 710?
a) 706
b) 707
c) 708
d) 709

66. Quantos números naturais múltiplos de 3 existem entre 1 e 200?
a) 64
b) 65
c) 66
d) 67

67. (Vunesp) Em uma parede foi colocada uma faixa de lajotas pretas e brancas na seguinte sequência:

Sabendo que no total foram colocadas, nessa faixa, 48 lajotas, então o número de lajotas pretas utilizadas foi:
a) 24.
b) 22.
c) 20.
d) 18.
e) 16.

68. Na cantina da escola foi aberta uma caixa que tinha 20 balas e pesava 124 gramas. Mais tarde a caixa pesava 99 gramas e só tinha 15 balas. No final do dia todas as balas haviam sido consumidas. Quanto pesava a caixa vazia, considerando que as balas são idênticas entre si?
a) 24 gramas
b) 26 gramas
c) 28 gramas
d) 30 gramas

CAPÍTULO 2
Conjunto dos números inteiros

Os sinais dos antigos comerciantes

Conta a história que os sinais + (mais) e − (menos) não foram inventados por nenhum matemático.

Esses sinais foram criados pelos espertos comerciantes da Antiguidade. Veja como eles faziam:

Suponha que um deles tivesse em seu depósito duas sacas de batatas de 20 kg cada.

- Se esse comerciante vendesse 3 quilos de batatas de uma dessas sacas, ele escreveria o número **−3** para não esquecer que na saca **faltavam** 3 kg de batatas.
- Se esse comerciante ganhasse 5 quilos de batatas e resolvesse colocá-los na outra saca, ele escreveria o número **+5** para não esquecer que na saca **sobravam** 5 kg de batatas.

Assim, os comerciantes inventaram uma forma prática de indicar falta ou excesso de mercadorias.

Os matemáticos aproveitaram-se desse recurso e criaram números com sinal **positivo (+)** ou **negativo (−)**.

Está "em falta": −3. Está "em excesso": +5.

- O número −3 lê-se: "menos três" ou "três negativo". Na situação acima, esse número indica 3 quilos **a menos** do que a quantidade inicial de 20 quilos.
- O número +5 lê-se: "mais cinco" ou "cinco positivo". Na situação acima, esse número indica 5 quilos **a mais** do que a quantidade inicial de 20 quilos.

EXERCÍCIOS DE FIXAÇÃO

Leia o texto a seguir para fazer os exercícios 1, 2 e 3.

O senhor Carlos tem, numa prateleira, vários potes com bolinhas de gude. Em todos deveria haver a mesma quantidade de bolinhas: 200.

Ele descobriu, no entanto, que isso não acontecia: em alguns sobravam bolinhas, em outros faltavam.

Resolveu, então, colocar rótulos nos potes indicando quantas bolinhas faltavam para completar 200 ou quantas excediam esse número.

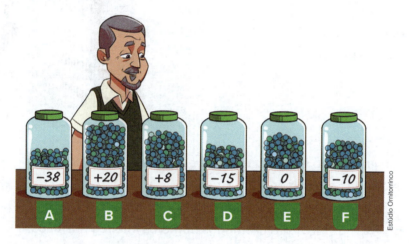

1. Reúna-se com um colega, leiam mais uma vez o texto anterior e conversem sobre as questões a seguir. Dê sua opinião e ouça a dele.

   a) Qual é o possível significado do rótulo −10?

   b) Qual é o possível significado do rótulo +20?

   c) Qual é o possível significado do rótulo 0?

2. Se o senhor Carlos usou o sinal − para indicar que faltavam bolinhas e o sinal + para indicar que sobravam bolinhas em relação às 200 que o pote deveria conter, então:

   a) Em que pote há mais bolinhas de gude? E menos?

   b) Quantas bolinhas de gude há em cada pote?

3. O senhor Carlos colocou mais algumas bolinhas nos potes e registrou:

−38 + 5	+20 + 10	+8 + 5	−15 + 15	0	−10 + 8
A	B	C	D	E	F

   a) Algum pote ficou com 200 bolinhas de gude?

   b) Quais potes ficaram com mais de 200 bolinhas? Quais ficaram com menos?

   c) Substitua cada rótulo por outro com apenas um número que represente a nova situação de cada pote.

Fonte: *Experiências matemáticas, 6ª série*. São Paulo: Secretaria de Estado da Educação, 1994.

Números positivos e números negativos

Se os números naturais foram criados para contar, para que servem os números inteiros?

Vamos descobrir?

Observe com atenção o prédio da figura ao lado.

Verifique que ele tem:
- 3 andares acima do térreo;
- 2 andares abaixo do térreo.

OS NÚMEROS NEGATIVOS TAMBÉM SÃO MUITO UTILIZADOS NO DIA A DIA.

Veja na figura ao lado como estão numerados os botões do elevador:
- O térreo está indicado pelo número 0.
- Os andares acima do zero estão indicados pelos números +1, +2, +3.
  Os números +1, +2, +3, +4, ... são chamados **números inteiros positivos**.
- Os andares abaixo do zero estão indicados pelos números −1 e −2.
  Os números −1, −2, −3, −4, ... são chamados **números inteiros negativos**.

> O zero não é positivo nem negativo.

Reunindo os inteiros negativos, o zero e os inteiros positivos, formamos o **conjunto dos números inteiros**.

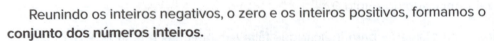

Esse conjunto, infinito, é indicado pelo símbolo $\mathbb{Z}$:

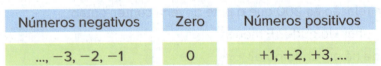

$$\mathbb{Z} = \{..., -3, -2, -1, 0, +1, +2, +3, ...\}$$

Os números positivos são normalmente representados sem o sinal +.
- +10 é o mesmo que 10
- +75 é o mesmo que 75

Para concluir:

No dia a dia, lidamos com grandezas que podem variar em dois sentidos opostos a partir de uma origem, a que se faz corresponder o número zero.

Por exemplo: os números inteiros positivos indicam lucros, créditos, datas depois de Cristo, altitudes acima do nível do mar, deslocamento para a direita, entre outros. Os números inteiros negativos indicam situações opostas (ou de sentido contrário) a essas: prejuízos, datas antes de Cristo, profundidades abaixo do nível do mar, deslocamento para a esquerda etc.

EXERCÍCIOS DE FIXAÇÃO

4. Associe as imagens ao termômetro correspondente.

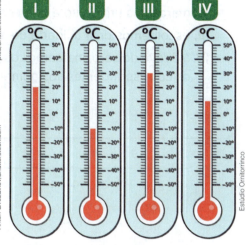

5. Responda:

a) Se +18 significa um lucro de R$ 18,00, o que significa −18?

b) Se −50 significa um débito de R$ 50,00, o que significa +50?

6. Veja na ilustração ao lado que no prédio há 6 andares acima do térreo e 3 andares abaixo dele.

O número 0 corresponde ao térreo, os números positivos indicam os andares acima dele e os números negativos, os andares situados abaixo do térreo.

a) Qual é o número correspondente ao último andar?

b) Qual é o número correspondente ao quarto andar acima do térreo?

c) O que há no andar que corresponde ao número −2?

d) Um hóspede estava no quinto andar e desceu 6 andares. Qual número corresponde ao andar a que o hóspede chegou?

7. Indique um número positivo, negativo ou nulo para cada uma das situações a seguir.

a) Subir 6 degraus.

b) Descer 2 degraus.

c) Avançar 8 metros.

d) Recuar 6 metros.

e) Ficar parado.

f) Saldo negativo de R$ 10,00.

g) 15 metros abaixo do nível do mar

h) 27 metros acima do nível do mar

i) Ano 35 antes de Cristo (35 a.C.).

j) Ano 1984 depois de Cristo (1984 d.C.).

k) Um saldo de 8 gols a favor.

l) Um saldo de 3 gols contra.

8. Qual número inteiro não é positivo nem negativo?

Representação dos números inteiros na reta

Os números inteiros podem ser representados numa reta por meio de pontos.

Para isso:

I. desenhamos uma reta;

II. marcamos um ponto a que chamamos **origem** e a que fazemos corresponder o zero;

III. escolhemos uma unidade de medida;

IV. à direita do zero, marcamos os pontos correspondentes aos números positivos e, à esquerda, os correspondentes aos números negativos, sempre utilizando a mesma unidade de medida.

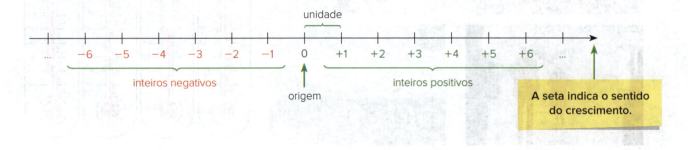

Comparando números inteiros

Observe a representação de alguns números inteiros na reta:

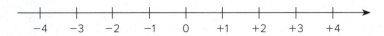

Note que:

- $-3 < -1$, pois -3 está **à esquerda** de -1.
  menor que

- $-1 > -3$, pois -1 está **à direita** de -3.
  maior que

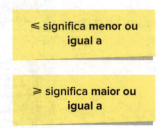

Perceba que:

- o zero é menor que qualquer número positivo;
- qualquer número negativo é menor que zero;
- qualquer número negativo é menor que qualquer número positivo;
- entre dois números negativos, é menor o que estiver mais afastado da origem.

EXERCÍCIOS DE FIXAÇÃO

9. Determine que números estão representados pelas letras A, B e C na reta abaixo.

10. (Saeb-MEC) Na reta numérica da figura abaixo, o ponto E corresponde ao número inteiro −9 e o ponto F, ao inteiro −7.

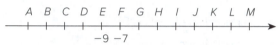

Nessa reta, o ponto correspondente ao inteiro zero estará:

a) sobre o ponto M.
b) sobre o ponto J.
c) entre os pontos L e M.
d) entre os pontos I e J.

11. O número −7 tem como antecessor −8 e como sucessor −6. Com base no exemplo, responda:

a) Qual é o sucessor de +9?
b) Qual é o sucessor de −499?
c) Qual é o antecessor de +9?
d) Qual é o antecessor de −499?

POSITIVOS À DIREITA. NEGATIVOS À ESQUERDA.

12. Escreva os números inteiros:

a) compreendidos entre −4 e 1;
b) compreendidos entre −7 e −3.

13. Qual é o número maior:

a) +1 ou −20?
b) −30 ou −10?
c) −16 ou 0?
d) +15 ou −20?
e) −80 ou +80?
f) −50 ou −25?
g) 700 ou +700?
h) −3 700 ou −3 699?
i) 0 ou −10 000?
j) 15 000 ou −15 000?

14. Identifique no termômetro ao lado as temperaturas registradas nas seguintes cidades:

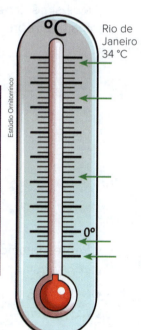

Paris	−2 °C
São Paulo	27 °C
Rio de Janeiro	34 °C
Nova York	−5 °C
Campos do Jordão	11 °C

Responda:

a) Que cidade apresentou temperatura mais alta?
b) Que cidade apresentou temperatura mais baixa?
c) Em quais cidades as temperaturas estiveram abaixo de zero?

Números simétricos ou opostos

Números **simétricos** são aqueles situados à mesma distância do zero, mas em lados opostos da reta.

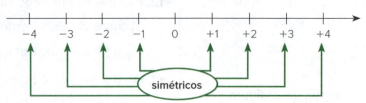

Exemplos:

- O **simétrico** de +3 é −3.
- O **simétrico** de −3 é +3.
- O **simétrico** de −9 é 9.
- O **simétrico** de 18 é −18.

O simétrico de zero é o próprio zero.

Módulo ou valor absoluto

Você já sabe que os números 3 e −3 são simétricos.

Mas simétricos em relação a quê? Ao zero, claro! Isso significa que, na reta, as distâncias dos pontos que representam o 3 e o −3 até o ponto que representa o zero são iguais.

Veja:

Indicação:
- O valor absoluto ou módulo de +3 é igual a 3. ⟶ $|+3| = 3$
- O valor absoluto ou módulo de −3 é igual a 3. ⟶ $|-3| = 3$

Representamos o valor absoluto colocando o número entre duas barras verticais.

- $|+6| = 6$
- $|-15| = 15$
- $|-78| = 78$

O valor absoluto de zero é zero.

EXERCÍCIOS DE FIXAÇÃO

15. Responda:
   a) Qual é o simétrico de nove positivo?
   b) Qual é o simétrico de quatro negativo?
   c) Qual é o simétrico de trinta e cinco?
   d) Qual é o simétrico do oposto de −10?

16. O simétrico do número x é −49. Quanto vale x?

17. Complete as frases a seguir.
   a) O simétrico de um número positivo é um número ▨.
   b) O simétrico de um número negativo é um número ▨.

18. Na reta numérica:
   a) que número está mais próximo de zero: +9 ou −9?
   b) qual é a distância entre −6 e +6?
   c) quais são os números cuja distância de zero é 10?

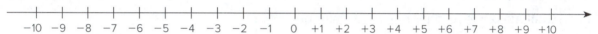

19. Fernando tinha vários cartões com números inteiros positivos e negativos.
   a) Qual é o cartão com o maior número?
   b) Qual é o cartão com o menor número?
   c) Quais são os cartões com números simétricos?
   d) Qual é o cartão com o número de maior valor absoluto?
   e) Qual é o cartão com o número de menor valor absoluto?

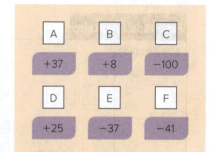

20. Complete corretamente as seguintes igualdades.
   a) $|-23| =$ ▨
   b) $|+49| =$ ▨

21. Escreva dois números cujo valor absoluto seja 14. Como podemos chamar esse par de números?

22. Qual das seguintes afirmações é verdadeira?
   a) Todos os números com sinal contrário são simétricos.
   b) Dois números simétricos têm o mesmo valor absoluto.
   c) O valor absoluto de um número pode ser negativo.

23. Copie e complete o quadro.

Número	Simétrico	Valor absoluto
+4		
0		
	−7	
−9		
		12

EXERCÍCIOS COMPLEMENTARES

24. Escreva usando o sinal de desigualdade.

a) x é um número positivo.
b) y é um número negativo.
c) x é um número não negativo.
d) y é um número não positivo.

25. Considere os números do quadro a seguir.

−1	4	−30
	0	
−6	−15	8

a) Identifique o maior número.
b) Identifique o menor número.
c) Escreva os números em ordem crescente.
d) Escreva os números em ordem decrescente.

26. Responda:

a) Qual é o maior número inteiro negativo?
b) Qual é o menor número inteiro positivo?
c) Qual é o primeiro número inteiro maior que −16?

27. O gráfico a seguir mostra o resultado financeiro de uma empresa nos últimos anos.

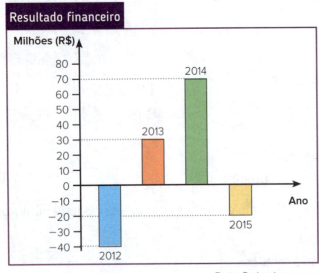

Fonte: Dados da empresa.

a) Em quais anos a empresa teve saldo positivo?
b) Em quais anos a empresa teve saldo negativo?
c) O que significa saldo negativo?
d) Em que ano a empresa apresentou o melhor resultado?
e) Qual é o menor saldo: −40 milhões ou −20 milhões?

28. Observe o saldo bancário destes clientes e responda.

Cliente	Saldo
Ari	+R$ 180,00
Jair	−R$ 100,00
Márcio	−R$ 20,00
Paulo	+R$ 135,00

Cliente	Saldo
Daniela	−R$ 60,00
Tatiana	+R$ 14,00
Flávia	+R$ 80,00
Carolina	R$ 0,00

a) Quais clientes estão com saldo acima de R$ 120,00 positivos?
b) Quais clientes estão com saldo abaixo de R$ 50,00 negativos?
c) Quais clientes estão com saldo abaixo de R$ 120,00 positivos, mas acima de R$ 50,00 negativos?

PANORAMA

FAÇA AS ATIVIDADES A SEGUIR E REVEJA O QUE VOCÊ APRENDEU.

NO CADERNO

29. Observe os números:

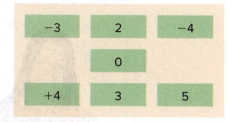

Nesse quadro há:

a) três números negativos.

b) cinco números positivos.

c) dois números negativos e quatro números positivos.

d) a mesma quantidade de números positivos e negativos.

30. Qual é o próximo número desta sequência?

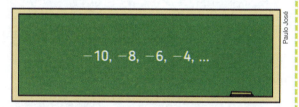

a) 0   b) 2   c) −2   d) −3

31. O antecessor de −100 é:

a) 99.   b) 101.   c) −99.   d) −101.

32. O sucessor de −299 é:

a) 298.   c) −298.

b) 300.   d) −300.

33. Quantos são os números inteiros compreendidos **entre** −5 e +4?

a) 8   b) 9   c) 2   d) 7

34. Dos números:

a) o maior é 9 e o menor é 0.

b) o maior é −9 e o menor é 0.

c) o maior é 4 e o menor é −4.

d) o maior é 9 e o menor é −9.

35. Estão escritos na ordem crescente os números:

a) 0, −10, 20, 30.

b) 10, −20, 30, −40.

c) −5, −10, 10, 20.

d) −50, −40, 40, 50.

36. Considere as afirmações a seguir.

I. Qualquer número negativo é menor do que zero.

II. Qualquer número positivo é maior do que zero.

III. Qualquer número positivo é maior do que qualquer número negativo.

Quantas dessas afirmações são verdadeiras?

a) 0

b) 1

c) 2

d) 3

37. Na reta dos números inteiros, considere os pontos que representam os números −1 e 8. A distância entre esses pontos é:

a) 7.

b) 8.

c) 9.

d) 10.

38. (Saeb-MEC) A tabela mostra as temperaturas registradas em algumas cidades na noite de Natal:

Cidade	Temperatura
São Paulo	25 °C
Paris	−2 °C
Nova York	−5 °C
Miami	−3 °C
Lisboa	−3 °C

A cidade em que a temperatura foi mais baixa nessa noite de Natal foi:

a) São Paulo.   c) Nova York.

b) Paris.   d) Lisboa.

31

CAPÍTULO 3 — Adição em ℤ

Adição de duas parcelas

Adição de números positivos

Imagine a cena ao lado:
- Ganhei 2 lápis: (+2).
- Ganhei mais 3 lápis: (+3).
- Fiquei com 5 lápis: (+2) + (+3) = +5.

A situação descrita acima exemplifica a propriedade:

> Estamos **juntando** quantidades **positivas**.

> A soma de dois números positivos é um número positivo.

Adição de números negativos

Agora, imagine esta outra situação:
- Perdi 2 lápis: (−2).
- Perdi mais 4 lápis: (−4).
- Perdi ao todo 6 lápis: (−2) + (−4) = −6.

Nesse caso, podemos concluir que:

> Estamos **juntando** quantidades **negativas**.

> A soma de dois números negativos é um número negativo.

Adição de números com sinais diferentes

Pense, agora, em diversas situações de perdas e de ganhos.

- Ganhei 5 lápis: (+5).
- Perdi 3 lápis: (−3).
- Fiquei com 2 lápis: (+5) + (−3) = +2.

(+5) + (−3) = +2

- Perdi 7 canetas: (−7).
- Encontrei 1 caneta: (+1).
- Perdi ao todo 6 canetas: (−7) + (+1) = −6

(−7) + (+1) = −6

Observe que:

> Para adicionarmos dois números inteiros de **sinais diferentes**, subtraímos seus valores absolutos e lhe damos o sinal do número que tiver maior valor absoluto.

- (+500) + (−300) = +200
  ↑ Tenho mais do que devo; continuo tendo.
- (+100) + (−800) = −700
  ↑ Devo mais do que tenho; fico devendo.
- (+3) + (−7) = −4
  ↑ Tenho 3, gastei 7; fiquei devendo 4.

Quando as parcelas são números opostos, a soma é igual a zero. Veja: (−3) + (+3) = 0.

EXERCÍCIOS
DE FIXAÇÃO

1. Faça as seguintes operações bancárias conforme o exemplo.

> Crédito de R$ 10,00 mais débito de R$ 15,00: −R$ 5,00
> 10 + (−15) = −5.

a) Crédito de R$ 20,00 **mais** débito de R$ 14,00.
b) Crédito de R$ 15,00 **mais** débito de R$ 18,00.
c) Crédito de R$ 12,00 **mais** débito de R$ 30,00.
d) Débito de R$ 50,00 **mais** crédito de R$ 40,00.
e) Débito de R$ 60,00 **mais** crédito de R$ 80,00.

2. Se você tem R$ 83,00 no banco e retira R$ 100,00, o saldo de sua conta fica positivo ou negativo? Qual é o valor desse saldo?

3. O saldo bancário de um cliente do Nosso Banco era de R$ 43,00 e passou a ser de −R$ 6,00. O cliente fez um depósito ou uma retirada? De quanto?

4. Veja a ideia de uma aluna para calcular (+5) + (−3):

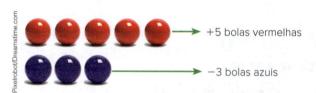
+5 bolas vermelhas
−3 bolas azuis

HÁ MAIS BOLAS VERMELHAS OU AZUIS?

Tiram-se:
- uma vermelha e uma azul;
- uma vermelha e uma azul;
- uma vermelha e uma azul.

Ficam:
- duas vermelhas.

Então: (+5) + (−3) = +2

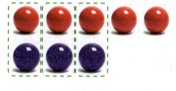

UMA BOLA VERMELHA E UMA BOLA AZUL SE ANULAM.

Agora chegou sua vez de calcular!

a) (+3) + (−2) =

c) (+2) + (+3) =

e) (+2) + (−2) =

b) (+4) + (−5) =

d) (−2) + (−3) =

E AGORA, HÁ MAIS BOLAS VERMELHAS OU AZUIS?

Adição de três ou mais parcelas

A adição de três ou mais parcelas pode ser obtida assim:

- adicionamos as parcelas positivas;
- adicionamos as parcelas negativas;
- adicionamos os resultados obtidos.

Exemplos:

A. $(-5) + (+3) + (-9) = (+3) + (-14) = -11$

soma das parcelas negativas

B. $(-6) + (+8) + (+7) + (-3) = (-9) + (+15) = +6$

soma das parcelas negativas — soma das parcelas positivas

Propriedades da adição em $\mathbb{Z}$

Apresentamos as propriedades acompanhadas de exemplos.

1. **Comutativa:** a ordem das parcelas não altera a soma.

$$(+4) + (-3) = (-3) + (+4)$$

2. **Elemento neutro:** o zero não altera a soma.

$$(+6) + 0 = 0 + (+6) = +6$$

3. **Associativa:** a posição dos colchetes não altera a soma.

$$[(+5) + (-3)] + (+4) = (+5) + [(-3) + (+4)]$$

4. **Elemento oposto:** todo número inteiro tem um oposto.

$$(+9) + (-9) = 0$$

A soma de dois números inteiros opostos é nula.

Simplificação da escrita

Roberta perguntou ao professor se poderia adicionar números inteiros sem os parênteses.
O professor disse que sim e lhe mostrou a simplificação de escrita com quatro exemplos.
Observe a seguir.

A. $(+9) + (+6) = +15$ escrevemos: $+9 + 6 = +15$
B. $(-8) + (-3) = -11$ escrevemos: $-8 - 3 = -11$
C. $(-9) + (+5) = -4$ escrevemos: $-9 + 5 = -4$
D. $(+7) + (-6) = +1$ escrevemos: $+7 - 6 = +1$

Eliminamos os parênteses e o sinal + da operação.

EXERCÍCIOS DE FIXAÇÃO

5. Escreva as adições na forma simplificada, conforme o exemplo.

$$(-10) + (+7) = -10 + 7$$

a) $(-8) + (+6)$
b) $(+10) + (-4)$
c) $(+3) + (-7) + (-1)$
d) $(-12) + (+8) + (-5) + (-2)$

6. Efetue as adições eliminando os parênteses, conforme o exemplo.

$$(-10) + (+7) = -10 + 7 = -3$$

a) $(-4) + (+7)$
b) $(+5) + (-9)$
c) $(-2) + (-1)$
d) $(+6) + (-6)$
e) $(-12) + (+30)$
f) $(-87) + (-41)$
g) $(+300) + (-700)$
h) $(-1\,000) + (+800)$

DEVO 10 E TENHO 7; ENTÃO, DEVO 3.

7. Efetue as adições.

a) $5 + (-2)$
b) $2 + (-9)$
c) $(-32) + 17$
d) $(-40) + 40$
e) $(-15) + 0$
f) $(-20) + 10$

8. Efetue as adições de acordo com o exemplo.

$$(-12) + (+8) + (-9) = -12 + 8 - 9 =$$
$$= -21 + 8 =$$
$$= -13$$

DEVO 12, TENHO 8 E DEVO 9. ENTÃO, DEVO 13.

a) $(-5) + (+9) + (-2)$
b) $(-4) + (-8) + (+7)$
c) $(+8) + (-4) + (-6)$
d) $(+10) + (+7) + (-1)$
e) $(+4) + (+2) + (+7)$
f) $(-4) + (-2) + (-7)$
g) $(+9) + (-6) + (-3)$
h) $(-15) + (-20) + (+25)$

9. Efetue as adições.

a) $4 + 7 + (-6)$
b) $3 + (-5) + (-2)$
c) $(-10) + 12 + 15$
d) $8 + (-8) + 18$
e) $20 + (-11) + (-9)$
f) $(-4) + (-13) + 6$

10. Efetue as adições de acordo com o exemplo.

$$(-8) + (+2) + (-4) + (+7) = -8 + 2 - 4 + 7$$
$$= -8 - 4 + 2 + 7$$
$$= -12 + 9$$
$$= -3$$

Juntamos os números negativos e os números positivos

a) $2 + 8 + (-3) - 1$
b) $7 + (-4) - 3 + (+2)$
c) $6 + (-2) + (-1) - 3$
d) $(-8) + (-9) + (+1) + 2$
e) $-15 + (+8) + (-4) + (+1)$
f) $12 - 4 + (+6) + (-7)$
g) $(+12) + (-5) - 4 - 6 + 3$
h) $4 - 3 - 7 + (+4) + (-1)$
i) $(-3) + (-2) + (+1) + (-6) + (-12)$
j) $-25 + (-20) + (+55) + (-35)$

EXERCÍCIOS COMPLEMENTARES

11. A figura representa uma roleta com números positivos e negativos.

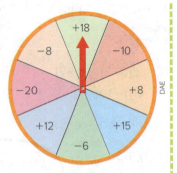

a) Escreva dois números simétricos que estejam representados na roleta.

b) Girei a roleta duas vezes e obtive os números −20 e +18. Qual é a soma desses dois números?

12. Calcule $x + y + z$ para:

a) $x = +10$, $y = +12$ e $z = -15$;

b) $x = -20$, $y = -40$ e $z = +30$;

c) $x = -10$, $y = -20$ e $z = -30$.

13. Qual número somado a 4 resulta em −8?

14. Um carro sai de São Paulo e percorre 45 km em direção a Campinas. Depois, percorre 18 km em sentido contrário. A que distância está de São Paulo?

15. (FCC-SP) Em dado instante, um elevador estava parado no andar médio de um prédio. A partir de então, ele recebeu algumas chamadas que o fizeram deslocar-se sucessivamente: subiu quatro andares, desceu seis, subiu oito e, quando subiu mais quatro andares, chegou ao último andar do edifício. O total de andares desse prédio era:

a) 21   b) 19   c) 15   d) 13

16. Qual é a soma de todos os números inteiros entre −70 e +70?

17. Uma pessoa tem R$ 60.000,00 na conta bancária e faz, sucessivamente, as seguintes operações bancárias:
- retira R$ 7.350,00;
- deposita R$ 1.830,00;
- retira R$ 46.690,00;
- retira R$ 12.500,00.

O saldo final fica positivo ou negativo? Em quanto?

18. Um mergulhador desceu 35 metros em relação à superfície, depois subiu 14 metros e voltou a descer 5 metros. A quantos metros se encontra da superfície?

19. Um termômetro está marcando −1 °C em uma cidade. Se a temperatura subir 9 °C, quantos graus marcará o termômetro?

20. Considere os seguintes números:

103	−29	42	−36	28
−15	20	−100	+15	−21

Escolha dois deles, de modo que:

a) a soma seja 0;   d) a soma seja −8;

b) a soma seja 3;   e) a soma seja −50;

c) a soma seja 62;   f) a soma seja −14.

PANORAMA

21. Os resultados de 9 − 5 e 5 − 9 são, respectivamente, iguais a:
   a) 4 e 4.
   b) 4 e −4.
   c) −4 e 4.
   d) −4 e −4.

22. A expressão −2 + 4 − 9 + 4 + 9 − 10 resulta em:
   a) 4.   b) 30.   c) −4.   d) −30.

23. Os resultados de (2 + 4), (2 − 4), (−2 + 4) e (−2 − 4) são, respectivamente:
   a) 6, −2, 2 e −6.
   b) 6, −2, −2 e −6.
   c) 6, 2, 2 e 6.
   d) 6, 2, −2 e 6.

24. Qual expressão tem como valor −10?
   a) 80 + 20 − 60 − 10
   b) 30 − 10 − 10 + 20
   c) 10 − 10 + 10 − 20
   d) −10 − 30 + 20 + 50

25. O valor da expressão −1000 − 100 + 10 + 1 é:
   a) −909.
   b) −1 099.
   c) −1091.
   d) −1089.

26. Observe as igualdades:
   I. −6 + 6 = 0
   II. 15 − 18 = 3
   III. −2 − 3 = −5
   IV. −8 + 1 = −7

   Quantas são verdadeiras?
   a) 1   b) 2   c) 3   d) 4

27. Dados os números:
   A = −10 + 10 − 10
   B = −10 − 10 − 10
   C = 20 − 20 + 20
   D = 20 − 20 − 20

   Qual é o menor?
   a) A   b) B   c) C   d) D

28. O valor da expressão $a + b + c + d$ para $a = 8$, $b = −6$, $c = −7$ e $d = 5$ é:
   a) 0.   b) 1.   c) 25.   d) 26.

29. O saldo bancário de Lucas estava negativo em R$ 500,00 e, mesmo assim, ele deu um cheque de R$ 200,00. Após o desconto desse cheque, seu saldo passou a ser de:
   a) −R$ 200,00.
   b) −R$ 700,00.
   c) R$ 300,00.
   d) R$ 700,00.

30. O limite do cheque especial de Pedro é de R$ 2.000,00. No final do mês, na véspera do pagamento da empresa em que trabalhava, sua conta apresentava saldo negativo de −R$ 1.400,00. No dia seguinte, com seu salário creditado em conta, o saldo passou a ser positivo de R$ 290,00. Então, o salário que Pedro recebeu foi de:
   a) R$ 1.710,00.
   b) R$ 3.690,00.
   c) R$ 1.690,00.
   d) R$ 2.290,00.

31. Pitágoras, grande filósofo e matemático grego, nasceu no ano −570 (570 a.C.). Ele viveu 74 anos. Em que ano Pitágoras morreu?

   a) 486 a.C.
   b) 496 a.C.
   c) 644 a.C.
   d) 634 a.C.

32. A temperatura num refrigerador era de −12 °C. Faltou energia e a temperatura subiu 8 °C. A que temperatura se encontra agora o refrigerador?
   a) −4 °C
   b) −20 °C
   c) 4 °C
   d) 8 °C

CAPÍTULO 4
Subtração em ℤ

Subtração

Em certo dia de inverno em Paris, a temperatura variou de −5 °C pela manhã a +2 °C à tarde.

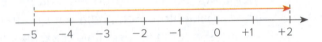

Podemos observar na reta numérica que a temperatura subiu 7 °C.

A **diferença** entre as temperaturas é de 7 °C.

$$2 - (-5) = 7, \text{ ou seja, } 2 - (-5) = 2 + 5 = 7$$

Subtrair um número negativo é o mesmo que somar seu oposto. Veja exemplos:

A. $4 - (-6) = 4 + 6 = 10$ (oposto de −6)

B. $-9 - (-3) = -9 + 3 = -6$ (oposto de −3)

C. $18 - (-41) = 18 + 41 = 59$

D. $-15 - (-15) = -15 + 15 = 0$

A ideia de somar o oposto também vale quando subtraímos um número positivo:

- $5 - (+8) = 5 + (-8) = -3$
- $-12 - (+9) = -12 + (-9) = -21$

Eliminação dos parênteses

Para facilitar o cálculo, eliminamos os parênteses usando o significado de **simétrico ou oposto**. Veja:

A. O oposto de −4 é igual a +4. $-(-4) = +4$

B. O oposto de +4 é igual a −4. $-(+4) = -4$

Exemplos:

- $95 - (-5) = 95 + 5 = 100$
- $-18 - (+7) = -18 - 7 = -25$

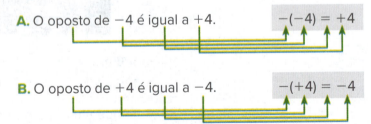

EXERCÍCIOS
DE FIXAÇÃO

1. Complete:
   a) O simétrico de +8 é ▓▓▓, ou seja, −(+8) = ▓▓▓.
   b) O simétrico de +5 é ▓▓▓, ou seja, −(+5) = ▓▓▓.
   c) O simétrico de −3 é ▓▓▓, ou seja, −(−3) = ▓▓▓.
   d) O simétrico de −2 é ▓▓▓, ou seja, −(−2) = ▓▓▓.

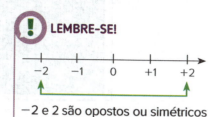

LEMBRE-SE!

−2 e 2 são opostos ou simétricos

|2| = |−2| = 2

2. Complete:
   a) +(+6) = ▓▓▓; + seguido de + é o mesmo que ▓▓▓.
   b) −(−6) = ▓▓▓; − seguido de − é o mesmo que ▓▓▓.
   c) −(+6) = ▓▓▓; − seguido de + é o mesmo que ▓▓▓.
   d) +(−6) = ▓▓▓; + seguido de − é o mesmo que ▓▓▓.

Dois sinais iguais são substituídos por um sinal +.

+ (+ → +
− (− → +

Dois sinais diferentes são substituídos por um sinal −.

− (+ → −
+ (− → −

3. Elimine os parênteses.
   a) −(+1)
   b) −(+9)
   c) −(−7)
   d) −(−15)
   e) +(+8)
   f) +(−10)
   g) +(+4)
   h) +(−15)

4. Efetue as subtrações de acordo com o exemplo.

   oposto
   7 − (−5) = 7 + 5 = 12

   a) 6 − (−2)
   b) 5 − (+1)
   c) 7 − (−3)
   d) 9 − (+9)
   e) −4 − (−6)
   f) (+15) − (+28)
   g) (−20) − (−15)
   h) (+18) − (−29)
   i) (−16) − (+71)

5. Calcule:
   a) 10 − (−7) − 1
   b) 25 − (−6) − (−8)
   c) −12 − (−1) − 6
   d) −(+9) − 4 − 11
   e) −35 − (−5) − 30
   f) −80 − (+9) − 42
   g) 26 − (+8) − (−10)
   h) −22 − (−6) − (−8)
   i) −20 − (−20) − (−20)
   j) 45 − (+75) − (+10)

6. Calcule

a) $(+6) + (-1) + (-5) + (-3)$
b) $(-5) - (-2) - (+3) - (-1)$
c) $15 - 2 - 6 - (+3) - (-1)$
d) $20 - (-15) - 12 - 1 - (-3)$
e) $18 - (-18) + 7 - (-7) + 0 - 4$
f) $-21 - 6 - 7 - (-15) - 2 - (-10)$
g) $-45 + 7 + (-8) + (-3) - 2 - 4 + 1$
h) $10 - (-12) - (-8) + (-9) - 6 + 1 + 5$

7. Em uma cidade, a temperatura mais quente do ano foi de 35 °C e a temperatura mais fria foi de −5 °C.

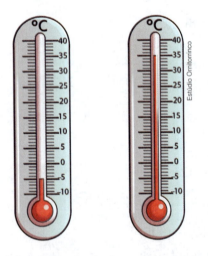

Qual é a diferença entre a temperatura mais quente e a temperatura mais fria?

8. As temperaturas médias em um *freezer* durante 5 dias foram:

−12 °C   −9 °C
−13 °C   −10 °C   −5 °C

Qual é a diferença entre a temperatura mais alta e a mais baixa?

9. Em uma aula de História, o professor falou sobre o filósofo Tales de Mileto, que foi também matemático e cientista. Tales nasceu em −624 (624 a.C.) e morreu em −547 (547 a.C.). Quantos anos ele viveu?

10. Veja no quadro o desempenho de uma equipe de futebol em um torneio:

	GOLS MARCADOS	GOLS SOFRIDOS
1ª PARTIDA	2	2
2ª PARTIDA	3	4
3ª PARTIDA	3	1
4ª PARTIDA	0	3
5ª PARTIDA	1	0
6ª PARTIDA	2	5

a) Quantas partidas essa equipe ganhou?
b) Quantas partidas perdeu?
c) Quantas partidas empatou?
d) Qual é o saldo de gols após as seis partidas?

Eliminação dos parênteses em expressões

Os parênteses "guardam" tudo o que se encontra dentro deles em um bloco, como se fosse um só número. Por isso, o sinal que vem antes deles afeta todas as parcelas que estão dentro.

Sinal + antes dos parênteses

Veja os exemplos:

A. $+(-3 + 5) = -3 + 5$

B. $+(7 + 1 - 6) = 7 + 1 - 6$

> Conservam-se os sinais dos números que estão dentro dos parênteses.

Sinal − antes dos parênteses

Veja os exemplos:

A. $-(6 - 4 + 1) = -6 + 4 - 1$

B. $-(-8 + 3 - 2) = +8 - 3 + 2$

> Trocam-se os sinais dos números que estão dentro dos parênteses.

Veja mais estes exemplos:

- $-(-3 - 8) = 3 + 8 = 11$ ⟶ **Significa:** o oposto de $(-3 - 8)$ é $+11$.
- $-(+6 + 9) = -6 - 9 = -15$ ⟶ **Significa:** o oposto de $(+6 + 9)$ é -15.

 ### AQUI TEM MAIS

Maurício fez as contas de suas despesas de ontem.
- Gastou: R$ 7,00 em uma revista.
- Gastou: R$ 20,00 em roupas.
- Gastou: R$ 15,00 em um CD.

Simbolicamente:

A. $-7 - 20 - 15$

Mas podemos dizer a mesma coisa do seguinte modo:

> Gastou R$ 7,00 em uma revista; **mais** R$ 20,00 em roupas; **mais** R$ 15,00 num CD.

Simbolicamente:

B. $-(7 + 20 + 15)$

Perceba que as expressões **A** e **B** representam o mesmo valor.

Então: $-(7 + 20 + 15) = -7 - 20 - 15$

Expressões com números inteiros

Devemos eliminar pela ordem:

> 1º Parênteses ( )
> 2º Colchetes [ ]
> 3º Chaves { }

Exemplos:

A. $7 + (+6 - 1) - (-4 + 2 - 5) =$
$= 7 + 6 - 1 + 4 - 2 + 5 =$
$= 22 - 3 =$
$= 19$

Outro modo:

$7 + (+6 - 1) - (-4 + 2 - 5) =$
$= 7 + 5 - (-7) =$
$= 7 + 5 + 7 =$
$= 19$

B. $25 + [-4 + 1 - (-3 + 7)] =$
$= 25 + [-4 + 1 + 3 - 7] =$
$= 25 - 4 + 1 + 3 - 7 =$
$= 29 - 11 =$
$= 18$

C. $-14 + \{+3 - [2 - (-7 + 9)]\} =$
$= -14 + \{+3 - [2 + 7 - 9]\} =$
$= -14 + \{+3 - 2 - 7 + 9\} =$
$= -14 + 3 - 2 - 7 + 9 =$
$= -23 + 12 =$
$= -11$

EXERCÍCIOS DE FIXAÇÃO

11. Calcule:
a) $14 - (7 - 6) + (8 - 5)$
b) $18 - (-12 + 3 - 7 - 4) - 1$
c) $60 - 21 - (18 + 42) - (1 + 9)$
d) $(8 - 4 + 3) - 1 + (-2 + 4 + 3 - 5)$

12. Calcule o valor das seguintes expressões:
a) $18 - [-4 + 6 - (-3 + 1)]$
b) $-3 + [+1 - (+4 - 1) + 1]$
c) $-3 + [2 - (+4 + 5) - (+1)] - 2$
d) $-[17 + 16 - (3 - 9 - 4 + 11 + 12)]$

13. Calcule o valor das seguintes expressões:
a) $10 - \{-2 + [1 + (+4) - 8]\}$
b) $3 - \{-5 - [6 - 2 + (-6 + 9)]\}$
c) $12 - \{5 - 3 + [8 - (-3 - 1) - (-5)]\}$
d) $-7 - \{-7 - [-7 - (-7 - 7)]\}$
e) $-6 - \{2 + [-3 - (-2 + 8)] + 0 + 2\}$
f) $20 - \{-2 + [1 + (+9 - 5) - 2] + 15 - 9\}$

14. Janice saiu com R$ 200,00 e comprou:
- um livro por R$ 49,00;
- uma blusa por R$ 73,00;
- uma bolsa por R$ 67,00.

a) Que expressão representa a quantia que sobrou para Janice?
b) Qual quantia sobrou para Janice?

15. Rodrigo deve R$ 50,00 a Mário e tem R$ 30,00 num bolso; deve R$ 40,00 à Márcia e tem R$ 70,00 no outro bolso; e deve R$ 100,00 à sua mãe. Qual expressão calcula a situação financeira de Rodrigo?

EXERCÍCIOS
COMPLEMENTARES

16. Calcule:
a) $18 - (-4 - 5) - 3 + 1$
b) $-(3 - 5) - (-4 + 8) - (-1)$
c) $14 - (10 + 1) - (-3) + 6 - 2$
d) $-30 + (-5 - 1) - (-1 - 7)$
e) $(7 - 9) - (4 - 3 - 2) + (-6 + 1)$
f) $-[-18 - (-10 - 5)]$
g) $-5 + (+2) - [-(-4)]$
h) $-[-6 - 3 - (4 + 5) + 2]$
i) $-20 + \{-5 + [(-12 + 30) + (-4 - 7)]\}$
j) $-18 + \{-2 - [10 - 4 + (-1 - 5) + 11]\} - 6$

17. De madrugada, o termômetro marcava −6 graus. Com o nascer do sol, a temperatura subiu 15 graus. Que temperatura o termômetro passou a marcar?

18. Complete a tabela.

x	y	x − y	y − x
7	4	3	−3
8	3		
9	1		
6	0		
5	−5		
−1	−2		

19. Dados os números: $A = 4$, $B = 5$ e $C = -11$, calcule:

$P = A - B$
$Q = A - C$
$R = B - C$

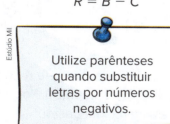

Utilize parênteses quando substituir letras por números negativos.

- Coloque os números A, B, C, P, Q, R em ordem decrescente.

20. Há balanças eletrônicas que trabalham com números negativos. A imagem ilustra um exemplo de pesagem em uma dessas balanças.

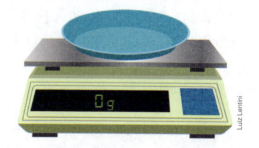

a) Qual é o peso do prato?
b) Qual é o peso do alimento que está no prato?
c) Qual é o peso do prato com o alimento?
d) Qual deve ser o preço da quantidade de alimento comprada se cada 100 gramas custa R$ 4,20?

21. Nesta pirâmide de números, cada número é a soma dos dois números que estão abaixo dele.

Qual número está no alto da pirâmide?

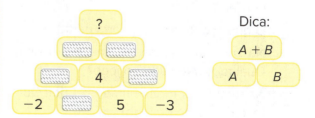

EXERCÍCIOS
SELECIONADOS

22. Associe expressões com mesmo resultado.

A. −(−20)   I. 24 − (+14)
B. −(−10) − 10   II. −50 − (−20)
C. 2 − (−8)   III. 30 − (+10)
D. −(+30)   IV. −25 − (−25)

23. No extrato bancário do sr. Antônio constavam os seguintes lançamentos:

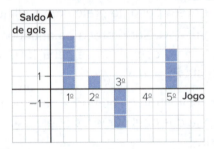

O saldo no dia 11 será positivo ou negativo? Em quanto?

24. A soma de dois números é 20. Um deles é 23. Qual é o outro número?

25. A soma de três números ímpares consecutivos é −3. Quais são esses números?

26. O gráfico mostra o saldo de gols de um time de futebol em cada um dos cinco jogos.

a) Quantas partidas o time venceu? Quantas perdeu?
b) O que aconteceu na quarta partida?
c) Na primeira partida, o time fez 6 gols. Qual foi o resultado do jogo?
d) Na terceira partida, o time fez 1 gol. Qual foi o resultado do jogo?

27. Uma rã está na posição 0 de uma reta graduada. Então, ela salta 5 unidades para a direita; depois, 7 unidades para a esquerda; a seguir, 5 unidades para a esquerda; finalmente, 10 unidades para a direita. Qual é a posição atual da rã na reta graduada?

a) −2   b) −3   c) 2   d) 3

28. (Prominp) O saldo de gols de um time de futebol corresponde à diferença entre o número de gols feitos e sofridos pelo time, considerando-se todas as partidas jogadas até determinado momento de uma competição. O time A perdeu a primeira partida de um campeonato por 2 a 1 e empatou a segunda. O técnico desse time espera que, após a terceira partida, o saldo de gols de sua equipe passe a ser +2.

Um resultado possível para que isso aconteça será o time A vencer essa partida por:

a) 4 a 1.   c) 2 a 0.
b) 3 a 1.   d) 3 a 2.

29. (Vunesp) Observe o balanço do 1º semestre de 2011 de um correntista. Os valores estão em reais e referem-se ao último dia de cada mês.

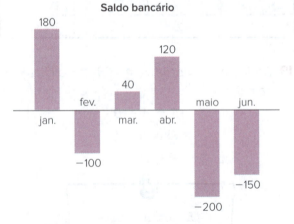

No 1º dia útil de cada mês, ele recebeu um salário líquido de R$ 1.280,00. Pode-se concluir que em março ele gastou:

a) R$ 1.020,00.   d) R$ 1.120,00.
b) R$ 1.060,00.   e) R$ 1.140,00.
c) R$ 1.080,00.

PANORAMA

FAÇA AS ATIVIDADES A SEGUIR E REVEJA O QUE VOCÊ APRENDEU.

NO CADERNO

30. A afirmação correta é:
a) $-(-6 - 5) = 6 + 5$.
b) $-(-6 - 5) = 6 - 5$.
c) $-(-6 - 5) = -6 + 5$.
d) $-(-6 - 5) = -6 - 5$.

31. A expressão $-(-a) - (+b) - (+c) - (-d)$ é igual a:
a) $a - b - c + d$.
b) $a - b + c + d$.
c) $-a + b + c - d$.
d) $-a - b - c + d$.

32. $(-5) + (-9)$ e $(-5) - (-9)$ são, respectivamente, iguais a:
a) 14 e 4
b) -14 e 4
c) -4 e 14
d) -14 e -4

33. Observe as igualdades:

I. $6 - (-1) = 7$
II. $-30 - (-1) = -31$
III. $40 - 50 = -(40 - 50)$

Quantas são verdadeiras?
a) 0
b) 1
c) 2
d) 3

34. O valor da expressão $(3 - 8) - (-6 + 2)$ é:
a) 1.
b) 9.
c) -1.
d) -9.

35. O valor da expressão $-5 - (-5) - 10 - (-10)$ é:
a) 0.
b) 5.
c) -10.
d) -30.

36. O valor da expressão $(-2 - 7) - (7 - 2) - (-7 + 2)$ é:
a) 5.
b) 7.
c) -5.
d) -9.

37. O valor da expressão $x - y - z$, para $x = -20$, $y = -30$ e $z = -40$ é:
a) 50.
b) 90.
c) -50.
d) -90.

38. Se, do simétrico de um número, subtrairmos 8, obteremos 18. Então o número é:
a) 10.
b) 26.
c) -10.
d) -26.

39. (Vunesp) Um camelô fez 4 vendas. Na primeira teve prejuízo de R$ 4,00, na segunda teve prejuízo de R$ 11,00, na terceira teve lucro de R$ 13,00 e na última venda teve lucro de R$ 5,00. Pode-se calcular o saldo resultante desses quatro negócios efetuando:
a) $-4 - (-11) + 13 + 5 = 25$
b) $-4 + (-11) + 13 + 5 = 3$
c) $4 - 11 + 13 + 5 = 11$
d) $-4 - 11 - 13 + 5 = -23$

40. (SEE-RJ) As variações de temperatura, na cidade do Rio de Janeiro, são pequenas.

Domingo, a mínima foi de 17 °C e a máxima de 25 °C. Em certas regiões do planeta, a variação é muito grande: no Deserto do Saara, a temperatura pode alcançar 51 °C durante o dia e, à noite, chegar a -4 °C.

Neste caso, a queda de temperatura é de:
a) 47 graus.
b) 51 graus.
c) 53 graus.
d) 55 graus.

↑ Oásis situado no Deserto do Saara.

41. Durante uma experiência, a temperatura foi medida três vezes. O resultado da segunda leitura foi 10 graus menor do que o da primeira, e o da terceira foi 15 graus menor do que o da segunda.

Se a primeira leitura foi 5 graus, qual foi a última?
a) 0 grau
b) 10 graus
c) -10 graus
d) -20 graus

CAPÍTULO 5 — Multiplicação em $\mathbb{Z}$

Multiplicação com dois números inteiros

Você sabe o que é **multiplicação**?

> A multiplicação de números inteiros é uma soma de parcelas iguais.

Acompanhe as seguintes multiplicações:

- $(+3) \cdot (+5) = 3 \cdot (+5) = (+5) + (+5) + (+5) = +15$
  (pode ser escrito)

  Três depósitos seguidos de 5 reais equivalem a um depósito de 15 reais.

- $(+3) \cdot (-5) = 3 \cdot (-5) = (-5) + (-5) + (-5) = -15$
  (pode ser escrito)

  Três retiradas seguidas de 5 reais equivalem a uma retirada de 15 reais.

exemplo A

- $(-3) \cdot (+5) = -(+3) \cdot (+5) = -(+15) = -15$
  (troca por $-(+3)$)

exemplo B

- $(-3) \cdot (-5) = -(+3) \cdot (-5) = -(-15) = +15$
  (troca por $-(+3)$)

Nesses exemplos, observamos as seguintes **regras de sinais** para a multiplicação:

nº positivo	·	nº positivo	=	nº positivo
nº negativo	·	nº negativo	=	nº positivo
nº positivo	·	nº negativo	=	nº negativo
nº negativo	·	nº positivo	=	nº negativo

As regras da multiplicação costumam ser enunciadas assim:

Mais com **mais** dá **mais**.

Mais com **menos** dá **menos**.

Menos com **menos** dá **mais**.

Menos com **mais** dá **menos**.

Veja as multiplicações:

A. $(+4) \cdot (+7) = +28 = 28$ — porque $4 \cdot 7 = 28$
Mais vezes **mais** dá **mais**.

B. $(+8) \cdot (-2) = -16$ — porque $8 \cdot 2 = 16$
Mais vezes **menos** dá **menos**.

C. $(-3) \cdot (+9) = -27$ — porque $3 \cdot 9 = 27$
Menos vezes **mais** dá **menos**.

D. $(-6) \cdot (-5) = +30 = 30$ — porque $6 \cdot 5 = 30$
Menos vezes **menos** dá **mais**.

EXERCÍCIOS
DE FIXAÇÃO

1. Escreva as seguintes adições em forma de multiplicação e calcule os resultados:
a) $4 + 4 + 4$
b) $7 + 7 + 7 + 7 + 7$
c) $(-6) + (-6) + (-6)$
d) $(-9) + (-9) + (-9) + (-9)$

2. Efetue estas multiplicações.
a) $(+6) \cdot (+8)$
b) $(-6) \cdot (-8)$
c) $(+6) \cdot (-8)$
d) $(-6) \cdot (+8)$
e) $(-9) \cdot (-2)$
f) $(-5) \cdot (+7)$
g) $(+4) \cdot (-3)$
h) $(-7) \cdot (+7)$
i) $(+25) \cdot (-4)$
j) $(+10) \cdot (+10)$
k) $(-36) \cdot (+15)$
l) $(-70) \cdot (-20)$

3. Uma pessoa que deve 5 parcelas iguais de R$ 18,00 tem uma dívida de quanto?

4. Calcule:
a) o dobro de $+7$;
b) o dobro de -9;
c) o dobro de $+8$;
d) o triplo de -4;
e) o quádruplo de -1;
f) o quíntuplo de -2;

5. Efetue estas multiplicações.

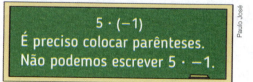
$5 \cdot (-1)$
É preciso colocar parênteses. Não podemos escrever $5 \cdot -1$.

a) $5 \cdot (-1)$
b) $2 \cdot (+8)$
c) $7 \cdot (-6)$
d) $0 \cdot (-9)$
e) $(-4) \cdot 3$
f) $(+9) \cdot 5$
g) $(-7) \cdot 2$
h) $(+2) \cdot 0$
i) $40 \cdot 80$
j) $40 \cdot (-80)$
k) $(+82) \cdot (-10)$
l) $(-60) \cdot (-25)$

6. Numa multiplicação, os fatores são (-6) e (-25). Qual é o produto?

7. Calcule o fator que falta.

a) $(-3) \cdot \boxed{} = 84$

b) $(-5) \cdot \boxed{} = -40$

c) $7 \cdot \boxed{} = -56$

d) $\boxed{} \cdot (-1) = 72$

8. Copie e complete, no caderno, a seguinte tabela de multiplicação:

×	−3	−2	−1	0	1	2	3
−3							
−2							
−1							
0							
1							
2							
3							

a) Qual é o resultado da multiplicação quando um dos fatores é zero?

b) Qual é o sinal do produto quando os dois fatores têm sinais iguais?

c) Qual é o sinal do produto quando os dois fatores têm sinais diferentes?

d) Qual é o resultado da multiplicação de um número inteiro (positivo ou negativo) por +1?

e) Qual é o resultado da multiplicação de um número inteiro (positivo ou negativo) por −1?

9. Responda:

a) Se o produto de dois números inteiros é um número negativo, qual é o sinal dos fatores?

b) Se o produto de dois números inteiros é um número positivo, qual é o sinal dos fatores?

10. O produto de dois números inteiros é (-55). Quais podem ser esses dois números?

11. Calcule o produto:

a) de (-4) por (-9);

b) de (-10) por seu simétrico;

c) de (-2) pelo simétrico de (-3);

d) do dobro de 8 por (-1);

e) de 0 pelo módulo de (-15).

12. As expressões $(-7) - (-9)$ e $(-7) \cdot (-9)$ são respectivamente iguais a:

a) 2 e 63.

b) −2 e 63.

c) 2 e −63.

d) −2 e −63.

13. O produto $3 \cdot (-7)$ é:

a) maior que $8 - 13$.

b) maior que $7 \cdot (-3)$.

c) menor que $6 \cdot (-5)$.

d) menor que $7 - 10$.

14. Qual é o menor número inteiro que, multiplicado por seu consecutivo, resulta em 56?

a) 7

b) 8

c) −7

d) −8

15. Multiplicando-se o maior número inteiro menor do que 7 pelo menor número inteiro maior do que −7, o resultado encontrado será:

a) −36.

c) −49.

b) −56.

d) −64.

16. Considere os seguintes números:

−2	3	5	0	−5	−3

Escolha dois deles de modo que:

a) a soma seja zero;

b) a soma seja (-2);

c) a soma seja (-8);

d) o produto seja (-6);

e) o produto seja 6;

f) o produto seja (-25).

48

! CURIOSO É...

A observação de algumas regularidades de cálculo pode nos ajudar a compreender as regras da multiplicação de números inteiros. Veja as multiplicações a seguir:

$$
\begin{aligned}
(-2) \cdot 4 &= -8 \quad \text{aumenta 2}\\
(-2) \cdot 3 &= -6 \quad \text{aumenta 2}\\
(-2) \cdot 2 &= -4 \quad \text{aumenta 2}\\
(-2) \cdot 1 &= -2 \quad \text{aumenta 2}\\
(-2) \cdot 0 &= 0 \quad \text{aumenta 2}\\
(-2) \cdot (-1) &= +2 \quad \text{aumenta 2}\\
(-2) \cdot (-2) &= +4 \quad \text{aumenta 2}\\
(-2) \cdot (-3) &= +6 \quad \text{aumenta 2}\\
(-2) \cdot (-4) &= +8 \quad \text{aumenta 2}
\end{aligned}
$$

Menos	vezes	menos	dá	mais.
(−)	(×)	(−)	(=)	(+)

+ AQUI TEM MAIS

Qual é o significado da expressão (−3) · (−20)?

Veja uma situação prática:

Com 300 reais, um garoto comprou 3 camisetas a 80 reais cada uma.

Quantos reais o garoto trouxe de troco?

Ele trouxe de troco 60 reais, ou seja, 300 − 3 · 80.

Acompanhe outro raciocínio:

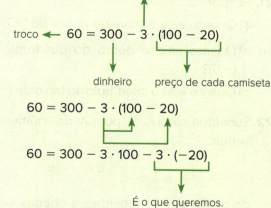

troco ← 60 = 300 − 3 · (100 − 20)
         ↓   ↓
      dinheiro   preço de cada camiseta

60 = 300 − 3 · (100 − 20)

60 = 300 − 3 · 100 − 3 · (−20)

                    É o que queremos.

60 = 300 − 300 − 3 · (−20)

60 = −3 · (−20)

Você percebeu?

O produto de dois números negativos é um número positivo.

Multiplicação com mais de dois números inteiros

Multiplicamos o primeiro número pelo segundo; o produto obtido, pelo terceiro; e assim, sucessivamente, até o último fator.

Veja os exemplos:

A. $(-2) \cdot (+3) \cdot (+5) = (-6) \cdot (+5) =$
$$= -30$$

B. $(-2) \cdot (-3) \cdot (-4) \cdot (-5) = (+6) \cdot (-4) \cdot (-5) =$
$$= (-24) \cdot (-5) =$$
$$= +120$$

EXERCÍCIOS
DE FIXAÇÃO

17. Efetue estas multiplicações.

a) $(+4) \cdot (-2) \cdot (+3)$

b) $(+6) \cdot (+2) \cdot (-1)$

c) $(-7) \cdot (+5) \cdot (-2)$

d) $(-2) \cdot (-3) \cdot (+8)$

e) $(+3) \cdot (-1) \cdot (-2) \cdot (+5)$

f) $(-4) \cdot (-6) \cdot (+5) \cdot (-2)$

g) $(-10) \cdot (-10) \cdot (-10) \cdot (-10)$

h) $(-1) \cdot (-1) \cdot (-1) \cdot (-1) \cdot (-1)$

18. Um aluno multiplicou:

a) 100 números positivos. Qual é o sinal do resultado?

b) 100 números negativos. Qual é o sinal do resultado?

c) 101 números positivos. Qual é o sinal do resultado?

d) 101 números negativos. Qual é o sinal do resultado?

19. Multiplicando 2 017 números inteiros, se o produto for positivo, podemos concluir que:

a) todos os fatores são negativos.

b) o número de fatores negativos é par.

c) o número de fatores positivos é par.

d) o número de fatores positivos é igual ao número de fatores negativos.

20. Efetue estas multiplicações.

a) $5 \cdot (-2) \cdot (+3)$

b) $7 \cdot (-1) \cdot (-4)$

c) $(-6) \cdot (-7) \cdot 2$

d) $(+8) \cdot (-3) \cdot 4$

e) $10 \cdot 12 \cdot (-3)$

f) $15 \cdot 10 \cdot (+4)$

g) $2 \cdot (-18) \cdot 5$

h) $3 \cdot (+20) \cdot 8$

i) $(-5) \cdot 4 \cdot 10$

j) $(-6) \cdot 8 \cdot 0$

21. Responda:

a) Quanto vale o triplo do dobro de (-7)?

b) Quanto vale o dobro do quádruplo de (-5)?

c) Quanto vale o quádruplo do triplo de (-2)?

22. Substitua cada ▨ por um dos números a seguir,

−1	−2	3	5

de modo que as igualdades obtidas sejam verdadeiras.

▨ · ▨ · ▨ = 10

▨ · ▨ · ▨ = 6

▨ · ▨ · ▨ = −30

Propriedades da multiplicação

Veja as propriedades da multiplicação acompanhadas de exemplos.

1. **Comutativa:** a ordem dos fatores não altera o produto.
$$(-2) \cdot (+5) = (+5) \cdot (-2)$$

2. **Elemento neutro:** o número +1 é o elemento neutro da multiplicação, ou seja, qualquer número multiplicado por +1 resulta nele mesmo.
$$(-7) \cdot (+1) = (+1) \cdot (-7) = -7$$

3. **Associativa:** na multiplicação de números inteiros, podemos associar os fatores sem que isso altere o resultado.
$$[(-3) \cdot (+2)] \cdot (-4) = (-3) \cdot [(+2) \cdot (-4)]$$

4. **Distributiva:** na multiplicação de um número inteiro por uma adição, multiplicamos esse número inteiro pelas parcelas.
$$(-2) \cdot [(-3) + (+4)] = (-2) \cdot (-3) + (-2) \cdot (+4)$$

EXERCÍCIOS DE FIXAÇÃO

23. Calcule o valor das expressões seguindo o exemplo:

$$50 - (+3) \cdot (-8) = 50 - (-24) =$$
$$= 50 + 24 =$$
$$= 74$$

Efetue primeiro as multiplicações.

a) $4 \cdot 3 - 20$
b) $15 - 6 \cdot 8$
c) $18 - (-6) \cdot (-1)$
d) $(-4) \cdot (-7) + 50$
e) $(-3) \cdot (-8) + (-2) \cdot (-6)$
f) $(+4) \cdot (-5) - (+2) \cdot (-7)$

24. Calcule o valor destas expressões.

a) $(-8) \cdot 5 + 16$
b) $-30 + 6 \cdot (-1)$
c) $(-10) \cdot (-2) - (-18)$
d) $(+2) \cdot (-6) + (-5) \cdot (-3)$

25. Calcule a soma do dobro de (-6) com o triplo de 5.

26. Calcule a soma do triplo de -8 com o dobro de -9.

27. Do produto de (-34) e 34, subtraia 34. Qual é a diferença?

28. Calcule aplicando a propriedade distributiva. Veja o exemplo:

$$(-2) \cdot (+9 - 5) = -2 \cdot (+9) - 2 \cdot (-5) =$$
$$= -18 + 10 =$$
$$= -8$$

a) $9 \cdot (8 + 2)$
b) $5 \cdot (6 - 7)$
c) $7 \cdot (-1 + 3)$
d) $-4 \cdot (3 - 2)$
e) $(17 - 5) \cdot (+2)$
f) $(-8 - 3) \cdot (-1)$
g) $(-10) \cdot (4 - 7)$
h) $(-20) \cdot (10 + 6)$

29. (SEE-SP) Considere $a = -34$, $b = -28$ e $c = -10$. Subtraindo b de a e multiplicando o resultado por c, obtém-se:

a) 60.
b) 620.
c) −60.
d) −620.

51

EXERCÍCIOS COMPLEMENTARES

30. O produto de dois números inteiros é (−21). Quais podem ser esses dois números?

31. O produto de dois números inteiros é +15 e a soma é (−8). Quais são esses números?

32. Em um jogo, cada cartão azul vale 10 pontos e cada cartão vermelho vale (−10) pontos.

+10   −10

Quantos pontos devem ser atribuídos a um jogador que recebe:

a) 3 cartões azuis?
b) 3 cartões vermelhos?
c) 5 cartões vermelhos?
d) 3 cartões azuis e 3 vermelhos?
e) 3 cartões azuis e 5 vermelhos?
f) 3 cartões vermelhos e 5 azuis?

33. Calcule:

a) (+15) · (−20)
b) (−18) · (−18)
c) (−26) · (+14)
d) (+32) · (−11)
e) (+8) · (−17) · (−1)
f) (−6) · (−4) · 0 · (−12)
g) (−1) · (−10) · (−2) · (+6)
h) (−2) · (+4) · (−3) · (+2) · (+5)

34. Calcule:

a) (−15) · 3
b) (−200) · 0
c) (−2) · 8 · 3
d) (−10) · (−10) · 25
e) (−18) · 10 · (+10)
f) 4 · (−15) · (−20)

35. O produto de três números inteiros é um número negativo. Como podem ser os sinais desses números?

36. Um computador multiplicou 300 números inteiros diferentes de zero dos quais 199 eram negativos. Qual é o sinal do produto?

37. Calcule:

a) 5 · 7 − 40
b) −18 + 5 · 6
c) 2 · (−3) + 10
d) (−9) · 2 − 15
e) (−1) · 15 − 2 · (−2)
f) (−2) · (−11) + 3 · 6

38. Calcule a soma do dobro de −10 com o triplo de −15.

39. Calcule o valor das expressões a seguir.

a) 7 · (−1) · 0
b) 5 · (3 − 7) · (−1)
c) 3 · (9 − 2) · (3 − 8)
d) −2 · (−1 − 3) · (−2 − 6)

40. Na multiplicação, se um dos fatores é representado por uma letra, podemos eliminar o sinal indicativo da operação. Veja os exemplos na lousa:

Ⓐ 3 · x pode ser escrito assim: 3x
Ⓑ 5 · a · b pode ser escrito assim: 5ab

Com base nessa informação, calcule o valor de 7x + 1, se:

a) x = 0;
b) x = +6;
c) x = 12;
d) x = −10.

PANORAMA

FAÇA AS ATIVIDADES A SEGUIR E REVEJA O QUE VOCÊ APRENDEU.

41. Qual é o próximo número desta sequência?

2, −4, 8, −16, 32, ...

a) 64
b) 128
c) −32
d) −64

42. O quádruplo de (−25) é:
a) 50.
b) 100.
c) −50.
d) −100.

43. Somando o dobro de (−5) com o triplo de (−2), obtemos:
a) −14.
b) −16.
c) 14.
d) 16.

44. O resultado de (−3) · (−7 + 9) é:
a) 6.
b) −6.
c) 48.
d) −48.

45. O resultado de −15 − 2 · (−5) é:
a) −5.
b) −25.
c) 5.
d) 25.

46. (SEE-SP) 3 · (−5) é:
a) maior que 4 − 9.
b) menor que 7 − 12.
c) maior que 5 · (−3).
d) menor que 6 · (−10).

47. Um submarino está 50 m abaixo do nível do mar (nível zero). Se descer o dobro da profundidade na qual se encontra, sua posição será:
a) 150.
b) −100.
c) −150.
d) −200.

48. Os resultados de −3 − 5 − 2 e de (−3) · (−5) · (−2) são, respectivamente:
a) 10 e 30.
b) 10 e −30.
c) −10 e 30.
d) −10 e −30.

49. O resultado de (−3 − 7) · (8 − 4) · (−5 + 2) é:
a) 120.
b) 280.
c) −120.
d) −280.

50. Considere os seguintes números:

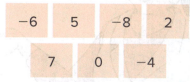

Qual é o menor produto possível que se pode obter multiplicando três números distintos?
a) −280
b) −336
c) −192
d) −210

51. Um funcionário de um supermercado pesou 5 pacotes de certo produto. Cada pacote deveria ter 20 kg, mas uns tinham mais e outros, menos do que isso. O funcionário anotou a diferença (em kg) em cada pacote:

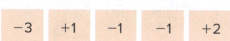

Esses 5 pacotes pesam, juntos:
a) 98 kg.
b) 99 kg.
c) 100 kg.
d) 101 kg.

52. Em uma conta bancária do tipo especial, uma pessoa estava com saldo positivo de R$ 280,00. Em seguida, deu 2 cheques de R$ 65,00 e 5 cheques de R$ 42,00. O saldo final pode ser representado por:
a) +R$ 50,00.
b) −R$ 50,00.
c) +R$ 60,00.
d) −R$ 60,00.

CAPÍTULO 6 — Divisão em ℤ

Divisão

Exemplos:

A. (+15) : (+3) = (+5), porque (+5) · (+3) = +15

B. (−15) : (−3) = (+5), porque (+5) · (−3) = −15

C. (+15) : (−3) = (−5), porque (−5) · (−3) = +15

D. (−15) : (+3) = (−5), porque (−5) · (+3) = −15

Para a divisão, valem as mesmas regras de sinais da multiplicação em ℤ.

nº positivo	:	nº positivo	=	nº positivo
nº negativo	:	nº negativo	=	nº positivo
nº positivo	:	nº negativo	=	nº negativo
nº negativo	:	nº positivo	=	nº negativo

VOCÊ SABE QUE A DIVISÃO É A OPERAÇÃO INVERSA DA MULTIPLICAÇÃO.

E. (+48) : (−16) = −3

porque 48 : 16 = 3

porque **Mais** dividido por **menos** dá **menos**.

F. (+60) : (−15) = +4

porque 60 : 15 = 4

porque **Menos** dividido por **menos** dá **mais**.

Como foi feito?

Verificamos qual é o sinal do quociente e dividimos os valores absolutos, como fazemos com os números naturais. Convém lembrar que:

- Não existe divisão por zero.

  Exemplo:
  (−7) : 0 é impossível

- A divisão nem sempre é possível em ℤ.

  Exemplo:
  (−5) : (+3) não tem como resultado um número inteiro

EXERCÍCIOS
DE FIXAÇÃO

1. Represente o texto por meio de números inteiros.

   Uma dívida de R$ 200,00 é dividida igualmente entre 4 irmãos. Cada um deles fica com uma dívida de R$ 50,00.

2. Efetue estas divisões.
   a) (−6) : (−2)
   b) (+8) : (−4)
   c) (−10) : (+2)
   d) (+12) : (+4)
   e) (+40) : (−5)
   f) (−12) : (−3)
   g) (−143) : (+13)
   h) (−1 000) : (−10)
   i) (+100) : (−100)

3. Efetue estas divisões.
   a) 39 : 13
   b) 36 : (+12)
   c) (+330) : 15
   d) (−120) : 3
   e) (−48) : (−48)
   f) (−512) : 32

4. Três números inteiros consecutivos somados resultam em −36. Quais são os números?

5.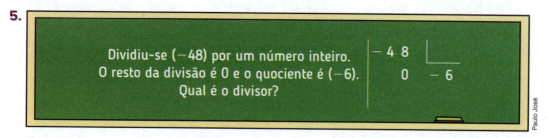
   Dividiu-se (−48) por um número inteiro. O resto da divisão é 0 e o quociente é (−6). Qual é o divisor?

6. Qual número inteiro dividido por (−3) dá:
   a) −5?   b) +7?   c) −1?   d) −10?   e) +8?   f) −30?

7. Sendo $A = -6 + 19 - 1$ e $B = 3 + 4 - 1 - 9$, calcule:
   a) $A \cdot B$
   b) $A : B$

8. Calcule o valor destas expressões. Veja o exemplo:

   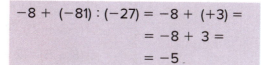
   $$-8 + (-81) : (-27) = -8 + (+3) =$$
   $$= -8 + 3 =$$
   $$= -5$$

   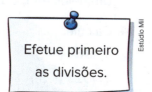
   Efetue primeiro as divisões.

   a) 30 : 3 − 8
   b) −9 + 15 : 5
   c) 8 : (−2) + 1
   d) 12 : (−4) − (−9)
   e) (−35) : (−7) + 2
   f) 18 − (−25) : (−5)
   g) (−16) : (+4) + 17
   h) 21 : 7 + (−26) : (−2)

EXERCÍCIOS COMPLEMENTARES

9. Calcule:
   a) (−9) : (+1)
   b) (−72) : (−8)
   c) (+20) : (−10)
   d) (+108) : (+36)
   e) (−63) : (+21)
   f) (+158) : (−2)
   g) (−330) : (−22)
   h) (+824) : (+206)

10. Qual número foi apagado na lousa?

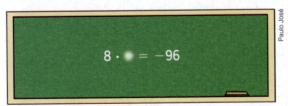

11. A metade de −20 é:
   a) 10.
   b) 40.
   c) −10.
   d) −40.

12. Escreva:
   a) a metade de 80;
   b) a metade de −80;
   c) a terça parte de −60;
   d) a quarta parte de −200.

13. O produto de dois números inteiros é (−270). Um deles é 15. Qual é o outro número?

14. Calcule:
   a) 196 : (−2)
   b) 102 : (+51)
   c) 1 836 : (−36)
   d) (−625) : 5
   e) (+990) : 11
   f) (−1 104) : 24

15. Efetue apenas as divisões exatas que são possíveis em $\mathbb{Z}$.
   a) 0 : (−72)
   b) (+54) : 0
   c) (+1) : (+5)
   d) (+36) : (−18)
   e) (−18) : (+36)
   f) (−40) : (−15)
   g) (−1 326) : 13
   h) (+11 000) : 50
   i) (−7 711) : (−11)
   j) (+80 040) : (−40)

16. Qual número inteiro obtemos quando:
   a) dividimos zero por um número negativo?
   b) dividimos um número positivo por ele mesmo?
   c) dividimos um número negativo por −1?

17. Calcule o valor destas expressões.
   a) (−12) : 3 + 7
   b) 50 : (−2) + 9
   c) (−16) + 48 : 3
   d) (−54) : (−6) + 1
   e) 7 : (−7) + 9 · 2
   f) 36 : (−4) + 5 · 6
   g) (−1 350) : (−50) − 10
   h) 42 : 6 + (−1 056) : (−33)

18. Calcule:
   a) (−7 − 5) : 2
   b) (−3 + 21) : (−6)
   c) (8 + 5) : (2 − 15)
   d) (5 · 10 − 6) : (3 · 4 − 1)
   e) (92 : 2 − 1) : (1 − 2 · 5)
   f) (8 + 10 : 2 − 12) : (−4 + 3)

56

FAÇA AS ATIVIDADES A SEGUIR E REVEJA O QUE VOCÊ APRENDEU.

NO CADERNO

19. O dobro de (−8) dividido por (−4) é:
a) 2.
b) 4.
c) −2.
d) −4.

20. A quarta parte de 28 dividida por (−7) é:
a) 1.
b) 4.
c) −1.
d) −4.

21. Os resultados de 81 : (−9) e de (−81) : 9 são, respectivamente:
a) 9 e 9.
b) 9 e −9.
c) −9 e 9.
d) −9 e −9.

22. É verdade que:
a) 0 · (−7) = −7.
b) 0 : (−7) = −7.
c) 0 − (−7) = −7.
d) 0 + (−7) = −7.

23. O valor da expressão (−50) : (−10) : 5 é:
a) 1.
b) 25.
c) −1.
d) −25.

24. O valor da expressão (−90) : (−5) · (−10) é:
a) 108.
b) 180.
c) −108.
d) −180.

25. O valor da expressão (8 + 6) : 7 · 5 − 19 é:
a) −7.
b) −9.
c) 7.
d) 9.

26. O valor da expressão (−6) : (+6) − 3 · 4 é:
a) 11.
b) 13.
c) −11.
d) −13.

27. O valor da expressão (−1 − 2 − 3 − 4 − 5) : (+15) é:
a) 0.
b) 1.
c) −1.
d) −2.

28. O valor da expressão 8 : (−8) + 2 · (−6) + 11 é:
a) 2.
b) 22.
c) −2.
d) −22.

29. O valor da expressão (−9) + 15 : (−3) − (−2) · 7 é:
a) 1.
b) 0.
c) −1.
d) −2.

30. O valor da expressão (−10) : (−2) − (−1) · (−3) · (+3) é:
a) 3.
b) 4.
c) −3.
d) −4.

31. O valor da expressão (−12) : (+2) · (−2 − 3 − 5) é:
a) 16.
b) 60.
c) −16.
d) −60.

32. O valor da expressão (−10) : (−1 + 2 · 3) + 3 · 4 é:
a) 10.
b) 14.
c) −10.
d) −14.

33. (Vunesp) O quociente do número (−600) pelo produto dos números (−4) e (−25) é um certo número inteiro y. Então y vale:
a) 6.
b) −6.
c) −30.
d) −60.

CAPÍTULO 7
Potenciação em $\mathbb{Z}$

Potências de expoente natural

Em uma rua há duas árvores, cada árvore com dois ninhos, cada ninho com dois ovos. Quantos são os ovos?

Podemos resolver esse problema assim: $2 \cdot 2 \cdot 2 = 8$.

Resposta: 8 ovos.

Essa multiplicação de fatores iguais pode ser escrita na forma de potência: $2^3 = 2 \cdot 2 \cdot 2 = 8$.

Podemos indicar o total de ovos por 2^3 ou 8.

Na potência $2^3 = 8$, temos que:
- 2 é a **base** (fator que se repete);
- 3 é o **expoente** (número de vezes que o fator se repete);
- 8 é a **potência** (resultado).

Exemplos:

Com expoente par:

A. $(+7)^2 = (+7) \cdot (+7) = +49$
B. $(-7)^2 = (-7) \cdot (-7) = +49$
C. $(+3)^4 = (+3) \cdot (+3) \cdot (+3) \cdot (+3) = +81$
D. $(-3)^4 = (-3) \cdot (-3) \cdot (-3) \cdot (-3) = +81$

Quando o expoente é **par**, a potência é sempre **positiva**.

$$(+)^{par} = + \qquad (-)^{par} = +$$

Com expoente ímpar:

A. $(+2)^3 = (+2) \cdot (+2) \cdot (+2) = +8$
B. $(-2)^3 = (-2) \cdot (-2) \cdot (-2) = -8$
C. $(+2)^5 = (+2) \cdot (+2) \cdot (+2) \cdot (+2) \cdot (+2) = +32$
D. $(-2)^5 = (-2) \cdot (-2) \cdot (-2) \cdot (-2) \cdot (-2) = -32$

Quando o expoente é **ímpar**, a potência tem o mesmo sinal da base.

$$(+)^{ímpar} = + \qquad (-)^{ímpar} = -$$

Vamos fazer duas perguntas e respondê-las:

1. Qual é o resultado da potenciação quando o expoente é 1?
   - $(+9)^1 = +9$
   - $(-2)^1 = -2$

Todo número inteiro elevado a 1 é igual a ele mesmo.

2. Qual é o resultado da potenciação quando o expoente é 0?

Vamos descobrir o resultado de $(-2)^0$ fazendo:

$(-2)^4 = 16 \qquad (-2)^2 = 4$
$(-2)^3 = -8 \qquad (-2)^1 = -2$

$(-2)^0 = $ ⟶ Os resultados vão sendo divididos por -2.

Potência de expoente zero com base não nula é igual a 1.

Continuando assim, teremos $(-2)^0 = 1$.

EXERCÍCIOS DE FIXAÇÃO

1. Em um depósito há 6 caixas, cada caixa contém 6 estojos, e cada estojo contém 6 canetas. Quantas canetas há no total?

2. (SEE-RJ) As bandejas para expor os doces ou salgados da padaria são numeradas de acordo com o tamanho:

Seguindo esse modelo, quantos doces cabem na bandeja de número 8?

3. Calcule:
   a) $(+8)^2$
   b) $(-8)^2$
   c) $(+10)^2$
   d) $(-10)^2$
   e) $(-6)^3$
   f) $(+6)^3$
   g) $(-2)^4$
   h) $(+2)^4$
   i) $(-2)^6$
   j) $(+2)^6$
   k) $(-4)^5$
   l) $(+4)^5$

4. Calcule:
   a) o quadrado de $+32$;
   b) o quadrado de -16;
   c) o cubo de -11;
   d) o quadrado de -100;
   e) a quarta potência de -10;
   f) a quinta potência de -3;
   g) a sexta potência de -1;
   h) a sétima potência de -1.

5. Calcule:
   a) $(-1)^2$
   b) $(-1)^3$
   c) $(-1)^{14}$
   d) $(-1)^{15}$
   e) $(-3)^2$
   f) $(-3)^3$
   g) $(+9)^2$
   h) $(+4)^3$
   i) $(-7)^2$
   j) $(-3)^5$
   k) $(-8)^3$
   l) $(-9)^2$

6. Observe a importância de utilizar parênteses quando a base for negativa. Exemplo:

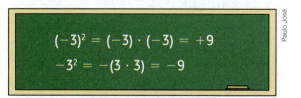

Em -3^2 a base é 3. O sinal negativo será do resultado.

Calcule as potências de acordo com os exemplos acima.
   a) $(-7)^2$
   b) -7^2
   c) $(-2)^4$
   d) -2^4
   e) $(-5)^3$
   f) -5^3

7. Dê o valor de:
   a) $(-4)^1$
   b) $(+8)^1$
   c) $(-6)^0$
   d) $(+4)^0$
   e) $(-70)^1$
   f) $(-100)^0$
   g) $35\,000^0$
   h) -25^0

Expressões numéricas

As expressões devem ser resolvidas obedecendo à seguinte ordem de operações:

1º) potenciação;   **2º)** multiplicação e divisão;   **3º)** adição e subtração.

Nessas expressões são efetuadas as operações que estão:

1º) entre parênteses ( );   **2º)** entre colchetes [ ];   **3º)** entre chaves { }.

Exemplos:

A. $5 - 2^3 + 6^2 : (-3) =$
$= 5 - 8 + 36 : (-3) =$
$= 5 - 8 - 12 =$
$= -15$

C. $(15 - 3 \cdot 6)^2 + 5^0 =$
$= (15 - 18)^2 + 1 =$
$= (-3)^2 + 1 =$
$= 9 + 1 =$
$= 10$

> Observe que resolvemos primeiro as operações nos parênteses para então elevar o resultado ao quadrado. Lembre-se também de que todo número diferente de zero elevado a zero resulta 1.

B. $[(-7)^2 + 9 \cdot (-3)] : 2 =$
$= [49 - 27] : 2 =$
$= 22 : 2 =$
$= 11$

D. $6^2 + (-3)^2 - [(+20) : (-4) + 1] =$
$= 36 + 9 - [(-5) + 1] =$
$= 36 + 9 - [-5 + 1] =$
$= 36 + 9 + 5 - 1 =$
$= 50 - 1 =$
$= 49$

EXERCÍCIOS DE FIXAÇÃO

8. O valor numérico de cada expressão corresponde a uma letra. Calcule as expressões e escreva a letra correspondente a cada resultado.

a) $-(-6)^2 + (-7 + 4)$
b) $(-3 + 7)^3 : (+1 - 3)^2$
c) $-9 + [2 \cdot (-10)] - 4$
d) $-6 + [5 \cdot (-8)] - 2^3$
e) $5 + (-3)^2 + 1$
f) $[3 \cdot (6^2 - 5^2 - 5)] \cdot (-1)$
g) $(9 - 2^3)^5 \cdot (-12) - 2$
h) $(-1)^7 + 3 + (+5) \cdot (+2)$
i) $(-3)^3 \cdot (-2)^2 + (-3) + 10^0$
j) $40 : (-1)^5 + (-2)^3 - 12$
k) $-5 - 3^2 - 2^3 + 1^7 - 9$
l) $(-2) \cdot (-7) + 3 - 6$
m) $(-2) + (-5) \cdot (-2) + (-3) \cdot (-1)$
n) $(-3)^4 : (-3)^2 + 10 - 6$
o) $15 - 4 \cdot [9 - (3 + 2)]$
p) $[(-4) \cdot (-8)] : [(-1) \cdot (+2)]$
q) $(-36) : [(-3 + 7) - (-6 + 8)]$

A	15	I	−18
B	−60	J	−39
C	−18	K	12
D	13	L	11
E	16	M	−33
F	−30	N	−1
G	−16	O	−14
H	−54	P	−110

9. (CAp-UERJ) O resultado da expressão $(2\,412 : 12 - 8) - 1^3 + (48 - 6 \cdot 2)$ é:

a) 48.   b) 98.   c) 226.   d) 228.

10. (CAp-UERJ) O resultado da expressão $\{[16 - (4 : 4)] : 3\}^2 \cdot 2^3$ é:

a) 6.   b) 8.   c) 150.   d) 200.

11. (FCC-SP) Digitando em uma calculadora a sequência de teclas indicada abaixo, o resultado final que irá aparecer no visor será −10.

Em linguagem matemática, a operação feita pela calculadora é equivalente a:

a) $(5 - 7) \cdot 2 - 6$.
b) $(5 - 7 \cdot 2) - 6$.
c) $5 - (7 \cdot 2) - 6$.
d) $5 - 7 \cdot (2 - 6)$.

12. (UFRJ) Num torneio de xadrez foi combinado que cada vitória valeria 3 pontos, empate, 1 ponto e derrota, −1 ponto. Perto do final do torneio João estava com 53 pontos. Caso João obtenha até o final do torneio 3 vitórias, 1 empate e 2 derrotas, o número de pontos com que ele terminará o torneio é:

a) 59.   b) 61.   c) 60.   d) 62.

13. As faces de um dado têm os seguintes números: −3, −2, −1, 0, +1, +2.

O dado é lançado seguidamente duas vezes.

a) Qual é a maior soma possível de pontos que se pode obter? E a menor?
b) Descubra todas as maneiras de a soma ser zero.
c) Será possível a diferença entre os pontos do primeiro e os do segundo lançamento ser +5? Como?

EXERCÍCIOS COMPLEMENTARES

14. Considere o produto $2 \cdot 2 \cdot 2 \cdot 2 \cdot 2 \cdot 2$. Escreva-o como potência de base:
 a) 2;
 b) 4;
 c) 8;
 d) 64.

15. O valor numérico de uma potência de expoente 5 é -32. Qual é a base da potência?

16. O resultado é positivo ou negativo?
 a) $(-3)^{17}$
 b) $(-5)^{20}$
 c) $(-45)^8$
 d) $(+15)^7$
 e) $(+18)^6$
 f) $(-31)^7$
 g) $(-24)^8$
 h) $(-11)^{10}$

17. Calcule:
 a) 6^1
 b) 6^2
 c) $(+6)^2$
 d) $(-6)^2$
 e) -6^2
 f) $-(-6)^2$

18. Calcule:
 a) o quadrado de -5;
 b) o triplo do quadrado de -5;
 c) o dobro de -7;
 d) o quadrado do dobro de -7;

19. Calcule:
 a) $(-16)^2$
 b) $(-11)^3$
 c) $(-10)^3$
 d) $(-10)^4$
 e) $(-10)^5$
 f) $(-100)^2$

20. O valor numérico de uma potência de expoente 2 é 16. Qual é a base da potência?

21. Qual é a igualdade verdadeira?
 a) $-8^2 = 64$
 b) $-8^2 = -16$
 c) $-15^0 = 1$
 d) $-15^0 = -1$

22. Quanto é:
 a) 10^6?
 b) $7 \cdot 10^3$?
 c) $5 \cdot 10 \cdot 10^3$?
 d) $9 \cdot 10^2 \cdot 10^5$?

23. Calcule o valor das expressões.
 a) $45 + 5^2$
 b) $130 - 4^3$
 c) $-28 + 10^2$
 d) $-6^2 + 15$
 e) $-17 - 1^5$
 f) $-2^3 - 30$
 g) $2^4 + 0 - 2^5$
 h) $2^6 - 3^2 - 9^0$
 i) $-5^2 + 1 - 74^0$
 j) $8^2 - 3 + 0^1 + 6^2$
 k) $10^3 - 700 + 1^{10} - 10^2$
 l) $-50 - 50^0 + 5^2 - 5^1$

Lembrete: Resolva primeiro a potenciação

24. Calcule o valor destas expressões.
 a) $5 \cdot (-4)^2$
 b) $8 \cdot (-1)^4$
 c) $(-1)^5 - 1^9$
 d) $-10 \cdot (-2)^6$
 e) $-32 + (-3)^3$
 f) $(-10)^3 - 700$
 g) $(-2)^4 + (-4)^2$
 h) $(-3)^2 + 5^0$
 i) $(-2)^3 + (-1)^9$
 j) $7 + (-2)^3 + 1$
 k) $(-8)^2 - 2 - (-1)$
 l) $(-1)^7 - (-1)^6 - (-1)^5$

 **PANORAMA**

FAÇA AS ATIVIDADES A SEGUIR E REVEJA O QUE VOCÊ APRENDEU.

25. Quantas maçãs foram empilhadas pelo feirante?

a) 36   b) 48   c) 51   d) 55

26. O dobro de -8 e o quadrado de -8 são, respectivamente:
a) 16 e 16.
b) 16 e -64.
c) -16 e 64.
d) -16 e -64.

27. O quadrado da terça parte de -3 é:
a) 1.   b) 9.   c) -1.   d) -9.

28. O menor dos números $(-2)^5$, $(-2)^4$, $(-3)^3$ e $(-3)^2$ é:
a) $(-2)^5$.
b) $(-2)^4$.
c) $(-3)^3$.
d) $(-3)^2$.

29. Respectivamente, os resultados de $(-3)^2$, -3^2, $(-2)^3$ e -2^3 são:
a) 9, 9, 8 e -8.
b) 9, -9, -8 e -8.
c) 9, 9, -8 e 8.
d) -9, -9, -8 e -8.

30. A sentença verdadeira é:
a) $7^2 = -(-7)^2$.
b) $7^2 > (-7)^2$.
c) $7^2 = (-7)^2$.
d) $-7^2 > (-7)^2$.

31. O valor de $(-5)^2 - (-5)^3$ é:
a) -5.   c) 25.
b) -25.   d) 150.

32. O resultado de $(-7 + 2)^2$ é:
a) 25.   c) -25.
b) 81.   d) -81.

33. Se $A = 10 + 10^2$ e $B = 10 - 10^2$, o valor de $A + B$ é:
a) 20.   c) -20.
b) 40.   d) 200.

34. (Saeb-MEC) Sendo $N = (-3)^2 - 3^2$, então, o valor de N é:
a) 0.   c) 18.
b) 6.   d) -18.

35. $5^2 - 3^2$ e $(5 - 3)^2$ são, respectivamente, iguais a:
a) 4 e 4.   c) 16 e 4.
b) 4 e 16.   d) 16 e 16.

36. O cubo de -5 somado ao cubo de 5 resulta em:
a) 0.   c) 125.
b) 250. d) 15.

37. Calculando $1^{19} + 13^0 + 0^5$ obtemos:
a) 14.   c) 2.
b) 20.   d) 18.

38. Se $x = -6$, então $x^2 + 20$ vale:
a) 8.   c) 32.
b) -16. d) 56.

39. Se $x = -3$, então $x^3 + x^2 + x + 1$ vale:
a) -5.   c) -20.
b) -17. d) -35.

40. (Cesgranrio-RJ) Denomina-se "quadrado mágico" aquele em que a soma dos números de cada linha, coluna ou diagonal é sempre a mesma. Sendo a figura abaixo um "quadrado mágico", o valor da soma $A + B + C$ é:

3^2	14	7
A	10	B
13	C	11

a) 26.   b) 28.   c) 30.   d) 31.

CAPÍTULO 8
Conjuntos dos números racionais

Números racionais

Chama-se **número racional** todo número que pode ser escrito em forma de fração.

São racionais:

- Todas as frações positivas:

  $+\dfrac{5}{6}, +\dfrac{1}{4}, +\dfrac{3}{2}, \ldots$

- Todas as frações negativas:

  $-\dfrac{5}{6}, -\dfrac{1}{4}, -\dfrac{3}{2}, \ldots$

Não podemos esquecer que:

- os **números naturais** podem ser escritos em forma de fração; $\quad 8 = \dfrac{8}{1} \quad 5 = \dfrac{10}{2}$

- os **números inteiros** podem ser escritos em forma de fração; $\quad -5 = -\dfrac{5}{1} \quad -7 = \dfrac{21}{3}$

- os **números decimais exatos** e as **dízimas periódicas** podem ser escritos em forma de fração. $\quad 0{,}7 = \dfrac{7}{10} \quad 3{,}51 = \dfrac{351}{100}$

Portanto, todo número natural, inteiro ou fracionário, é um número racional.

O **conjunto dos números racionais** é representado pela letra **Q**.

> **Por que o símbolo Q?**
>
> Q vem da palavra **quociente**, pois qualquer número racional pode ser representado como um quociente de dois números inteiros.

Convém destacar que:

1. Não se costuma escrever o sinal + antes dos números racionais positivos.

   A. $+\dfrac{3}{5} = \dfrac{3}{5}$ 	**B.** $+\dfrac{17}{8} = \dfrac{17}{8}$

2. Os quocientes de números inteiros são números racionais, e a regra de sinais da divisão de inteiros possibilita saber o sinal do número racional. Veja:

   A. $\dfrac{+5}{+8} = +\dfrac{5}{8}$ (**Mais** dividido por **mais** dá **mais**.)

   B. $\dfrac{-5}{-8} = +\dfrac{5}{8}$ (**Menos** dividido por **menos** dá **mais**.)

   C. $\dfrac{-5}{+8} = -\dfrac{5}{8}$ (**Menos** dividido por **mais** dá **menos**.)

   D. $\dfrac{+5}{-8} = -\dfrac{5}{8}$ (**Mais** dividido por **menos** dá **menos**.)

EXERCÍCIOS
DE FIXAÇÃO

1. Utilize números racionais positivos para representar a parte de cada *pizza* indicada nas figuras e números racionais negativos para indicar a parte de cada *pizza* que foi retirada.

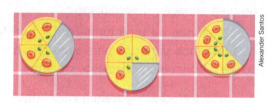

2. Observe estes números:

   −6   2   0   9,9 $-\dfrac{1}{8}$ $\dfrac{1}{4}$ $\dfrac{3}{5}$ 7

   a) Quantos são positivos?
   b) Quais são os números naturais?
   c) Quais são os números inteiros?
   d) Quais são os números racionais?

3. Verdadeiro ou falso?
   a) Todo número inteiro positivo é racional.
   b) Todo número inteiro negativo é racional.
   c) Todo número natural é racional.
   d) Todo número decimal exato é racional.

4. Quais destes representam o mesmo número?

   $\dfrac{2}{5}$ 2,5 $\dfrac{4}{10}$ 0,4

5. Escreva o número racional positivo ou negativo correspondente às frações a seguir.

   Veja o exemplo: $\dfrac{-7}{+2} = -\dfrac{7}{2}$

   a) $\dfrac{-9}{+4}$ b) $\dfrac{-7}{-2}$ c) $\dfrac{8}{-9}$ d) $\dfrac{+11}{+4}$

6. Quais dos números abaixo são iguais a $\dfrac{7}{5}$?

   a) $\dfrac{-7}{5}$ b) $\dfrac{7}{-5}$ c) $\dfrac{-7}{-5}$ d) $\dfrac{+7}{+5}$

7. Escreva os números racionais a seguir na forma irredutível.

   Veja o exemplo: $\dfrac{-18}{36} = -\dfrac{9}{18} = -\dfrac{3}{6} = -\dfrac{1}{2}$

   a) $\dfrac{+7}{+35}$ b) $\dfrac{-20}{-30}$ c) $\dfrac{20}{-6}$ d) $\dfrac{-75}{100}$

8. Transforme estas frações em números inteiros.

   a) $\dfrac{-33}{11}$ b) $\dfrac{-48}{-12}$ c) $\dfrac{100}{-25}$ d) $\dfrac{0}{-19}$

Frações e divisões

Vimos, no volume do 6º ano, que o traço de fração indica divisão. Vamos relembrar isso por meio de uma situação do cotidiano.

Os alunos de uma turma de 7º ano farão cartazes de tamanhos variados para uma campanha educativa sobre o consumo consciente de água.

João e Nádia pegaram 4 cartolinas.

$$4 : 2 = \frac{4}{2} = 2$$

O sinal de fração indica divisão.

João ficará com 2 folhas de cartolina e Nádia também ficará com 2.

Marcos e Leila têm 3 cartolinas para dividir igualmente entre eles. Cada um ficará com uma folha inteira e uma folha será dividida ao meio.

$$3 : 2 = \frac{3}{2} = 1,5$$

forma fracionária → forma decimal

Já este trio terá de dividir uma cartolina em três partes iguais.

$$1 : 3 = \frac{1}{3} = 0,333\ldots$$

forma fracionária → forma decimal

Cada aluno ficará com $\frac{1}{3}$ de folha: $\frac{1}{3} + \frac{1}{3} + \frac{1}{3} = \frac{3}{3} = 1$.

Quando dividimos dois números inteiros, o quociente só pode ser um dos tipos de número abaixo:

- um número natural;
- um número decimal exato;
- uma dízima periódica.

Lembre-se: O zero nunca pode ser divisor!

Você viu exemplos na situação que estudamos:
- $4 : 2 = 2$ → número natural;
- $3 : 2 = 1,5$ → número decimal exato;
- $1 : 3 = 0,333\ldots$ → dízima periódica.

Frações na forma de número decimal

Recorde:

1. Vamos escrever $\dfrac{3}{5}$ na forma de número decimal.

$\dfrac{3}{5} = 3 : 5 = 0,6$

```
3 | 5
3   0,6
30
 0
```

> Trocamos as 3 unidades do resto por 30 décimos; 30 décimos divididos por 5 resultam em 6 décimos.

2. Há frações que geram dízimas periódicas:

$\dfrac{8}{3} = 8 : 3 = 2,666...$

```
8 | 3
20  2,666...
 20
  20
```

> Trocamos as 2 unidades do resto por 20 décimos; 20 décimos divididos por 3 resultam em 2 décimos.
> Trocamos 2 décimos por 20 centésimos; 20 centésimos divididos por 3 resultam em 3 centésimos.
> Observamos que o resto nunca será zero.

O que relembramos vale também para frações negativas:

$-\dfrac{3}{5} = -0,6$ $-\dfrac{8}{3} = -2,666...$ $-\dfrac{3}{4} = -0,75$, por exemplo.

3. Podemos utilizar a calculadora e a forma decimal de frações para compará-las quando a redução ao menor denominador comum for trabalhosa.

Veja exemplos:

Qual é a maior fração: $\dfrac{15}{32}$ ou $\dfrac{19}{40}$?

- $\dfrac{15}{32} = 15 : 32 = ?$

Digitamos 15 [÷] 32 [=] 0,46875.

Logo, $\dfrac{15}{32} = 0,46875$.

- $\dfrac{19}{40} = 19 : 40 = ?$

Digitamos 19 [÷] 40 [=] 0,475.

Logo, $\dfrac{19}{40} = 0,475$.

Concluímos que $\dfrac{19}{40} > \dfrac{15}{32}$ pois $0,475 > 0,46875$.

> Observe: $\dfrac{5}{9} = 5 : 9 = 0,555...$
> Podemos escrever $0,555... = 0,\overline{5}$
> Colocamos um traço sobre o período da dízima.

67

Números decimais na forma de fração

Para escrever um número decimal negativo na forma de fração, usaremos os mesmos procedimentos utilizados para números decimais positivos. O sinal negativo não muda.

Veja exemplos:

A. $-0,8 = -\dfrac{8}{10} = -\dfrac{4}{5}$ (Simplificamos a fração sempre que possível.)

B. $-1,03 = -\dfrac{103}{100}$

C. $-12,5 = -\dfrac{125}{10} = \dfrac{25}{2}$

D. $-0,007 = -\dfrac{7}{1000}$

Todo número racional pode ser escrito na forma de número decimal ou na forma fracionária.

CURIOSO É...

Acredita-se que os chineses da Antiguidade foram os primeiros a utilizar números negativos. Eles efetuavam cálculos com esses números em tabuleiros. Os números negativos representavam faltas, dívidas; os positivos, excessos. Não usavam sinais, mas cores: os palitos vermelhos representavam os positivos; os palitos pretos, as faltas ou dívidas.

Numa obra importante da Matemática chinesa, *Os nove capítulos da arte da Matemática* (século III a.C.), encontram-se enunciadas regras de sinais para a adição e a subtração com negativos.

Na Índia Antiga, os matemáticos também conheciam os números negativos e faziam operações com eles. Brahmagupta, matemático nascido no ano 598 d.C., afirmava que os números podem ser entendidos como pertences ou dívidas.

No entanto, os números negativos levaram séculos para ser realmente aceitos como números.

Ainda nos séculos XVI e XVII, os negativos eram chamados de números absurdos, falsos ou ainda fictícios por matemáticos muito importantes.

Somente a partir do século XVIII passaram a ser levados a sério pelos estudiosos, integrando-se finalmente aos campos numéricos.

Imagine que estes palitos, vermelhos (+) e pretos (−) representam números num tabuleiro usado pelos chineses da Antiguidade. Se adicionarmos estas quantidades, temos como resultado 1 palito preto, o que significa −1.

$4 + (-5) = 4 - 5 = -1$

Pesquisas apontam que os chineses já usavam um tipo de papel feito com casca de cerejeira, cânhamo, bambu e outras fibras vegetais por volta de 150 d.C. Antes disso, escreviam sobre bambu.

Escrita em bambu. →

Relembrando propriedades

Sabemos que, com números naturais e com números inteiros, a ordem das parcelas não altera a soma.

Por exemplo: 7 + 5 = 5 + 7 e (−8) + (−2) = (−2) + (−8).

Essa é a chamada **propriedade comutativa** da adição.

Também sabemos que podemos associar as parcelas de maneiras diferentes.

Vejam: (4 + 5) + 3 = 4 + (5 + 3) e [(−2) + (+5)] + (−3) = (−2) + [(+5) + (−3)].

Essa é a **propriedade associativa** da adição.

Ainda temos o **elemento neutro** da adição que é o **zero**.

O exemplo 8 + 0 = 0 + 8 = 8 ilustra essa propriedade.

Essas três propriedades continuam valendo quando somamos frações.

Tarefa especial

9. Qual das adições tem como resultado um número maior do que 1?

a) $\dfrac{2}{3} + \dfrac{1}{6}$
b) $\dfrac{1}{2} + \dfrac{3}{10}$
c) $\dfrac{1}{4} + \dfrac{7}{8}$

10. Rafael fez uma adição de frações, mas cometeu um erro. Descubram o erro e efetuem a adição corretamente.

$$\dfrac{3}{8} + \dfrac{1}{6} = \dfrac{9}{24} + \dfrac{3}{24} = \dfrac{12}{24} = \dfrac{1}{2}$$

11. Exercitem o cálculo mental efetuando:

a) $1 - \dfrac{1}{2}$
b) $1 - \dfrac{1}{4}$
c) $1 + \dfrac{3}{4}$

Lembrem-se de que vocês também podem utilizar a forma decimal das frações.

12. Que fração precisamos somar a $\dfrac{7}{3}$ para obtermos 3 inteiros?

Representação geométrica

Observe que os números racionais podem ser representados por pontos de uma reta usando-se o mesmo processo de representação dos inteiros.

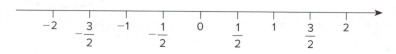

À direita de zero, representamos os números **racionais positivos** e, à esquerda, os **racionais negativos**.

Números simétricos ou opostos

Os números simétricos são aqueles que se situam à mesma distância do zero, em lados opostos da reta.

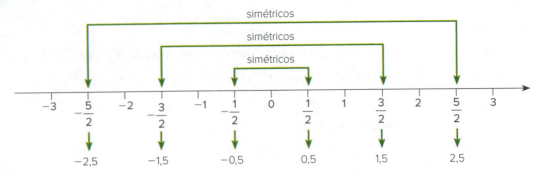

Assim:
- o simétrico de $\frac{3}{2}$ é $-\frac{3}{2}$;
- o simétrico de $-\frac{5}{2}$ é $\frac{5}{2}$.

Valor absoluto ou módulo

O módulo de um número racional é a distância dele até o zero na reta dos racionais.

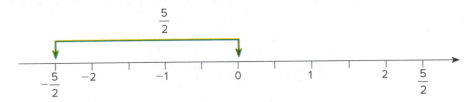

Então: $\left|-\frac{5}{2}\right| = \frac{5}{2}$ (o módulo de $-\frac{5}{2}$ é igual a $\frac{5}{2}$).

Comparação de números racionais

Observe a representação de alguns números racionais na reta:

Note que:

A. $-\frac{5}{2} < -\frac{3}{2}$, pois $-\frac{5}{2}$ está à esquerda de $-\frac{3}{2}$.
→ menor que

B. $\frac{1}{5} > -\frac{3}{2}$, pois $\frac{1}{5}$ está à direita de $-\frac{3}{2}$.
→ maior que

C. $-3,5 < 2,5$, pois $-3,5$ está à esquerda de $2,5$.
→ menor que

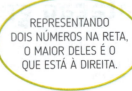

REPRESENTANDO DOIS NÚMEROS NA RETA, O MAIOR DELES É O QUE ESTÁ À DIREITA.

EXERCÍCIOS DE FIXAÇÃO

13. Quem está errado?

Tiago: 0,7 E −0,07 SÃO NÚMEROS SIMÉTRICOS.

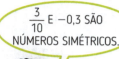
Marcelo: $\frac{3}{10}$ E −0,3 SÃO NÚMEROS SIMÉTRICOS.

Carmen: $-\frac{5}{8}$ E $\frac{5}{8}$ TÊM SINAIS CONTRÁRIOS.

Juliana: O SIMÉTRICO DE ZERO É ZERO.

14. Observe a figura abaixo.

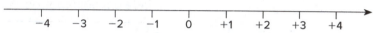

O número $-\frac{11}{4}$, nessa reta numérica, está localizado entre quais números inteiros consecutivos?

15. Escreva um número não inteiro compreendido entre −6 e −4.

16. Abaixo aparecem uma reta numérica com espaços e alguns números.

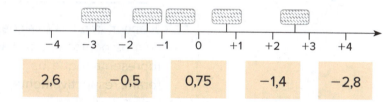

2,6   −0,5   0,75   −1,4   −2,8

Coloque, adequadamente, os números acima nos espaços indicados na reta.

17. Rodrigo fez um cálculo na calculadora e obteve o resultado −3,6.

Como o resultado tem de ser escrito na forma de fração, Rodrigo, então, deve escrever:

a) $-\frac{36}{100}$.   b) $-\frac{3}{6}$.   c) $-\frac{3,6}{10}$.   d) $-\frac{36}{10}$.

18. Qual é o maior número:

a) $\frac{2}{7}$ ou $-\frac{2}{7}$?   c) 0 ou $-\frac{5}{2}$?   e) $-\frac{1}{3}$ ou $-\frac{9}{5}$?

b) 0,8 ou $\frac{5}{6}$?   d) $\frac{5}{8}$ ou $\frac{4}{3}$?   f) $-\frac{7}{2}$ ou −3,2?

19. Qual é o maior número:

a) −5,2 ou 5,7?   c) −5,7 ou −6?   e) −4,6 ou −4,06?

b) 5,2 ou −5,7?   d) 0,8 ou −9,8?   f) $-\frac{9}{5}$ ou −1,8?

20. Considere os números:

−2   −1,2   −1 $\frac{3}{4}$ 0   −1,5   4

a) Qual é o maior? E o menor?
b) Escreva os números dados em ordem crescente.

EXERCÍCIOS
COMPLEMENTARES

21. Os números $A = -\dfrac{7}{2}$, $B = \dfrac{-7}{2}$ e $C = \dfrac{7}{-2}$ são iguais?

22. Qual é maior:
a) -4 ou seu simétrico?
b) -9 ou seu módulo?
c) 5 ou o simétrico de -10?

23. Dê o valor de:
a) $\dfrac{-(-1)}{-5}$
c) $\dfrac{-4-6}{-2}$
b) $\dfrac{-(-3)}{-(-5)}$
d) $\dfrac{-7-8-3}{-(-18)}$

24. Veja o exemplo e calcule os itens.

$$\dfrac{(-8) \cdot (-9)}{-2} = \dfrac{+72}{-2} = -36$$

a) $\dfrac{27}{5-14}$
b) $\dfrac{6 \cdot (-3)}{-2}$
c) $\dfrac{28 - 4 \cdot (-2)}{3 \cdot (-3)}$
d) $\dfrac{(-1) \cdot (-3) \cdot (+15)}{(-5) \cdot (-10)}$

25. Qual igualdade abaixo é verdadeira?
a) $\dfrac{17}{100} = 1{,}7$
c) $-\dfrac{1}{4} = -0{,}4$
b) $\dfrac{16}{-2} = -8{,}5$
d) $-\dfrac{1}{8} = -0{,}125$

26. Rafael localizou na reta numérica os pontos correspondentes a $-1{,}5$; $-1{,}2$ e $-\dfrac{5}{3}$. Nomeou os pontos como A, B, C, não nessa ordem. Registre no caderno os números representados por A, por B e por C.

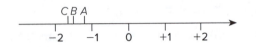

27. Considere os números:

| +0,5 | −1 | +1,5 | −2 |
| +2,5 | −3 | +3,5 | −4 |

a) Qual é o maior? E o menor?
b) Escreva os números em ordem crescente.

28. (Saresp) Joana e seu irmão estão representando uma corrida em uma estrada assinalada em quilômetros, como na figura abaixo:

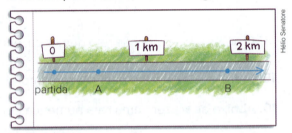

Joana marcou as posições de 2 corredores com os pontos A e B. Esses pontos A e B representam que os corredores já percorreram, respectivamente, em km:

a) $0{,}5$ e $1\dfrac{3}{4}$.
c) $\dfrac{1}{4}$ e $2{,}75$.
b) $0{,}25$ e $\dfrac{10}{4}$.
d) $\dfrac{1}{2}$ e $2{,}38$.

29. (Encceja-MEC) Uma agência de modelos está selecionando jovens para uma propaganda de sorvetes. Entre as exigências, a agência solicita que as jovens tenham altura mínima de 1,65 m e máxima de 1,78 m. Se x é um número racional que representa a altura, em metros, de uma jovem que pode ser escolhida para essa propaganda, é correto afirmar que:
a) $x < 1{,}78$.
b) $x > 1{,}65$.
c) $1{,}65 \leq x \leq 1{,}78$.
d) $1{,}65 \leq x \geq 1{,}78$.

PANORAMA

FAÇA AS ATIVIDADES A SEGUIR E REVEJA O QUE VOCÊ APRENDEU.

30. Qual das frações abaixo é positiva?

a) $\dfrac{-7}{8}$ b) $\dfrac{-7}{+8}$ c) $\dfrac{7}{-8}$ d) $\dfrac{-7}{-8}$

31. Qual é a igualdade falsa?

a) $\dfrac{-3}{5} = \dfrac{3}{-5}$ c) $\dfrac{-3}{-5} = \dfrac{-3}{5}$

b) $\dfrac{3}{-5} = \dfrac{-3}{5}$ d) $\dfrac{+3}{+5} = \dfrac{3}{5}$

32. O número $\dfrac{-19}{38}$ é igual a:

a) 2.   b) $\dfrac{1}{2}$.   c) -2.   d) $-\dfrac{1}{2}$.

33. Qual entre as frações seguintes é equivalente a $-\dfrac{1}{4}$?

a) $\dfrac{-12}{48}$ b) $\dfrac{40}{-10}$ c) $\dfrac{-48}{12}$ d) $-\dfrac{12}{3}$

34. O número $-\dfrac{3}{6}$ está compreendido entre:

a) 0 e 1.   c) -1 e 0.
b) 3 e 6.   d) -6 e -3.

35. Dadas as frações $\dfrac{5}{7}$, $-\dfrac{2}{3}$, $\dfrac{1}{4}$ e $-\dfrac{8}{5}$, a ordenação delas em ordem crescente é:

a) $-\dfrac{2}{3}$, $-\dfrac{8}{5}$, $\dfrac{1}{4}$, $\dfrac{5}{7}$.

b) $-\dfrac{8}{5}$, $-\dfrac{2}{3}$, $\dfrac{1}{4}$, $\dfrac{5}{7}$.

c) $\dfrac{1}{4}$, $-\dfrac{2}{3}$, $-\dfrac{8}{5}$, $\dfrac{5}{7}$.

d) $-\dfrac{8}{5}$, $-\dfrac{2}{3}$, $\dfrac{5}{7}$, $\dfrac{1}{4}$.

36. -3 é menor que:

a) -9 b) $-\dfrac{1}{3}$ c) $-3,3$ d) $-\dfrac{12}{4}$

37. O valor da expressão $\dfrac{-(-2)^2 - (-3)}{(-5 + 8)^0 - 2}$ é:

a) 1.   b) 7.   c) -1.   d) -7.

38. Dos números $-\dfrac{3}{5}$, $-\dfrac{5}{3}$, $\dfrac{4}{7}$ e $\dfrac{7}{4}$:

a) o maior é $\dfrac{7}{4}$ e o menor é $-\dfrac{3}{5}$.

b) o maior é $\dfrac{7}{4}$ e o menor é $-\dfrac{5}{3}$.

c) o maior é $\dfrac{4}{7}$ e o menor é $-\dfrac{3}{5}$.

d) o maior é $\dfrac{4}{7}$ e o menor é $-\dfrac{5}{3}$.

39. (Saresp) Dentre as sentenças matemáticas abaixo, a única verdadeira é:

a) $0,225 > 0,23$.   c) $0,5 \cdot 0,2 = 1$.

b) $0,5 > 0,50$.   d) $0,4 < \dfrac{5}{10} < 0,6$.

40. (Saresp) Abaixo representamos na reta numérica os números x, y, z e zero:

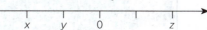

É correto dizer que:

a) $y > z$.   b) $x > 0$.   c) $y < x$.

d) z é um número positivo.

41. (Saresp) Dona Cláudia faz uma mistura de cereais para o café da manhã. Ela prepara uma lata de cada vez, e cada lata pronta contém:

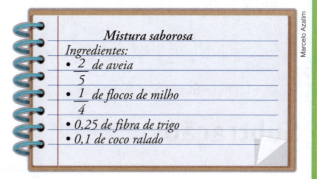

O produto que aparece em maior quantidade e o que aparece em menor quantidade, nessa mistura, são, respectivamente:

a) fibra de trigo e coco ralado.
b) aveia e coco ralado.
c) fibra de trigo e flocos de milho.
d) aveia e flocos de milho.

CAPÍTULO 9
Adição e subtração em ℚ

Adição

Já sabemos efetuar adições e subtrações de números decimais e frações positivas. Em ℚ, temos também frações e números decimais negativos.

Os procedimentos e regras que aprendemos para operar com números inteiros serão mantidos em ℚ.

Vamos ver exemplos:

A. $\left(+\dfrac{1}{4}\right) + \left(+\dfrac{5}{6}\right) = \dfrac{1}{4} + \dfrac{5}{6} = \dfrac{3}{12} + \dfrac{10}{12} = \dfrac{13}{12}$

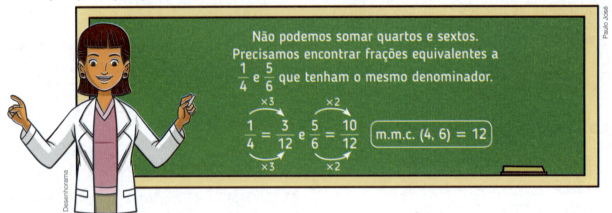

B. $\left(\dfrac{1}{2}\right) + \left(-\dfrac{2}{3}\right) = \dfrac{1}{2} - \dfrac{2}{3} = \dfrac{3}{6} - \dfrac{4}{6} = -\dfrac{1}{6}$

C. $\left(-\dfrac{3}{4}\right) + \left(-\dfrac{1}{2}\right) = -\dfrac{3}{4} - \dfrac{1}{2} = -\dfrac{3}{4} - \dfrac{2}{4} = -\dfrac{5}{4}$

D. $+1{,}5 + (-5) = 1{,}5 - 5 = -3{,}5$

Subtração

Para encontrarmos a diferença entre dois números racionais, somamos o primeiro com o oposto do segundo.

Exemplos:

A. $\left(+\dfrac{1}{2}\right) - \left(+\dfrac{4}{5}\right) = \dfrac{1}{2} - \dfrac{4}{5} = \dfrac{5}{10} - \dfrac{8}{10} = -\dfrac{3}{10}$

B. $\left(+\dfrac{1}{4}\right) - \left(-\dfrac{1}{2}\right) = \dfrac{1}{4} + \dfrac{1}{2} = \dfrac{1}{4} + \dfrac{2}{4} = \dfrac{3}{4}$

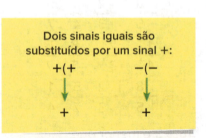

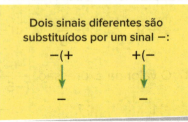

EXERCÍCIOS DE FIXAÇÃO

1. Calcule:

a) $\left(-\dfrac{5}{6}\right) + \left(+\dfrac{1}{2}\right)$

b) $\left(-\dfrac{1}{3}\right) - \left(-\dfrac{4}{5}\right)$

c) $\left(+\dfrac{5}{12}\right) - \left(+\dfrac{3}{4}\right)$

2. Calcule:

a) $\dfrac{2}{5} + \left(-\dfrac{1}{2}\right)$

b) $\dfrac{5}{3} + \left(-\dfrac{1}{2}\right)$

c) $\dfrac{2}{15} - \left(-\dfrac{1}{6}\right)$

d) $\dfrac{3}{2} - \left(+\dfrac{5}{4}\right)$

e) $-\dfrac{5}{6} + \left(-\dfrac{1}{4}\right)$

f) $-\dfrac{4}{5} + \left(-\dfrac{1}{2}\right)$

3. Calcule:

a) $-1 - \dfrac{2}{5}$

b) $-\dfrac{5}{6} + \dfrac{3}{4}$

c) $2 - \dfrac{1}{2} - \dfrac{2}{5}$

d) $-\dfrac{3}{2} + \dfrac{7}{4} - \dfrac{1}{6}$

e) $1 - \dfrac{1}{2} + \dfrac{1}{4} - \dfrac{1}{8}$

f) $-1 + \dfrac{1}{2} + \dfrac{3}{5} - \dfrac{3}{10}$

4. Veja o exemplo e calcule:

$$5 + \left(+\dfrac{2}{3}\right) = 5 + \dfrac{2}{3} = \dfrac{15}{3} + \dfrac{2}{3} = \dfrac{17}{3}$$

a) $4 + \left(-\dfrac{2}{3}\right)$

b) $4 + \left(-\dfrac{1}{5}\right)$

5. Calcule:

a) $\left(-\dfrac{1}{2}\right) + (+3)$

b) $\left(-\dfrac{7}{6}\right) + (+1)$

c) $5 - \left(-\dfrac{3}{7}\right)$

d) $-2 + \left(-\dfrac{1}{2}\right)$

6. Calcule:

a) $2 + \left(-1\dfrac{1}{2}\right)$

b) $\dfrac{3}{4} - \left(-1\dfrac{3}{4}\right)$

c) $1\dfrac{3}{4} - (-5)$

7. Calcule:

a) $9 - 0{,}48 - 0{,}52$

b) $2 - (-2{,}2)$

c) $-3{,}4 - (-1{,}75)$

d) $-0{,}45 - (-1{,}25) + (-0{,}9)$

8. O quadro a seguir representa o extrato bancário de Flávio no dia 2 de setembro:

Data	Histórico	Valor
02/9	saldo	−R$ 142,19
	salário	+R$ 1.063,42
	saque	−R$ 84,15
	cheque	−R$ 118,80
	depósito	+R$ 79,00
	cheque	−R$ 806,77

Qual é o saldo de Flávio, em reais, ao final desse dia?

EFETUE OS CÁLCULOS NA ORDEM QUE PREFERIR.

EXERCÍCIOS COMPLEMENTARES

9. Calcule e apresente o resultado na forma de fração.

a) $\dfrac{1}{2} + (-0,3) + \dfrac{1}{6}$

b) $0,4 - \left(-\dfrac{3}{4}\right) - \left(-\dfrac{1}{2}\right)$

c) $1,2 - (-5) - \left(+\dfrac{3}{5}\right)$

d) $0,2 + \dfrac{3}{4} - \dfrac{5}{2} - 0,5$

10. Calcule o valor de cada expressão a seguir.

a) $-\dfrac{1}{3} + \left(\dfrac{3}{5} - 2\right)$

b) $\left(-1 + \dfrac{1}{2}\right) - \left(-\dfrac{1}{6} + \dfrac{2}{3}\right)$

c) $(-0,3 + 0,5) - \left(-1 - \dfrac{4}{5}\right)$

d) $-1 - \left[\dfrac{1}{2} - \left(3 - \dfrac{1}{4}\right)\right]$

e) $-\dfrac{2}{5} + \left[-3 + \left(-\dfrac{1}{4} + \dfrac{1}{2}\right)\right]$

f) $\left(-\dfrac{1}{2}\right) + (-2) + \left(+\dfrac{8}{3}\right) + (-0,4)$

11. No caderno, copie e complete o quadro.

+	8,9	14,2
−6,7		7,5
4,9		
−18,9	−10	
−8,9		

12. O saldo bancário de Daniel era de R$ 74,19. Ele pagou dívidas com dois cheques: um no valor de R$ 128,56 e outro de R$ 109,41. Além disso, fez um depósito de R$ 95,66. Daniel tem nesse banco um saldo positivo ou negativo? De quanto?

13. Rafael fez algumas experiências com um termômetro. Quando o aparelho atingiu 15,8 °C, ele o colocou no congelador. Algum tempo depois, a temperatura caiu 20 °C. Quanto passou a ser a temperatura registrada no termômetro?

14. Este gráfico representa os resultados financeiros de uma empresa.

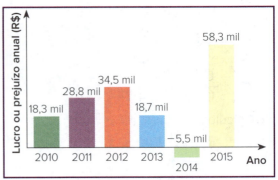

Com base nesse gráfico, podemos afirmar que:

a) em 2012, o lucro foi de R$ 3.450,00.

b) em 2013, o lucro foi a metade do lucro de 2012.

c) o lucro foi crescente nos quatro primeiros anos.

d) o total de lucros nos seis anos foi de R$ 162.100,00.

e) em 2012, o lucro foi de R$ 5.700,00 em relação ao ano anterior.

15. Um fiscal do Instituto Nacional de Pesos e Medidas esteve num supermercado e pesou 6 pacotes de arroz. Cada pacote deveria ter 5 kg, mas uns tinham mais e outros menos que isso. O fiscal anotou a diferença em cada pacote.

A soma das diferenças dos 6 pacotes expressa:

a) uma falta de 1,3 g (−1,3).

b) uma falta de 1,8 g (−1,8).

c) um excesso de 1,3 g (+1,3).

d) um excesso de 1,8 g (+1,8).

PANORAMA

FAÇA AS ATIVIDADES A SEGUIR E REVEJA O QUE VOCÊ APRENDEU.

NO CADERNO

16. (Fuvest-SP) $\dfrac{9}{7} - \dfrac{7}{9}$ é igual a:

a) 1.
b) −1.
c) $\dfrac{2}{63}$.
d) $\dfrac{32}{63}$.

17. O valor da expressão numérica

$-(-3) - \dfrac{1}{2} - (-4)$ é:

a) 13.
b) $\dfrac{13}{2}$.
c) −3.
d) $-\dfrac{3}{2}$.

18. O valor da expressão

$5 - \dfrac{1}{3} - \left(-\dfrac{1}{6} + \dfrac{3}{4}\right)$ é:

a) $\dfrac{63}{12}$.
b) $\dfrac{49}{12}$.
c) $-\dfrac{63}{12}$.
d) $-\dfrac{49}{12}$.

19. O valor da expressão numérica

$\left(-2 - \dfrac{3}{4} + \dfrac{5}{8}\right) - \left(6 - \dfrac{9}{2}\right)$ é:

a) $\dfrac{5}{8}$.
b) $\dfrac{29}{8}$.
c) $-\dfrac{5}{8}$.
d) $-\dfrac{29}{8}$.

20. O valor da expressão $3 - \left[-\dfrac{1}{2} - \left(0{,}1 + \dfrac{1}{4}\right)\right]$ é:

a) $\dfrac{67}{20}$.
b) $\dfrac{77}{20}$.
c) $-\dfrac{67}{20}$.
d) $-\dfrac{77}{20}$.

21. O valor da expressão numérica

$-\left\{-\left[-\left(-1 - \dfrac{1}{3} - \dfrac{3}{4}\right)\right]\right\}$ é:

a) $\dfrac{25}{12}$.
b) $\dfrac{11}{12}$.
c) $-\dfrac{11}{12}$.
d) $-\dfrac{25}{12}$.

22. Se uma temperatura foi de −2,7 °C para 9,5 °C, então a variação foi de:

a) 6,8 °C.
b) 12,2 °C.
c) −6,8 °C.
d) −12,2 °C.

23. Qual número devemos adicionar a $-\dfrac{1}{2}$ para obtermos $\dfrac{3}{2}$?

a) 2
b) $\dfrac{5}{2}$
c) 0,5
d) $-\dfrac{3}{2}$

24. Sendo a figura abaixo um "quadrado mágico", o valor da soma A + B + C é:

0,6	−5,4	B
A	−0,6	−3
−4,2	C	−1,8

a) 9.
b) 6,6.
c) −4,8.
d) −1,8.

25. Um comerciante fez três vendas. Na primeira, teve prejuízo de R$ 8,20; na segunda, prejuízo de R$ 6,18; e, na última, teve lucro de R$ 14,90. Podemos calcular o saldo desses três negócios efetuando:

a) −8,20 − (−6,18) + 14,90 = 12,88.
b) −8,20 + (−6,18) + 14,90 = 0,52.
c) 8,20 − 6,18 + 14,90 = 16,92.
d) −8,20 − 6,18 + (−14,90) = −29,28.

26. (CEFSA-SP) Observe a movimentação da conta bancária de João em determinado dia.

Início do dia	+R$ 423,50
Tarifas	−R$ 32,80
Pagamentos	−R$ 324,20
Depósito	+R$ 230,00
Celular	−R$ 60,00
Saque	

Se ao final do dia o saldo da conta era +R$ 117,00, o valor do saque foi:

a) R$ 117,20.
b) R$ 119,50.
c) R$ 120,40.
d) R$ 121,80.

CAPÍTULO 10 — Multiplicação em ℚ

No volume do 6º ano, aprendemos a multiplicar números racionais na forma decimal. Para multiplicar números decimais quando há fatores negativos, usaremos os mesmos procedimentos e aplicaremos as regras de sinais vistas para a multiplicação de números inteiros.

Exemplos:

- $1,5 \cdot (-2,4) = ?$

  Multiplicamos 15 por 24, obtendo 360.

  Se 1,5 tem 1 casa decimal e 2,4 tem 1 casa decimal, o produto terá, então, $1 + 1 = 2$ casas decimais.

  Como $(+) \cdot (-) = (-)$, temos que $1,5 \cdot (-2,4) = -3,60 = -3,6$.

- $(-3,25) \cdot (-4,8) = ?$

  Fazemos $325 \cdot 48 = 15\,600$

  O produto deve ter $2 + 1 = 3$ casas decimais e é positivo, pois $(-) \cdot (-) = (+)$.

  Então, $(-3,25) \cdot (-4,8) = 15,600 = 15,6$.

Veremos agora como fazemos multiplicações que envolvem números racionais na forma fracionária. Acompanhe!

1. Produto de número natural por fração positiva

Qual é o dobro de 5?

Sabemos que, para achar o dobro, multiplicamos o número por 2:

$2 \cdot 5 = 5 + 5 = 10$

E qual é o dobro de $\dfrac{3}{7}$?

$2 \cdot \dfrac{3}{7} = \dfrac{3}{7} + \dfrac{3}{7} = \dfrac{6}{7}$

Observe:

$2 = \dfrac{2}{1}$

$2 \cdot \dfrac{3}{7} = \dfrac{2}{1} \cdot \dfrac{3}{7} = \dfrac{2 \cdot 3}{1 \cdot 7} = \dfrac{6}{7}$

A palavra **de** indica multiplicação.

Vamos calcular o triplo de $\dfrac{2}{5}$:

$3 \cdot \dfrac{2}{5} = \dfrac{2}{5} + \dfrac{2}{5} + \dfrac{2}{5} = \dfrac{6}{5}$

$3 = \dfrac{3}{1}$

$3 \cdot \dfrac{2}{5} = \dfrac{3}{1} \cdot \dfrac{2}{5} = \dfrac{3 \cdot 2}{1 \cdot 5} = \dfrac{6}{5}$

2. Produto de frações positivas

Vamos determinar frações de frações.

Quanto é $\frac{1}{2}$ de $\frac{2}{3}$?

Pintamos $\frac{2}{3}$ de um inteiro:

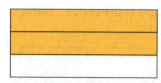

Vamos pintar de azul $\frac{1}{2}$ destes $\frac{2}{3}$:

A parte em azul corresponde a $\frac{2}{6}$ do inteiro.

Como **de** significa multiplicação, temos que $\frac{1}{2}$ de $\frac{2}{3} = \frac{1}{2} \cdot \frac{2}{3} = \frac{2}{6}$.

Devemos simplificar o resultado sempre que possível:

$$\frac{1}{2} \text{ de } \frac{2}{3} = \frac{1}{2} \cdot \frac{2}{3} = \frac{2}{6} = \frac{1}{3}$$

Observamos também que $\frac{1}{2} \cdot \frac{2}{3} = \frac{1 \cdot 2}{2 \cdot 3} = \frac{2}{6}$.

> Para calcular produtos que envolvem frações, multiplicamos numerador por numerador e denominador por denominador.

AQUI TEM MAIS

Veja este cálculo:

$$2\frac{1}{3} \cdot 3\frac{1}{2} = \frac{7}{3} \cdot \frac{7}{2} = \frac{49}{6} = 8\frac{1}{6}$$

Então, repare:

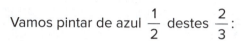

Vamos agora contar os quadrados que ocupam o retângulo:

São, ao todo, oito quadrados e um sexto de um quadrado.

EXERCÍCIOS
DE FIXAÇÃO

1. Escreva um produto que represente a parte colorida desta figura.

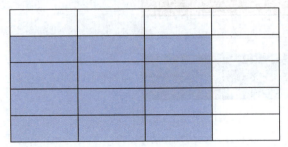

2. Efetue estas multiplicações.

a) $\dfrac{5}{8} \cdot \dfrac{1}{2}$

b) $\dfrac{3}{5} \cdot \dfrac{3}{4}$

c) $\dfrac{5}{3} \cdot \dfrac{2}{7}$

d) $\dfrac{7}{7} \cdot \dfrac{1}{4}$

e) $\dfrac{3}{5} \cdot \dfrac{4}{7}$

f) $\dfrac{1}{2} \cdot \dfrac{3}{4}$

g) $\dfrac{5}{9} \cdot \dfrac{7}{8}$

h) $\dfrac{1}{3} \cdot \dfrac{1}{5}$

3. Efetue estas multiplicações.

a) $\dfrac{4}{7} \cdot \dfrac{1}{3} \cdot \dfrac{5}{4}$

b) $\dfrac{3}{4} \cdot \dfrac{1}{2} \cdot \dfrac{2}{3}$

c) $\dfrac{1}{2} \cdot \dfrac{1}{3} \cdot \dfrac{1}{5}$

d) $\dfrac{3}{5} \cdot \dfrac{1}{2} \cdot \dfrac{5}{7}$

e) $\dfrac{2}{9} \cdot \dfrac{3}{2} \cdot \dfrac{9}{5}$

f) $\dfrac{5}{6} \cdot \dfrac{1}{3} \cdot \dfrac{6}{5}$

4. Observe o exemplo e efetue as multiplicações:

$$5 \cdot \dfrac{3}{4} = \dfrac{5}{1} \cdot \dfrac{3}{4} = \dfrac{15}{4}$$

a) $3 \cdot \dfrac{2}{5}$

b) $2 \cdot \dfrac{6}{7}$

c) $\dfrac{5}{9} \cdot 4$

d) $\dfrac{1}{12} \cdot 5$

5. Efetue estas multiplicações.

a) $5 \cdot \dfrac{1}{3} \cdot \dfrac{2}{7}$

b) $\dfrac{4}{5} \cdot 2 \cdot \dfrac{3}{8}$

c) $5 \cdot \dfrac{7}{3} \cdot 2$

d) $\dfrac{4}{5} \cdot 7 \cdot 2$

6. Efetue estas multiplicações.

a) $7\dfrac{1}{3} \cdot 6$

b) $8\dfrac{1}{2} \cdot 3$

c) $15 \cdot 1\dfrac{1}{4}$

d) $1\dfrac{2}{3} \cdot \dfrac{5}{4} \cdot \dfrac{1}{2}$

e) $1\dfrac{2}{5} \cdot \dfrac{3}{4} \cdot \dfrac{4}{7}$

f) $2 \cdot \dfrac{7}{5} \cdot 1\dfrac{1}{6}$

LEMBRE-SE DE COMO TRABALHAR USANDO NÚMEROS MISTOS!

3. Produto envolvendo frações negativas

A maneira de multiplicar frações não muda quando há fatores negativos. Multiplicaremos numerador por numerador e denominador por denominador aplicando as mesmas regras de sinais da multiplicação de números inteiros:

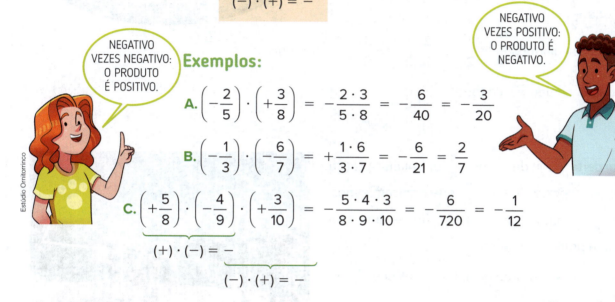

$$(+) \cdot (+) = +$$
$$(-) \cdot (-) = +$$
$$(+) \cdot (-) = -$$
$$(-) \cdot (+) = -$$

Devemos simplificar o resultado sempre que possível.

NEGATIVO VEZES NEGATIVO: O PRODUTO É POSITIVO.

NEGATIVO VEZES POSITIVO: O PRODUTO É NEGATIVO.

Exemplos:

A. $\left(-\dfrac{2}{5}\right) \cdot \left(+\dfrac{3}{8}\right) = -\dfrac{2 \cdot 3}{5 \cdot 8} = -\dfrac{6}{40} = -\dfrac{3}{20}$

B. $\left(-\dfrac{1}{3}\right) \cdot \left(-\dfrac{6}{7}\right) = +\dfrac{1 \cdot 6}{3 \cdot 7} = -\dfrac{6}{21} = \dfrac{2}{7}$

C. $\underbrace{\left(+\dfrac{5}{8}\right) \cdot \left(-\dfrac{4}{9}\right)}_{(+)\cdot(-) = -} \cdot \left(+\dfrac{3}{10}\right) = -\dfrac{5 \cdot 4 \cdot 3}{8 \cdot 9 \cdot 10} = -\dfrac{6}{720} = -\dfrac{1}{12}$

$(-) \cdot (+) = -$

Simplificação

Em alguns casos, podemos efetuar simplificações antes de multiplicar. A simplificação é feita com numerador e denominador da mesma fração ou, então, com numerador de uma fração e denominador de outra.

Exemplos:

A. $\dfrac{\cancel{3}^{1}}{7} \cdot \dfrac{2}{\cancel{3}_{1}} = \dfrac{1}{7} \cdot \dfrac{2}{1} = \dfrac{2}{7}$

B. $\dfrac{\cancel{6}^{2}}{\cancel{9}_{3}} \cdot \dfrac{7}{5} = \dfrac{2}{3} \cdot \dfrac{7}{5} = \dfrac{14}{15}$

C. $\left(\dfrac{\cancel{3}^{1}}{\cancel{8}_{2}}\right) \cdot \left(-\dfrac{\cancel{4}^{1}}{\cancel{9}_{3}}\right) = -\dfrac{1}{6}$

D. $\left(-\dfrac{\cancel{5}^{1}}{\cancel{4}_{2}}\right) \cdot \left(-\cancel{2}^{1}\right) \cdot \left(\dfrac{3}{\cancel{20}_{4}}\right) = \dfrac{3}{8}$

A estratégia de simplificar as frações antes de multiplicá-las é chamada de **cancelamento**.

Problemas envolvendo multiplicação de frações

Veremos exemplos de problemas que relacionam a palavra **de** com a multiplicação.

1. Adriana comeu $\frac{3}{4}$ da metade de uma torta. Que fração da torta ela comeu?

   Sabemos que a metade da torta é $\frac{1}{2}$.

   Queremos descobrir a fração correspondente a $\frac{3}{4}$ de $\frac{1}{2}$.

   Basta calcularmos $\frac{3}{4} \cdot \frac{1}{2} = \frac{3 \cdot 1}{4 \cdot 2} = \frac{3}{8}$.

   Adriana comeu $\frac{3}{8}$ da torta.

2. Em certa turma de 7º ano, $\frac{4}{5}$ dos alunos pratica algum esporte. Desses $\frac{4}{5}$ que praticam esporte, $\frac{3}{8}$ jogam voleibol. Qual fração de alunos da turma pratica voleibol?

   Para resolver o problema, basta calcular $\frac{3}{8}$ de $\frac{4}{5}$ efetuando $\frac{3}{8} \cdot \frac{4}{5}$.

   $\frac{3}{\cancel{8}_2} \cdot \frac{\cancel{4}^1}{5} = \frac{3}{10}$

   Então, $\frac{3}{10}$ dos alunos da turma praticam voleibol.

3. Uma padaria tem estocados 42 pacotes de $\frac{1}{4}$ de quilograma de café. Quantos quilogramas de café há em estoque?

   42 pacotes de $\frac{1}{4}$ de quilograma correspondem a $42 \cdot \frac{1}{4} = \frac{21}{2}$ kg.

   Escrevendo essa fração na forma mista, temos $\frac{21}{2} = \frac{20}{2} + \frac{1}{2} = 10\frac{1}{2}$ kg.

   Há $10\frac{1}{2}$ kg de café estocados na padaria.

TAMBÉM PODEMOS ESCREVER QUE HÁ 10,5 KG DE CAFÉ EM ESTOQUE.

EXERCÍCIOS
DE FIXAÇÃO

7. Quanto é o triplo de $\frac{2}{7}$?

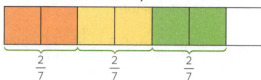

8. Quanto é $\frac{1}{3}$ de $\frac{1}{2}$?

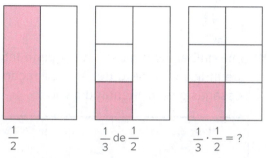

$\frac{1}{2}$ $\frac{1}{3}$ de $\frac{1}{2}$ $\frac{1}{3} \cdot \frac{1}{2} = ?$

9. Escreva um produto que represente a parte colorida desta figura.

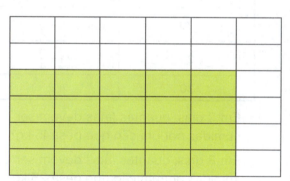

10. Efetue usando o cancelamento.

a) $\frac{3}{8} \cdot \frac{9}{4}$

b) $\frac{5}{6} \cdot \frac{3}{10}$

c) $12 \cdot \frac{5}{6}$

d) $\frac{1}{2} \cdot \frac{2}{3} \cdot \frac{3}{5}$

e) $\frac{7}{16} \cdot \frac{8}{21} \cdot \frac{6}{5}$

f) $\frac{3}{2} \cdot 4 \cdot \frac{1}{9}$

11. Efetue as multiplicações a seguir.

a) $\left(+\frac{4}{15}\right) \cdot \left(+\frac{1}{3}\right)$

b) $\left(-\frac{4}{3}\right) \cdot \left(+\frac{1}{3}\right)$

c) $\left(-\frac{3}{17}\right) \cdot \left(-\frac{5}{4}\right)$

d) $\left(-\frac{9}{5}\right) \cdot \left(+\frac{7}{2}\right)$

e) $(+7) \cdot \left(-\frac{1}{3}\right)$

f) $(-1) \cdot \left(+\frac{9}{5}\right)$

g) $\left(-\frac{3}{5}\right) \cdot (-4)$

12. Efetue as multiplicações.

a) $\frac{3}{7} \cdot \frac{1}{2} \cdot \left(-\frac{1}{5}\right)$

b) $-2 \cdot \left(-\frac{1}{3}\right) \cdot \left(+\frac{5}{9}\right)$

c) $\left(-\frac{4}{3}\right) \cdot (+2) \cdot \left(-\frac{1}{7}\right)$

d) $\left(+\frac{3}{4}\right) \cdot \left(-\frac{7}{5}\right) \cdot \left(+\frac{1}{2}\right)$

e) $\left(-\frac{1}{2}\right) \cdot \left(-\frac{1}{2}\right) \cdot \left(-\frac{1}{2}\right) \cdot \left(-\frac{1}{2}\right)$

13. Quanto é:

a) $\frac{1}{3}$ de uma dúzia?

b) $\frac{1}{6}$ de meia hora?

c) $\frac{3}{4}$ de uma dúzia?

d) $\frac{4}{5}$ de uma hora?

14. Tiago comeu $\frac{1}{4}$ da metade de uma melancia. Que fração da melancia ele comeu?

EXERCÍCIOS
COMPLEMENTARES

15. Uma pessoa que deve 5 parcelas iguais de R$ 74,20 tem uma dívida de quanto?

16. Indique a operação usando símbolos e calcule:
   a) o dobro de -7;
   b) o triplo de $-1,8$;
   c) o quádruplo de $+\dfrac{5}{3}$;
   d) o dobro de $-\dfrac{7}{5}$.

17. André gasta $\dfrac{3}{5}$ do valor de seu salário para pagar o aluguel de sua casa. Do que sobra, ele separa $\dfrac{1}{6}$ para lazer. Que fração do salário ele destina ao lazer?

18. Calcule.
   a) $-5,8 \cdot 0,1$
   b) $(-2,4) \cdot (-0,05)$
   c) $4,32 \cdot (-6)$
   d) $-4 \cdot (-1,5) \cdot (-7)$
   e) $0,5 \cdot 6 + 0,8 \cdot (-9)$
   f) $-1,8 - (-5 + 3 : 0,2)$

19. Calcule.
   a) $\dfrac{3}{2} \cdot (9 - 5)$
   b) $1 + \left(-\dfrac{9}{4}\right) \cdot \left(+\dfrac{8}{5}\right)$
   c) $\left(-\dfrac{2}{3}\right) \cdot \left(-\dfrac{1}{4}\right) - (-1)$
   d) $\dfrac{3}{5} - 2 \cdot [3 - (6 - 5)]$
   e) $3 + \dfrac{1}{2} \cdot (-7 + 5)$
   f) $2 - \left(5 \cdot \dfrac{3}{2} - \dfrac{1}{4}\right)$
   g) $1 - \dfrac{2}{3} \cdot \left(\dfrac{5}{6} + \dfrac{2}{3}\right)$
   h) $\dfrac{1}{2} \cdot \left(\dfrac{7}{5} - 0,3 + 4\right) + \dfrac{9}{20}$

20. Comi $\dfrac{2}{3}$ de $\dfrac{3}{4}$ de uma torta. Comi mais do que a metade da torta?

21. Calculando $\left(\dfrac{2}{3} + 0,5\right) \cdot \left(-\dfrac{7}{6}\right)$, obtemos:
   a) 1.
   b) $\dfrac{49}{36}$.
   c) -1.
   d) $\dfrac{-49}{36}$.

22. Uma embalagem mostra a seguinte tabela, que indica o número de latas de ração necessárias para alimentar um cão.

Peso do cão (em kg)	Número de latas de ração por dia
10	1
15	$1 + \dfrac{1}{4}$
20	$1 + \dfrac{1}{2}$
25	$1 + \dfrac{3}{4}$
30	2

a) Em 2 dias, quantas latas devem ser consumidas por um cão que pesa 15 kg?
b) Em 8 dias, quantas latas devem ser consumidas por um cão que pesa 25 kg?
c) Dona Filomena tem um cão que pesa 20 kg. Quantas latas ela deve servir ao seu cão durante uma semana?

PANORAMA

FAÇA AS ATIVIDADES A SEGUIR E REVEJA O QUE VOCÊ APRENDEU.
NO CADERNO

23. Numa conta bancária do tipo especial, uma pessoa tinha saldo positivo de R$ 527,00. Em seguida, deu dois cheques de R$ 78,50 e cinco cheques de R$ 84,20. O saldo final pode ser representado por:

a) +R$ 51,00.
b) −R$ 51,00.
c) +R$ 61,00.
d) −R$ 61,00.

24. (Saresp) Dona Elisa comprou 12 ovos de Páscoa a R$ 1,35 cada um na loja A. Ao passar pela loja B, verificou que o mesmo produto custava R$ 0,99 cada um. Dona Elisa fez as contas e viu que, no total, o seu prejuízo foi de:

a) R$ 0,34.
b) R$ 0,36.
c) R$ 4,32.
d) R$ 43,20.

25. Se $x = \dfrac{3}{2}$, $y = -\dfrac{1}{4}$ e $z = 7$, então $x \cdot y \cdot z$ é igual a:

a) $\dfrac{3}{56}$.
b) $-\dfrac{3}{56}$.
c) $\dfrac{21}{8}$.
d) $-\dfrac{21}{8}$.

26. O produto $(-5) \cdot \left(-\dfrac{1}{3}\right) \cdot (+3)$ é igual a:

a) 3. b) 5. c) −5. d) 15

27. O valor da expressão $\left(\dfrac{4}{5} - \dfrac{3}{5}\right) \cdot \dfrac{1}{7}$ é:

a) $\dfrac{1}{6}$.
b) $\dfrac{7}{5}$.
c) $\dfrac{1}{35}$.
d) $-\dfrac{1}{35}$.

28. O valor da expressão $\left(2 - \dfrac{1}{2}\right) \cdot \left(\dfrac{1}{3} - 1\right)$ é:

a) 1.
b) $\dfrac{9}{4}$.
c) −1.
d) $-\dfrac{4}{9}$.

29. Se $x = -\dfrac{5}{2}$, então $2x + 8$ vale:

a) 1. b) 3. c) −1. d) −3.

30. O valor da expressão $\left(1 - \dfrac{1}{2}\right) \cdot \left(1 - \dfrac{1}{3}\right) \cdot \left(1 - \dfrac{1}{4}\right)$ é:

a) 4.
b) $\dfrac{1}{4}$.
c) −4.
d) $-\dfrac{1}{4}$.

31. (PUC-SP) O valor da expressão $\dfrac{1}{3} - \dfrac{1}{10} \cdot \dfrac{4}{3}$ é:

a) $\dfrac{1}{5}$.
b) $\dfrac{1}{9}$.
c) $\dfrac{14}{15}$.
d) $\dfrac{4}{21}$.

32. (UMC-SP) O valor numérico da expressão $1 - 5 \cdot \left(\dfrac{3}{4} - \dfrac{2}{5}\right) + \dfrac{3}{4}$ é:

a) 0.
b) $\dfrac{3}{4}$.
c) 1.
d) $\dfrac{1}{20}$.

33. (SEE-SP) A expressão numérica $\left(\dfrac{3}{7} - \dfrac{2}{3}\right) \cdot 1\dfrac{2}{5}$ equivale a:

a) $\dfrac{1}{3}$.
b) $\dfrac{7}{20}$.
c) $-\dfrac{1}{3}$.
d) $-\dfrac{35}{21}$.

34. Resolvendo $-1 + \dfrac{2}{3} + 0,8 \cdot \dfrac{3}{4}$, obtemos:

a) $\dfrac{4}{15}$.
b) $\dfrac{2}{15}$.
c) $\dfrac{3}{5}$.
d) $\dfrac{1}{3}$.

35. A temperatura numa cidade europeia, que era de 8 graus centígrados, caiu o triplo devido a uma nevasca. Então, a temperatura nesse dia foi para:

a) 0 grau.
b) 4 graus negativos.
c) 8 graus negativos.
d) 16 graus negativos.

CAPÍTULO 11 — Divisão em Q

No volume do 6º ano, aprendemos a divisão de números naturais com quociente decimal e a divisão de dois números decimais.

Relembre:

A. 168 : 15 = ?

```
168 | 15
 18  11,2
 30
  0
```

Trocamos 3 unidades por 30 décimos.
30 décimos divididos por 15 resultam em 2 décimos

B. 8 : 9 = ?

```
8  | 9
80   0,888...
 80
  80
   8
```
dízima periódica

8 : 9 resulta em 0 com resto 8. Trocamos 8 unidades por 80 décimos.
80 décimos divididos por 9 resulta em 8 décimos com resto 8
Trocamos 8 décimos por 80 centésimos.
80 centésimos divididos por 9 resulta em 8 centésimos com resto 8
Trocamos 8 centésimos por 80 milésimos. 80 milésimos divididos por 9 resulta em 8 com resto 8.
Percebemos que o resto nunca será zero.

C. 14,4 : 3,2 = ?

Podemos multiplicar dividendo e divisor pelo mesmo número natural não nulo, sem alterar o quociente.

14,4 : 3,2 = 144 : 32
(Multiplicamos dividendo e divisor por 10.)

```
144 | 32
160   4,5
  0
```

Vamos ver a seguir como dividir números racionais na forma de fração. Acompanhe.

1. Frações inversas

Para uma fração qualquer existe outra, tal que o produto das duas é igual a 1. Veja:

$$\frac{3}{5} \cdot \frac{5}{3} = \frac{15}{15} = 1$$

Dizemos que $\frac{3}{5}$ é o **inverso** de $\frac{5}{3}$ e vice-versa.

Observe que o único número que não tem inverso é o **zero**.

O inverso de $\frac{0}{1}$ seria $\frac{1}{0}$, que não tem significado em Matemática.

2. Divisão envolvendo frações positivas

No garrafão, há 3 litros de água.

- Quantas garrafas de 1 litro posso encher com essa quantidade de água?
- E quantas garrafas de $\frac{1}{2}$ litro posso encher?

- Quantos copos de $\frac{1}{4}$ de litro posso encher?

Nós vamos calcular juntos esta!

Para saber quantas vezes uma quantidade cabe em outra, usamos a divisão: $3 : \frac{1}{4} = ?$

Resolvemos essa divisão com o auxílio de figuras. Veja:

$$3 : \frac{1}{4} = 12$$

Esse resultado é o mesmo que se obtém quando multiplicamos 3 pelo inverso de $\frac{1}{4}$.

$$3 : \frac{1}{4} = 3 \cdot \frac{4}{1} = \frac{12}{1} = 12$$

inverte

Então: **Para dividir uma fração por outra, basta multiplicar a primeira pelo inverso da segunda.**

Exemplos:

A

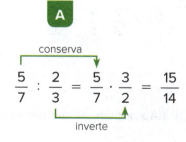

B

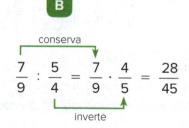

3. Divisão envolvendo frações negativas

O procedimento para a divisão não muda. Basta aplicarmos as regras de sinais para a divisão de números inteiros:

$$(+) : (+) = +$$
$$(-) : (-) = +$$
$$(+) : (-) = -$$
$$(-) : (+) = -$$

Veja exemplos:

A. $\left(-\dfrac{2}{3}\right) : \dfrac{4}{5} = \left(-\dfrac{\cancel{2}^{1}}{3}\right) \cdot \dfrac{5}{\cancel{4}_{2}} = -\dfrac{5}{6}$ $(-) : (+) = -$

(conserva / inverte)

B. $\left(-\dfrac{2}{7}\right) : (-4) = \left(-\dfrac{\cancel{2}^{1}}{7}\right) \cdot \left(-\dfrac{1}{\cancel{4}_{2}}\right) = \dfrac{1}{14}$

O INVERSO DE -4 É $-\dfrac{1}{4}$!

C. $\dfrac{8}{9} \cdot \left(-\dfrac{3}{8}\right) : \dfrac{1}{6} = \left(-\dfrac{1}{3}\right) : \dfrac{1}{6} = \left(-\dfrac{1}{\cancel{3}_{1}}\right) \cdot \cancel{6}^{2} = -2$

Fizemos o produto e depois a divisão, seguindo a ordem das operações da esquerda para a direita.

D. $\left(-\dfrac{5}{8}\right) : \left(\dfrac{1}{2}\right) = \left(-\dfrac{5}{8}\right) \cdot 2 = -\dfrac{5}{4}$

 AQUI TEM MAIS

Vamos compreender melhor a divisão. Você já observou que, para dividir uma fração por outra, basta multiplicar a primeira pela inversa da segunda. Vejamos um exemplo sem utilizar a regra usual:

$$\dfrac{2}{3} : \dfrac{5}{7} = \dfrac{\frac{2}{3}}{\frac{5}{7}} = \dfrac{\frac{2}{3} \cdot \frac{7}{5}}{\frac{5}{7} \cdot \frac{7}{5}} = \dfrac{\frac{2}{3} \cdot \frac{7}{5}}{1} = \dfrac{2}{3} \cdot \dfrac{7}{5} = \dfrac{14}{15}$$

Justificando:
- O produto de duas frações inversas é 1.
- Se multiplicarmos o dividendo e o divisor de uma divisão por um mesmo número, o quociente não se altera.

EXERCÍCIOS
DE FIXAÇÃO

1. Efetue estas divisões.

   a) $\left(+\dfrac{1}{3}\right) : \left(-\dfrac{2}{5}\right)$

   b) $\left(-\dfrac{7}{5}\right) : \left(-\dfrac{7}{5}\right)$

   c) $\left(+\dfrac{3}{7}\right) : \left(-\dfrac{2}{3}\right)$

   d) $\left(+\dfrac{3}{4}\right) : \left(+\dfrac{8}{5}\right)$

2. Efetue as divisões a seguir.

   a) $(+5) : \left(-\dfrac{9}{2}\right)$ c) $\left(-\dfrac{5}{2}\right) : (+3)$

   b) $(-6) : \left(+\dfrac{7}{3}\right)$ d) $\left(+\dfrac{4}{3}\right) : (-5)$

3. Efetue estas divisões. Veja o exemplo:

   $\left(+\dfrac{3}{5}\right) : (-4) = \left(+\dfrac{3}{5}\right) \cdot \left(-\dfrac{1}{4}\right) = -\dfrac{3}{20}$

   a) $\left(+\dfrac{2}{7}\right) : (-3)$ d) $5 : \left(-\dfrac{4}{3}\right)$

   b) $\left(-\dfrac{2}{9}\right) : (-3)$ e) $6 : \left(-\dfrac{3}{2}\right)$

   c) $\left(-\dfrac{5}{7}\right) : (+6)$ f) $0,5 : \left(-\dfrac{7}{5}\right)$

4. Calcule:

   a) a metade de $-\dfrac{8}{11}$;

   b) a terça de $-\dfrac{9}{14}$.

5. Observe o exemplo e calcule as divisões a seguir.

   $\dfrac{-\dfrac{4}{5}}{\dfrac{3}{2}} = -\dfrac{4}{5} : \dfrac{3}{2} = -\dfrac{4}{5} \cdot \dfrac{2}{3} = -\dfrac{8}{15}$

   a) $\dfrac{\dfrac{1}{3}}{\dfrac{2}{5}}$ b) $\dfrac{-\dfrac{4}{7}}{\dfrac{3}{5}}$ c) $\dfrac{-\dfrac{1}{4}}{\dfrac{3}{7}}$ d) $\dfrac{-5}{-\dfrac{1}{2}}$

6. Calcule:

   a) $\dfrac{2 - \dfrac{1}{4}}{\dfrac{5}{2}}$ b) $\dfrac{1 - \dfrac{1}{2}}{\dfrac{3}{2} - \dfrac{1}{4}}$

7. Calcule:

   a) $\dfrac{-1,5}{0,4 - 0,1}$

   b) $-\left(\dfrac{7,5 - 4,5}{2 - 0,5}\right)$

   c) $\left(-4\dfrac{1}{2}\right) : \left(1\dfrac{1}{2}\right)$

   d) $\left(1 + \dfrac{1}{3}\right) : \left(2 - \dfrac{3}{2}\right)$

8. Indique um número racional:

   a) cujo dobro é −57;

   b) cujo triplo é $\dfrac{1}{3}$.

9. Usando $1\dfrac{1}{2}$ kg de carne moída, Marcos fará almôndegas com $\dfrac{1}{8}$ kg cada uma. Quantas almôndegas serão ao todo?

10. Divida 20 por $\dfrac{1}{2}$ e adicione 10. Qual é o resultado?

11. Se repartirmos igualmente $\dfrac{4}{5}$ de uma *pizza* entre 3 pessoas, que parte da *pizza* cada um comerá?

12. O dobro do dobro do triplo da metade de $\dfrac{1}{2}$ é:

    a) 1.   b) 2.   c) 3.   d) 6.

EXERCÍCIOS COMPLEMENTARES

13. Relacione as três colunas de acordo com o exemplo:

$$A \rightarrow G \rightarrow L$$

A. $\dfrac{1}{3} : \left(-\dfrac{2}{5}\right)$ C. $\dfrac{3}{7} : \left(-\dfrac{2}{3}\right)$ E. $\dfrac{3}{4} \cdot \left(+\dfrac{5}{8}\right)$ G. $\dfrac{1}{3} \cdot \left(-\dfrac{5}{2}\right)$ I. 1 K. $-\dfrac{9}{14}$

B. $-\dfrac{7}{5} : \left(-\dfrac{7}{5}\right)$ D. $\dfrac{3}{4} : \left(+\dfrac{8}{5}\right)$ F. $\dfrac{3}{7} \cdot \left(-\dfrac{3}{2}\right)$ H. $-\dfrac{7}{5} \cdot \left(-\dfrac{5}{7}\right)$ J. $\dfrac{15}{32}$ L. $-\dfrac{5}{6}$

14. Calcule:

a) $45{,}7 : (-10)$

b) $12{,}8 : (-1{,}28)$

c) $(-9) : (-0{,}2)$

d) $0{,}01 : 0{,}5$

e) $(-0{,}06) : 0{,}1$

f) $(-7{,}48) : 3{,}74$

15. O banco descontou da minha conta-corrente três parcelas iguais referentes ao seguro anual de um imóvel. Qual é o valor de cada parcela?

Dia	Histórico	Lançamento	Saldo (R$)
15/6	saldo anterior	---	+1.734,00
15/7	1ª parcela		
15/8	2ª parcela		
15/9	3ª parcela		
16/9	saldo atual	---	+1.361,46

16. Calcule:

a) $\dfrac{1 - \dfrac{7}{8}}{-\dfrac{3}{4}}$

b) $\dfrac{-\dfrac{5}{6} - \dfrac{1}{4}}{1 + \dfrac{1}{2}}$

c) $\dfrac{\dfrac{2}{3} \cdot \left(\dfrac{3}{4} - 1\right)}{\left(1 - \dfrac{1}{2}\right) : 3}$

17. Sabendo que $a = 4\dfrac{1}{4}$, $b = -4$ e $c = -0{,}4$, calcule:

a) $\dfrac{a + b}{c}$;

b) $a : b$;

c) $\dfrac{a}{b} \cdot c$.

18. Quanto é a metade de dois dividida por um meio?

19. Marcelo tirou da geladeira uma garrafa de suco contendo 2,5 litros.
Se seus copos tiverem um quarto de litro de capacidade, quantos copos Marcelo poderá encher?

90

PANORAMA

FAÇA AS ATIVIDADES A SEGUIR E REVEJA O QUE VOCÊ APRENDEU.

20. Qual dos seguintes números é menor que seu inverso?

   a) 1   b) 2   c) −1   d) −2

21. O resultado de (−6) : 1,2 é:

   a) 5.   b) −5.   c) −0,5.   d) −50.

22. (FCC-SP) O valor da expressão (2,65 − 4) : 0,9 é:

   a) 15.   b) 1,5.   c) −1,5.   d) −1,8.

23. (Unip-SP) O valor de $\left(\dfrac{1}{2} + \dfrac{1}{3}\right) : \dfrac{5}{3}$ é:

   a) $\dfrac{1}{3}$.   b) $\dfrac{1}{2}$.   c) $\dfrac{1}{4}$.   d) $\dfrac{3}{5}$.

24. O resultado de $\left(\dfrac{1}{2} + \dfrac{2}{3}\right) : \left(-\dfrac{7}{6}\right)$ é:

   a) 1.
   b) −1.
   c) $\dfrac{49}{36}$.
   d) $-\dfrac{49}{36}$.

25. Se $x = \dfrac{1}{3} \cdot \left(\dfrac{2}{3} : \dfrac{1}{7}\right)$, então:

   a) $x = \dfrac{14}{9}$.
   b) $x = \dfrac{2}{63}$.
   c) $x = 0$.
   d) n.d.a.

26. O resultado de $\dfrac{1}{3} + \dfrac{1}{2} - \left(\dfrac{2}{3} : 2\right)$ é:

   a) $\dfrac{1}{3}$.   b) $\dfrac{1}{2}$.   c) $\dfrac{7}{6}$.   d) $\dfrac{3}{2}$.

27. (Cefet-SP) Simplificando a expressão $\left[1 + \left(\dfrac{1}{5} - 2\right) : 3\right] : \left(\dfrac{2}{3} - 1\right)$, temos:

   a) $\dfrac{5}{12}$.   b) $\dfrac{20}{21}$.   c) $-\dfrac{6}{5}$.   d) $-\dfrac{13}{15}$.

28. (OJM-SP) Quantas vezes $\dfrac{1}{4}$ de hora cabe em $2\dfrac{1}{2}$ h?

   a) 6   b) 8   c) 10   d) 20

29. No armazém do senhor Roberval, há uma lata com 10 kg de azeitonas que ele pretende embalar em pacotes de $\dfrac{1}{4}$ kg. Quantos pacotes ele conseguirá fazer?

   a) 4   b) 20   c) 10   d) 40

30. O resultado de $0,5 - 2 : 0,5 : \left(-\dfrac{1}{4}\right)$ é:

   a) 2,5.   b) −0,5.   c) 15,5.   d) 16,6.

31. (Fuvest-SP) O valor da expressão $\dfrac{a + b}{1 - ab}$ para $a = \dfrac{1}{2}$ e $b = \dfrac{1}{3}$ é:

   a) 0.   b) 1.   c) 5.   d) 6.

32. (Obmep) Qual é o valor de $1 + \dfrac{1}{1 - \dfrac{2}{3}}$?

   a) 2   b) 4   c) $\dfrac{1}{3}$ d) $\dfrac{3}{2}$ e) $\dfrac{4}{3}$

33. (CJW-SP) Na reta numérica dada, cada unidade de comprimento está dividida em quatro partes iguais.

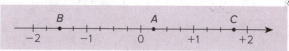

O valor da expressão $(C - A) : (B + A)$ é igual a:

   a) −1,5.   b) −1,2.   c) 2.   d) 2,5.

CAPÍTULO 12 — Potenciação em Q

Potenciação

A potenciação é uma multiplicação de fatores iguais.

Veja alguns exemplos de potenciação envolvendo frações e números decimais.

A. $\left(+\dfrac{2}{3}\right)^2 = \left(+\dfrac{2}{3}\right) \cdot \left(+\dfrac{2}{3}\right) = +\dfrac{4}{9}$

B. $\left(-\dfrac{2}{3}\right)^2 = \left(-\dfrac{2}{3}\right) \cdot \left(-\dfrac{2}{3}\right) = +\dfrac{4}{9}$

C. $\left(+\dfrac{1}{2}\right)^3 = \left(+\dfrac{1}{2}\right) \cdot \left(+\dfrac{1}{2}\right) \cdot \left(+\dfrac{1}{2}\right) = +\dfrac{1}{8}$

D. $(-0,2)^3 = (-0,2) \cdot (-0,2) \cdot (-0,2) = -0,008$

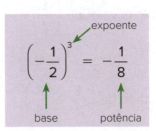

Lembre-se:
- quando o expoente é **par**, a potência é sempre positiva;
- quando o expoente é **ímpar**, a potência tem o mesmo sinal da base.

Os casos particulares do expoente 1 e do expoente 0 também são válidos quando a base é um número racional. Assim:

1. As potências de expoente **zero** com base não nula são iguais a 1.

    Veja os exemplos:

    A. $\left(+\dfrac{4}{9}\right)^0 = 1$ B. $\left(-\dfrac{7}{3}\right)^0 = 1$ C. $13,98^0 = 1$

2. As potências de expoente **1** são iguais à base.

    Veja os exemplos:

    A. $\left(+\dfrac{5}{3}\right)^1 = \dfrac{5}{3}$ B. $\left(-\dfrac{3}{7}\right)^1 = -\dfrac{3}{7}$ C. $2,9^1 = 2,9$

> Para indicar uma potência cuja base é um número representado por uma fração, é necessário usar parênteses.
> Vamos calcular:
>
> $$\left(\dfrac{5}{3}\right)^3 = \dfrac{5}{3} \cdot \dfrac{5}{3} \cdot \dfrac{5}{3} = \dfrac{5 \cdot 5 \cdot 5}{3 \cdot 3 \cdot 3} = \dfrac{125}{27}$$
>
> Repare que, no entanto:
>
> - $\dfrac{5^3}{3} = \dfrac{5 \cdot 5 \cdot 5}{3} = \dfrac{125}{3}$ e $\dfrac{5}{3^3} = \dfrac{5}{3 \cdot 3 \cdot 3} = \dfrac{5}{27}$

EXERCÍCIOS
DE FIXAÇÃO

1. Calcule estas potências.

a) $\left(+\dfrac{3}{5}\right)^2$ d) $\left(-\dfrac{9}{8}\right)^2$ g) $\left(+\dfrac{1}{3}\right)^4$

b) $\left(-\dfrac{4}{7}\right)^2$ e) $\left(-\dfrac{1}{2}\right)^4$ h) $\left(-\dfrac{1}{2}\right)^5$

c) $\left(-\dfrac{1}{5}\right)^3$ f) $\left(-\dfrac{1}{3}\right)^5$ i) $\left(-\dfrac{8}{13}\right)^2$

2. A base é $-\dfrac{2}{3}$ e o expoente é 4. Qual é a potência?

3. Calcule:

a) o quadrado de $-\dfrac{4}{7}$;

b) a quarta potência de $-\dfrac{1}{2}$.

4. Calcule as potências a seguir.

a) $\left(-\dfrac{5}{6}\right)^1$ d) $\left(-\dfrac{1}{10}\right)^3$

b) $\left(-\dfrac{1}{10}\right)^2$ e) $\dfrac{-5^2}{3^2}$

c) $\left(+\dfrac{8}{15}\right)^0$ f) $\dfrac{-7}{(-4)^2}$

5. Qual é o dobro do quadrado de $-\dfrac{7}{6}$?

6. Calcule:

a) $(+0,2)^3$ d) $(-5,1)^2$
b) $(-0,3)^2$ e) $(1-2,5)^2$
c) $(-1,4)^2$ f) $(8-8,5)^2$

7. Calcule:

a) o cubo de 0,5;

b) o quadrado de −1,3.

8. Qual é maior:

a) $(0,3)^2$ ou $0,9$?

b) $0,01$ ou $(0,1)^2$?

c) $(0,5)^2$ ou $(0,5)^3$?

d) $(0,1)^3$ ou $(0,01)^2$?

9. Calcule o valor destas expressões.

a) $\left(+\dfrac{1}{2}\right)^2 - \dfrac{1}{5}$

b) $\left(-\dfrac{2}{3}\right)^2 + \dfrac{1}{3}$

c) $\dfrac{2}{3} + \left(-\dfrac{1}{2}\right)^2$

d) $\left(-\dfrac{2}{3}\right)^3 + 1$

e) $\left(\dfrac{3}{5}\right)^2 + \left(-\dfrac{1}{2}\right)^2$

f) $5 - \dfrac{1}{2} + \left(+\dfrac{1}{2}\right)^2$

10. A professora Márcia comprou uma cartolina. Deu à sua aluna Vanessa $\dfrac{1}{4}$ dessa cartolina. Vanessa deu à sua irmã Michele $\dfrac{1}{4}$ de sua cartolina para um pequeno trabalho, e Michele deu $\dfrac{1}{4}$ de seu pedaço à irmã Raquel. Que parte da cartolina ganhou cada uma das irmãs?

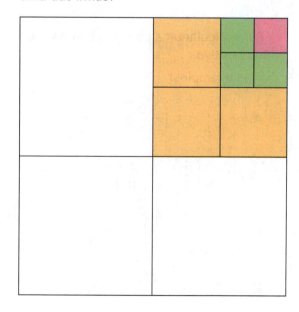

Expoente negativo

Qual é o valor de 5^{-2}? E de 5^{-3}?

Para saber, observe a sequência em que o expoente diminui de 1 em 1 e as potências são divididas por 5:

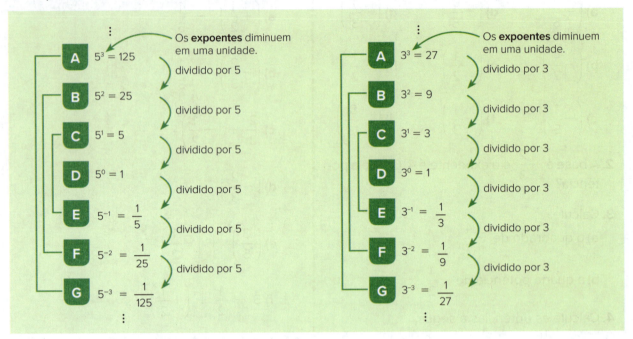

Observe que:

- $5^{-1} = \dfrac{1}{5^1} = \left(\dfrac{1}{5}\right)$
- $3^{-1} = \dfrac{1}{3^1} = \left(\dfrac{1}{3}\right)$

- $5^{-2} = \dfrac{1}{5^2} = \left(\dfrac{1}{5}\right)^2$
- $3^{-2} = \dfrac{1}{3^2} = \left(\dfrac{1}{3}\right)^2$

- $5^{-3} = \dfrac{1}{5^3} = \left(\dfrac{1}{5}\right)^3$
- $3^{-3} = \dfrac{1}{3^3} = \left(\dfrac{1}{3}\right)^3$

Para calcular uma potência com expoente negativo, invertemos a base da potência e o expoente fica positivo.

Veja exemplos:

A. $\left(-\dfrac{7}{9}\right)^{-2} = \left(-\dfrac{9}{7}\right)^2 = \dfrac{81}{49}$

B. $2^{-3} = \left(\dfrac{1}{2}\right)^3 = \dfrac{1}{8}$

C. $(-5)^{-1} = \left(-\dfrac{1}{5}\right)^1 = -\dfrac{1}{5}$

D. $(0,25)^{-2} = \left(\dfrac{1}{4}\right)^{-2} = 4^2 = 16$

EXERCÍCIOS DE FIXAÇÃO

11. Calcule estas potências.

a) 5^{-2} f) 10^{-4}

b) 4^{-3} g) 2^{-5}

c) 10^{-3} h) 3^{-4}

d) 6^{-2} i) 1^{-20}

e) 8^{-1} j) 2^{-6}

12. Observe o exemplo e calcule:

$$(-5)^{-2} = \left(-\frac{1}{5}\right)^2 = \frac{1}{25}$$

a) $(-7)^{-2}$ d) $(-2)^{-5}$

b) $(-5)^{-3}$ e) $(-1)^{-6}$

c) $(-3)^{-4}$ f) $(-1)^{-15}$

13. Copie no caderno e complete corretamente:

$(-10)^{-3} = -1000$
$(-10)^{-2} = 100$
$(-10)^{-1} = $
$(-10)^{-0} = $
$(-10)^{-1} = $
$(-10)^{-2} = $
$(-10)^{-3} = $

14. Agora, calcule:

a) $\left(\frac{8}{9}\right)^{-2}$ d) $\left(-\frac{7}{4}\right)^{-2}$

b) $\left(\frac{3}{5}\right)^{-1}$ e) $\left(-\frac{1}{8}\right)^{-2}$

c) $\left(\frac{2}{3}\right)^{-3}$ f) $\left(-\frac{2}{5}\right)^{-3}$

15. O resultado de $\left(\frac{5}{7}\right)^{-1} \cdot \left(-\frac{5}{7}\right)$ é:

a) 1. c) -1.

b) $\frac{25}{49}$. d) $-\frac{25}{49}$.

16. O resultado de $5^{-1} + 5^{-2}$ é:

a) 5^{-3}. c) -5^3.

b) $\frac{6}{25}$. d) $\frac{2}{125}$.

17. (FCMSC-SP) O valor de $\dfrac{3^{-1} + 5^{-1}}{2^{-1}}$ é:

a) $\frac{1}{2}$. c) $\frac{4}{15}$.

b) $\frac{1}{8}$. d) $\frac{16}{15}$.

18. (FGV-SP) A expressão $\left(\frac{1}{2}\right)^{-3} + \left(\frac{1}{2}\right)^{-5}$ é igual a:

a) 40. c) -40.

b) $\frac{1}{40}$. d) $\left(\frac{1}{2}\right)^{-8}$.

19. (Mack-SP) A expressão $\left(\frac{1}{2} + \frac{1}{3}\right)^{-1} + \frac{2}{3}$ é igual a:

a) $\frac{1}{4}$. c) $\frac{13}{15}$.

b) $\frac{28}{15}$. d) $-\frac{12}{5}$.

20. (Uece) O valor de $\dfrac{2^{-1} - (-2)^2 + (-2)^{-1}}{2^2 + 2^{-2}}$ é:

a) $-\frac{15}{17}$. c) $-\frac{16}{17}$.

b) $-\frac{15}{16}$. d) $-\frac{17}{16}$.

EXERCÍCIOS COMPLEMENTARES

21. Calcule estas potências.

a) $\left(-\dfrac{3}{2}\right)^2$

b) $\left(-\dfrac{1}{9}\right)^2$

c) $\left(-\dfrac{2}{3}\right)^3$

d) $\left(-\dfrac{1}{2}\right)^4$

e) $\left(+\dfrac{9}{10}\right)^2$

f) $\left(-\dfrac{1}{10}\right)^5$

22. Calcule o valor de cada expressão a seguir.

a) $\dfrac{2}{3} + \left(-\dfrac{1}{3}\right)^2$

b) $\left(-\dfrac{1}{2}\right)^2 - 3^2$

c) $\dfrac{3}{2} + \left(-\dfrac{1}{2}\right)^2 - 4$

23. Calcule:

a) o quadrado de $-\dfrac{10}{7}$;

b) o cubo de $-\dfrac{1}{5}$;

c) o quadrado do dobro de $-\dfrac{1}{2}$;

d) o quadrado da terça parte de $-\dfrac{1}{3}$.

24. (PUC-SP) Calcule:

a) 2^4

b) 4^2

c) 4^{-2}

d) $(-4)^2$

e) $(-2)^4$

f) $(-2)^{-4}$

25. Qual é a diferença entre o quadrado de dois e o triplo de um décimo?

26. Calcule:

a) $(-2)^3 - (-0{,}1)^2$

b) $\left(-\dfrac{1}{2}\right)^2 + (-1)^{30}$

c) $-5^2 + 0^2 + (-1{,}3)^2$

d) $-7^2 + \left(-\dfrac{1}{2}\right)^2$

27. Calcule:

a) $\left(1\dfrac{1}{2}\right)^4$

b) $\left(\dfrac{-2-5}{3}\right)^2$

c) $\left(\dfrac{1}{2} - \dfrac{2}{3}\right)^2$

d) $\left[\dfrac{2}{5} + 5 \cdot \left(-\dfrac{2}{25}\right)\right]^2$

28. (Fuvest-SP) Calcule o valor da expressão:

$\left(1\dfrac{1}{3}\right)^3 - \left(-\dfrac{1}{3}\right)^3 + \left(\dfrac{3}{2}\right)^{-2}$

29. Qual é o valor da expressão

$\left(\dfrac{2}{3} + 1\right)^2 : \left(2 - \dfrac{8}{9}\right)$?

30. (Vunesp) Um número x é tal que

$x = (-1 + 3) \cdot \left(\dfrac{5}{4} - 2\right) + \dfrac{1}{2}$.

Nessas condições, o quadrado do número x é igual a:

a) 1.

b) -1.

c) $\dfrac{1}{8}$.

d) $\left(-\dfrac{1}{8}\right)$.

PANORAMA

FAÇA AS ATIVIDADES A SEGUIR E REVEJA O QUE VOCÊ APRENDEU.

31. Os resultados de $\left(+\dfrac{1}{8}\right)^2$ e $\left(-\dfrac{1}{8}\right)^2$ são, respectivamente, iguais a:

a) $\dfrac{1}{16}$ e $\dfrac{1}{64}$.   c) $\dfrac{1}{64}$ e $\dfrac{1}{64}$.

b) $\dfrac{1}{64}$ e $\dfrac{1}{16}$.   d) $\dfrac{1}{16}$ e $-\dfrac{1}{64}$.

32. O resultado de $(-1)^{-1}$ é:

a) 0.   c) -1.
b) 1.   d) 2.

33. O valor numérico de uma potência de expoente 3 é $-\dfrac{1}{8}$. Qual é a base dessa potência?

a) -2 c) $\dfrac{1}{2}$

b) $-\dfrac{1}{2}$ d) $\dfrac{1}{4}$

34. Qual é o número "escondido" pelo pingo de tinta?

$$\dfrac{7}{8} : (3^3 - 20) - \dfrac{1}{\blacksquare}$$

a) 2   c) 6
b) 4   d) 8

35. Descubra o número "escondido" pelo pingo de tinta.

$$(0,1)^2 : \dfrac{1}{10} \cdot \dfrac{4}{5} = \dfrac{2}{\blacksquare}$$

a) 4   c) 25
b) 10   d) 50

36. Quando multiplicamos $(0,5)^{-2}$ por $\dfrac{17}{8}$, obtemos:

a) $\dfrac{1}{17}$.   c) $\dfrac{10}{17}$.

b) $\dfrac{17}{2}$.   d) $\dfrac{20}{17}$.

37. Do quadrado de -11 subtraia o produto de -6 e -5. Qual é a diferença?

a) -91 b) -141 c) 91   d) 141

38. (NCE-RJ) Considere o número racional $M = \dfrac{(-2)^3}{(-1)^2} - \dfrac{(-3)^2}{(-1)^5}$. Então, o valor de M é:

a) 1.   b) -1.   c) 17.   d) -17.

39. (PUC-MG) Considere o número $m = \left(\dfrac{1}{2} - \dfrac{7}{3}\right)^2 : \dfrac{33}{4}$. Após efetuar as operações indicadas e simplificar o resultado, obtém-se $m = \dfrac{a}{b}$.

O valor da soma $a + b$ é:

a) 11.   b) 27.   c) 38.   d) 42.

40. O valor da expressão

$$\left[\left(-\dfrac{1}{2}\right)^3 + 2 \cdot (-1)^4\right] : \dfrac{1}{2}$$ é igual a:

a) $\dfrac{15}{4}$.   c) $-\dfrac{17}{4}$.

b) $\dfrac{49}{3}$.   d) $-\dfrac{31}{4}$.

41. (Mack-SP) A expressão

$$\dfrac{(-5)^2 - 3^2 + \left(\dfrac{2}{3}\right)^0}{3^{-2} + \dfrac{1}{5} + \dfrac{1}{2}}$$ é igual a:

a) $\dfrac{3150}{17}$.   b) $\dfrac{17}{3150}$.   c) -90.   d) $\dfrac{1530}{73}$.

42. (Fuvest-SP) O valor da expressão

$$\dfrac{1 - \left(\dfrac{1}{6} - \dfrac{1}{3}\right)}{\left(\dfrac{1}{6} + \dfrac{1}{2}\right)^2 + \dfrac{3}{2}}$$ é:

a) $\dfrac{1}{2}$.   c) $\dfrac{3}{5}$.

b) $\dfrac{3}{4}$.   d) $-\dfrac{3}{5}$.

CAPÍTULO 13

Porcentagem

Ideia de porcentagem

As porcentagens têm grande presença na Economia, na Geografia e em várias outras áreas da atividade humana.

O quadrado ao lado está dividido em 100 quadradinhos iguais.

Desses 100 quadrinhos, 25 são azuis, ou seja:

- 25 em cada 100 são azuis;

ou

- 25 por cento dos quadradinhos são azuis.

A expressão "25 por cento" também pode ser representada das seguintes maneiras:

- na forma de fração: $\frac{25}{100}$;

ou

- utilizando o símbolo **%**: 25%.

Note, na figura, que os quadradinhos brancos são 75, por isso podemos escrever:

- setenta e cinco por cento dos quadradinhos são brancos. → 75%; $\frac{75}{100}$; 0,75

Observe que 25% + 75% = 100%
100% é o todo

Veja como representamos:

- uma fração na forma de porcentagem

$\frac{3}{4}$ → 3 : 4 = 0,75 → 75%

$\frac{2}{3}$ → 2 : 3 = 0,666... → 66,666...% ≅ 66,67%

- uma porcentagem na forma de fração

50% → $\frac{50}{100}$ → $\frac{1}{2}$

12,5% → $\frac{12,5}{100}$ → $\frac{125}{1000}$ → $\frac{1}{8}$

 **AQUI TEM MAIS**

Porcentagens e cálculo mental

O cálculo de algumas porcentagens pode ser bem simples. Acompanhe:

O que significa 10%?

Como **100%** é o **todo**, **10%** é o mesmo que a **décima parte** do todo.
Assim:
- 10% de 680 é $\frac{1}{10}$ de 680 = 68;
- 10% de 54 é $\frac{1}{10}$ de 54 = 5,4.

Temos, ainda, que:

- 20% é o dobro de 10%;
- 30% é o triplo de 10%;
- 5% é a metade de 10%;
- 1% é a décima parte de 10%.

Vejamos alguns exemplos:

A. Para calcular 15% de 60, podemos fazer:
- 10% de 60 = 6
- 5% de 60 = 6 : 2 = 3
- 15% de 60 = 6 + 3 = 9

B. Para calcular 32% de 500, podemos fazer:
- 10% de 500 = 50
- 30% de 500 = 3 · 50 = 150
- 1% de 500 = 5
- 2% de 500 = 2 · 5 = 10
- 32% de 500 = 150 + 10 = 160

50% DE ALGO É METADE DELE

C. Para calcular 50% de 90, podemos fazer:
- 50% de 90 é $\frac{1}{2}$ de 90 = 45

D. Para calcular 25% de 80, podemos fazer:
- 25% de 80 é $\frac{1}{4}$ de 80 = 20

PARA CALCULAR 25%, DIVIDE-SE POR 4.

USAREI IDEIAS PARECIDAS PARA CALCULAR 20%, 40%, 75%, 80%...

Ilustrações: Desenhorama

> ## CURIOSO É...
> ### Porcentagem
> As porcentagens são utilizadas desde o final do século XV para calcular taxas de juros, bem como ganhos e perdas.
>
> Mas a ideia de porcentagem é muito mais antiga. Já na Antiguidade, no tempo do imperador romano Augusto, os soldados tinham parte de seu salário descontado, e esse valor era calculado mediante uma taxa (razão de 1 para 100) denominada *centesima rerum venalium*.
>
> O símbolo %, usado até hoje, foi criado no século XVII por comerciantes ingleses.

EXERCÍCIOS DE FIXAÇÃO

1. Observe a figura e responda:

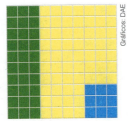

a) Qual é a porcentagem de quadradinhos verdes?

b) Qual é a porcentagem de quadradinhos amarelos?

c) Qual é a porcentagem de quadradinhos azuis?

d) De que outros modos podemos representar as porcentagens de quadradinhos azuis?

2. Complete o quadro a seguir.

Fração decimal	Número decimal	Porcentagem
$\frac{25}{100}$	0,25	25%
$\frac{12}{100}$		
	0,07	
		83%

3. Complete cada retângulo abaixo com a letra correspondente à figura cuja parte colorida indica a porcentagem.

A. 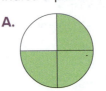   C.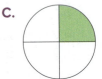

B. 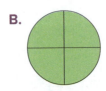   D.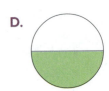

| 25% | | 50% | |
| 75% | | 100% | |

4. Você já deve ter visto, numa loja ou nos jornais, um anúncio como este:

O que significa a expressão "15% de desconto"?

Resolvendo problemas de porcentagem

Vamos resolver alguns problemas que envolvem porcentagens. Acompanhe a seguir.

Exemplos:

A. Daniel gastou R$ 800,00 nessa loja. Qual foi o valor do desconto?

Vamos calcular 5% de 800.

Podemos resolver de várias maneiras. Veja três delas:

- 5% de 800 —é o mesmo que→ $\frac{5}{100}$ de 800 = $\frac{5}{100} \cdot 800$ = $\frac{4\,000}{100}$ = 40

- 5% de 800 —é o mesmo que→ 0,05 de 800 = 0,05 · 800 = 40

- 10% de 800 —é o mesmo que→ $\frac{1}{10}$ de 800 = 80

5% = 10% : 2

5% de 800 = 80 : 2 = 40

Resposta: O desconto foi de 40 reais.

Podemos, ainda, calcular essa porcentagem usando a calculadora:

B. Numa escola de 900 alunos, 42% cursam o Ensino Fundamental. Quantos são esses alunos?

Veja a solução:

42% de 900 = $\frac{42}{\underset{1}{\cancel{100}}} \cdot \overset{9}{\cancel{900}}$ = 378

Resposta: Nessa escola, 378 alunos cursam o Ensino Fundamental.

C. O preço de um aparelho eletrônico, que era R$ 1.200,00, foi aumentado em 4,5%. Qual foi o valor do aumento em reais?

Veja a solução:

4,5% = $\frac{4,5}{100}$ = 0,045

4,5% de 1 200 = 0,045 · 1200 = 54

O aumento do preço foi de R$ 54,00.

EXERCÍCIOS DE FIXAÇÃO

5. Calcule mentalmente:
   a) 10% de 120
   b) 50% de 120
   c) 25% de 120
   d) 100% de 120

6. Calcule como preferir:
   a) 1% de 300
   b) 4% de 1 500
   c) 36% de 800
   d) 25% de 268
   e) 72% de 40 000
   f) 88% de 12 000

7. Use uma calculadora para determinar:
   a) 0,5% de 15 000;
   b) 3,6% de 40 000;
   c) 1,5% de 8 000;
   d) 145% de 2 380.

8. Numa escola com 800 alunos, 36% são meninos. Calcule o número de meninos.

9. Calcule 16% de R$ 125,00 usando duas estratégias diferentes.

10. O aluguel de certo apartamento será reajustado em 3,8%. Qual será o valor depois do aumento se o aluguel era de R$ 2.500,00?

11. Guilherme ganhava R$ 1.800,00 por mês. Em maio, ele teve um aumento de 20% e, em junho, teve um novo aumento de 20%. Qual passou a ser o salário de Guilherme depois de junho?

QUANDO SERÁ MEU PRÓXIMO AUMENTO?

12. No gráfico, os dados indicam o resultado de uma pesquisa sobre sabores de iogurte em uma escola. Cada pessoa pôde escolher somente um sabor.

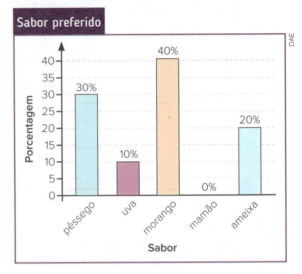

Sabor preferido

a) Qual foi o sabor preferido?
b) Qual sabor nenhum dos entrevistados indicou como preferido?
c) Sabendo que a pesquisa foi feita com 120 alunos da escola, determine quantos alunos indicaram o sabor ameixa.

13. Um trabalhador ganha R$ 3.200,00 por mês. São reservados 25% para o aluguel, 35% para a alimentação, 22% para gastos diversos e o restante ele coloca numa caderneta de poupança. Qual valor ele deposita na poupança?

14. Comprei uma poltrona por R$ 1.200,00, a serem pagos do seguinte modo:

15% de entrada e o restante em 6 prestações iguais

a) Qual é o valor da entrada?
b) Qual é o valor de cada prestação?

Resolução de outros problemas de porcentagem

VAMOS RESOLVER DE DOIS MODOS.

Exemplos:

A. Numa turma de 40 alunos, 36 foram aprovados. Qual foi a porcentagem de aprovados?

1ª solução:

Comparando o número de aprovados com o número total de alunos da turma, temos:

$$\frac{\text{nº de alunos aprovados}}{\text{nº total de alunos da classe}} = \frac{36}{40} \overset{\div 4}{\underset{\div 4}{=}} \frac{9}{10} = 0{,}9$$

Passando para a forma de %, temos:

$$0{,}9 = \frac{9}{10} = \frac{90}{100} = 90\%.$$

Resposta: 90%.

Nessa solução, usamos frações equivalentes e a forma decimal de uma fração.

2ª solução:

$$\frac{36}{40} = 36 : 40$$

Fazemos a divisão no papel ou com a calculadora.

$$36 : 40 = 0{,}9 \text{ e } 0{,}9 = \frac{9}{10} = \frac{90}{100} = 90\%$$

Resposta: 90%.

B. Comprei ingresso para um *show* com 5% de desconto no preço. Se o desconto foi de R$ 12,00, qual era o preço do ingresso sem o desconto?

1ª solução:

5% do preço ⟶ 12

1% do preço ⟶ 12 : 5 = 2,4

100% do preço ⟶ 2,4 · 100 = 240

Resposta: R$ 240,00.

2ª solução:

5% do preço ⟶ 12 ⟩ × 2
×2 ⟨ 10% do preço ⟶ 24
×10 ⟨ 100% do preço ⟶ 24 · 10 = 240

Resposta: R$ 240,00.

VOCÊ PENSOU EM OUTRA MANEIRA DE RESOLVER? CONTE AOS COLEGAS E AO PROFESSOR.

EXERCÍCIOS
DE FIXAÇÃO

15. Viviane dividiu uma barra de chocolate em cinco partes iguais. Se ela comeu duas dessas partes, então ainda restam:

a) 3% do chocolate.   b) 15% do chocolate.   c) 40% do chocolate.   d) 60% do chocolate.

16. Numa pesquisa sobre a preferência de cores, foram entrevistadas 50 pessoas. O resultado obtido foi o seguinte:

Cor	amarelo	vermelho	azul	branco	verde	preto
Nº de pessoas	14	9	6	10	8	3
Porcentagens						

Qual foi a porcentagem de votos que cada cor recebeu?

17. Compareceram a um exame 240 candidatos, sendo aprovados 156. Qual foi a porcentagem dos aprovados?

18. Numa cidade, o preço da passagem de ônibus subiu de R$ 3,00 para R$ 3,54. Qual foi o percentual de aumento?

19. Os vestidos de uma loja eram vendidos da seguinte maneira:

A cliente que levasse três vestidos estaria recebendo um desconto de quantos por cento?

20. (Saresp) Maria comprou um fogão novo na promoção da loja XY, que oferecia qualquer produto com 20% de desconto sobre o preço de tabela. Qual era o preço de tabela, se Maria pagou R$ 360,00 pelo fogão?

Descontos e acréscimos – Cálculo direto

Veremos, por meio de exemplos, como calcular diretamente um valor já com a porcentagem de desconto ou de acréscimo aplicada.

Descontos

- Márcio conseguiu um desconto de 8% no preço de uma camisa que custava R$ 120,00. Quanto ele pagou por ela?

Se o desconto foi de 8%, Márcio pagou 92% do preço da camisa, pois 100% − 8% = 92%.

Podemos calcular diretamente o preço com desconto fazendo:

$$92\% \text{ de } 120 = 0{,}92 \cdot 120 = 110{,}4.$$

Márcio pagou R$ 110,40 pela camisa.

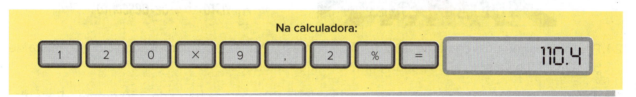

Acréscimos

- Talita comprou uma geladeira que custava R$ 1.800,00. Como pagou em prestações, o preço total teve um acréscimo de 12%. Quanto Talita pagou pela geladeira?

Talita pagou 100% + 12% = 112% do preço da geladeira.

preço original   acréscimo

Para obter diretamente o preço da geladeira com acréscimo, calcularemos 112% de 1 800:

$$112\% = \frac{112}{100} = 1{,}12; \text{ então, } 112\% \text{ de } 1\,800 = 1{,}12 \cdot 1\,800 = 2\,016.$$

Talita pagou R$ 2.016,00 pela geladeira.

- Luiza conseguiu um lucro de 16% com a venda de um apartamento que havia comprado por R$ 450.000,00. Qual foi o valor de venda do apartamento?

O preço pago pelo apartamento equivale a 100%.

O lucro de 16% corresponde ao ganho de Luiza.

O preço de venda será igual a 116% de 450 000.

116% = 1,16

1,16 · 450 000 = 522 000

Luiza vendeu o apartamento por R$ 522.000,00.

prejuízo ⟶ perda
lucro ⟶ ganho

EXERCÍCIOS DE FIXAÇÃO

21. Quanto pagarei por um livro que custa R$ 85,00 se eu conseguir:

a) 12% de desconto?

b) 18% de desconto?

22. O preço da passagem intermunicipal entre as cidades **A** e **B** é de R$ 16,00. Se for aplicado um aumento de 3,5%, qual será o novo preço da passagem?

23. Em qual das lojas a seguir o preço com desconto para pagamento à vista é mais baixo?

LOJA A

LOJA B

24. Paulinha pagou uma conta de R$ 210,40 com atraso. Por isso, o valor foi acrescido de multa de 5%. Qual foi o valor total do pagamento? Use a calculadora.

25. (Obmep) Um fabricante de chocolate cobrava R$ 5,00 por uma barra de 250 gramas. Recentemente, o peso da barra foi reduzido para 200 gramas, mas seu preço continuou R$ 5,00. Qual foi o aumento percentual do preço do chocolate desse fabricante?

a) 10%

b) 15%

c) 20%

d) 25%

e) 30%

26. (Enem) Para aumentar as vendas no início do ano, uma loja de departamentos remarcou os preços de seus produtos 20% abaixo do preço original. Quando chegam ao caixa, os clientes que possuem o cartão fidelidade da loja têm direito a um desconto adicional de 10% sobre o valor total de suas compras.

Um cliente desejava comprar um produto que custava R$ 50,00 antes da remarcação de preços. Ele não possuía o cartão fidelidade da loja. Caso esse cliente possuísse o cartão fidelidade da loja, a economia adicional que obteria ao efetuar a compra, em reais, seria de:

a) 15,00.

b) 14,00.

c) 10,00.

d) 5,00.

e) 4,00.

EXERCÍCIOS COMPLEMENTARES

27. Matilde vende sanduíches na cantina da escola e, devido ao aumento de custos, teve de reajustar os preços em 4%. Qual será o novo preço de um sanduíche que antes do aumento custava R$ 3,50?

28. Uma farinha com mistura de cereais tem 65% de trigo e 25% de milho.
   a) Você acha que essa mistura conterá apenas trigo e milho? Por quê?
   b) Qual é a massa de milho em 800 gramas dessa mistura?

29. Num treino, uma jogadora de futebol bateu 32 pênaltis. Se 8 desses pênaltis foram desperdiçados, o aproveitamento dessa atleta foi de quantos por cento?

30. Em uma disputa judicial, um senhor pleiteou R$ 80.000,00 como indenização. Ele conseguiu receber 90% do valor pleiteado. O advogado que o defendeu cobrou, a título de honorários, 25% da quantia recebida. Qual importância sobrou para o senhor que contratou o advogado?

31. (FEI-SP) Num lote de 1 000 peças, 65% são do tipo A e 35% do tipo B. Sabendo-se que 8% do tipo A e 4% do tipo B são defeituosas, quantas peças defeituosas deve haver no lote?

32. Veja a distribuição, por nacionalidade, dos 80 participantes de um congresso internacional:

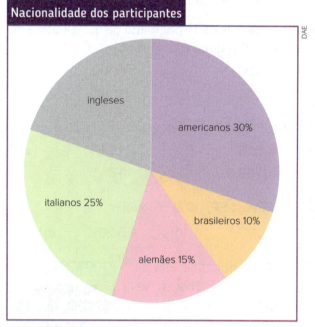

Dados obtidos pela organização do congresso.

   a) Qual foi a porcentagem de ingleses?
   b) Qual foi a nacionalidade mais representada?
   c) Quantos italianos participaram do congresso?

33. Um comerciante pretendia obter R$ 100,00 pela venda de 500 laranjas. Ao receber as laranjas de seu fornecedor, constatou que 20% estavam imprestáveis para o consumo. Para conseguir a quantia prevista inicialmente, por quanto teve de vender cada laranja restante?

34. (OM-SP) Uma geladeira é oferecida por R$ 600,00. Este preço sofre um desconto de 20% e depois um de 15%. Qual o novo preço da venda?

35. (OM-SP) Um vendedor disse inicialmente que dava 15% de desconto sobre uma mercadoria mas, no fim, deu mais 10% de desconto sobre o primeiro desconto. Qual foi o desconto único equivalente que ele deu no fim?

PANORAMA

FAÇA AS ATIVIDADES A SEGUIR E REVEJA O QUE VOCÊ APRENDEU.

36. (FCC-SP) Quanto é 32% de R$ 25.000,00?
   a) R$ 5.500,00
   b) R$ 7.500,00
   c) R$ 8.000,00
   d) R$ 10.000,00

37. (FGV-SP) Trinta por cento da quarta parte de 6 400 é igual a:
   a) 480.
   b) 640.
   c) 160.
   d) 240.

38. (UFRN) 25% da terça parte de 1 026 é igual a:
   a) 855
   b) 769,5
   c) 94,5
   d) 85,5

39. (Fuvest-SP) $(10\%)^2$ é igual a:
   a) 1%
   b) 10%
   c) 20%
   d) 100%

40. (Prominp) Uma loja de móveis publicou o seguinte anúncio:

Nesta promoção, um sofá era vendido em 24 parcelas de R$ 45,00.

Se o comprador optasse pelo pagamento à vista, com desconto, o preço do mesmo sofá, em reais, seria:

   a) R$ 324,00.
   b) R$ 756,00.
   c) R$ 630,00.
   d) R$ 780,00.

41. (Encceja) Uma padaria vende 1 kg de massa de pão de queijo por R$ 12,50. Se for confirmado o aumento de 16% no valor dos produtos que ela utiliza para fazer a massa, e para que a padaria obtenha o mesmo lucro, deverá vender o pão de queijo por R$ 14,50 o kg porque:

   a) 16% de R$ 12,50 equivalem a R$ 2,00.
   b) 16% de R$ 14,50 equivalem a R$ 2,00.
   c) 16% de R$ 12,50 equivalem a R$ 1,60.
   d) 16% de R$ 14,50 equivalem a R$ 1,45.

42. (DNPM) Uma empresa de material de higiene lançou uma promoção. Por um tubo de 120 g de pasta de dente, o consumidor paga o preço de um tubo de 90 g. Sabendo-se que o desconto será proporcional à quantidade do produto, o consumidor que aproveitar a promoção "pague 90 g e leve 120 g" receberá, sobre o preço original da pasta de dente, um desconto de:
   a) 25%.
   b) 33%.
   c) 30%.
   d) 40%.

43. (Unesp) Atualmente, encher o tanque de gasolina de um carro *sedan* custa, em média, R$ 124,60, e cerca de três décadas atrás custava o equivalente a R$ 35,60 para encher o mesmo tanque. O percentual de aumento no preço da gasolina nesse longo período foi de:
   a) 250%.
   b) 300%.
   c) 350%.
   d) 400%.

44. (UFMG) O preço de uma televisão é R$ 540,00. Como vou comprá-la a prazo, o preço sofre um acréscimo total de 10% sobre o preço à vista. Dando 30% de entrada e pagando o restante em duas prestações mensais iguais, o valor de cada prestação será de:
   a) R$ 189,00.
   b) R$ 189,90.
   c) R$ 207,00.
   d) R$ 207,90.

45. (Unimep-SP) Um comerciante aumenta o preço de um produto que custava R$ 300,00 em 20%. Um mês depois arrependeu-se e fez um desconto de 20% sobre o preço reajustado. O novo preço do produto é:
   a) R$ 240,00.
   b) R$ 278,00.
   c) R$ 288,00.
   d) R$ 300,00.

46. (Funcefet-PR) Marcelo trabalha numa loja de tecidos e recebe R$ 500,00 de salário fixo e mais 10% sobre o total de sua venda mensal. No mês de maio seu salário foi de R$ 1.100,00. Pode-se afirmar que o valor total que Marcelo vendeu neste mês é de:
a) R$ 3.000,00.
b) R$ 4.000,00.
c) R$ 6.000,00.
d) R$ 7.000,00.

47. (Encceja) Para facilitar o pagamento de qualquer eletrodoméstico, no valor à vista, uma loja oferece a seguinte condição: uma entrada de 40% e o restante dividido em duas parcelas iguais. Se um cliente comprasse uma tevê de 29 polegadas de R$ 1.280,00, o valor da parcela seria representado numericamente por:

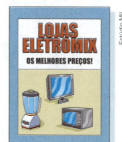

a) (0,04 · 1280) : 2.
b) (0,06 · 1280) : 2.
c) (0,40 · 1280) : 2.
d) (0,60 · 1280) : 2.

48. (Saresp) Paguei R$ 180,00 por um produto que comprei à vista com desconto de 20%. O preço sem desconto deste produto é:
a) R$ 100,00.
b) R$ 144,00.
c) R$ 216,00.
d) R$ 225,00.

49. (Unesp) Fazendo um bolo de chocolate, Maria gastou com os ingredientes R$ 11,20. Se Maria quiser obter um lucro de 150% sobre o que gastou, vendendo cada fatia por R$ 1,40, o bolo deverá ser dividido em:

a) 18 fatias.
b) 20 fatias.
c) 14 fatias.
d) 16 fatias.

50. (Vunesp) Para um certo concurso, inscreveram-se 27 200 candidatos. No dia da prova faltaram 15% do total de inscritos. Se o número de aprovados foi 1156, o porcentual de aprovação em relação ao número de comparecimentos foi de:
a) 5%.
b) 6%.
c) 12%.
d) 15%.

51. (UFV-MG) Numa loja, o preço de um par de sapatos era de R$ 140,00. Para iludir os consumidores, o dono aumentou o preço de todos os artigos em 50% e, em seguida, anunciou um desconto de 20%. Esse par de sapatos ficou aumentado de:
a) R$ 26,00.
b) R$ 28,00.
c) R$ 31,00.
d) R$ 34,00.

52. (Cesgranrio-RJ) No dia 1º de dezembro um lojista aumenta em 20% o preço de um artigo que custava R$ 3.000,00. Na liquidação após o Natal o mesmo artigo sofre um desconto de 20%. Seu preço na liquidação é:
a) R$ 2.400,00.
b) R$ 2.500,00.
c) R$ 2.880,00.
d) R$ 2.780,00.

53. (Fuvest-SP) Uma certa mercadoria, que custava R$ 12,50, teve um aumento, passando a custar R$ 13,50. A majoração sobre o preço antigo é de:
a) 1%.   b) 8%.   c) 10,8%.   d) 12,5%.

54. (Cesgranrio-RJ) Numa turma, 80% dos alunos foram aprovados, 15% reprovados e os 6 alunos restantes desistiram do curso. Na turma havia:
a) 85 alunos.
b) 80 alunos.
c) 95 alunos.
d) 120 alunos.

CAPÍTULO 14 — Equações do 1º grau

Procurando o equilíbrio

Considere, em todas as questões a seguir, que as balanças estão em equilíbrio.

1. Responda:

   a) Quantos gramas tem a lata?

   b) Qual é a massa do bloco?

   c) As três latas têm massas iguais. Qual é a massa de cada lata?

   d) As cinco latas têm massas iguais. Qual é a massa de cada lata?

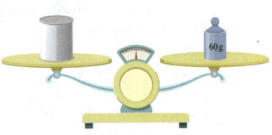

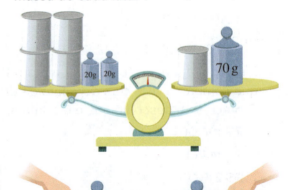

2. O que acontecerá se você acrescentar massas iguais aos dois pratos de uma balança que está em equilíbrio?

3. O que acontecerá se você retirar massas iguais dos dois pratos de uma balança que está em equilíbrio?

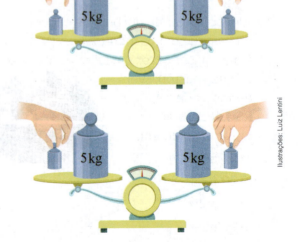

4. Qual é o valor de *x*?

5. Determine a massa de cada peça de queijo sabendo que todas elas têm a mesma massa.

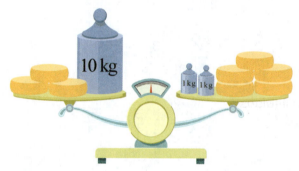

6. Todas as garrafas têm a mesma massa e cada caixa tem 1,5 kg. Qual é a massa de cada garrafa?

7. Helena pensou em um número que, adicionado a 6, resulta em 15. Em que número pensou Helena?

▨ + 6 = 15

O número que substitui o ▨ é 9, pois 9 + 6 = 15.

Agora é com você! Copie as igualdades e escreva os números que faltam para que fiquem verdadeiras.

a) ▨ + 10 = 18
b) ▨ + 10 = −4
c) ▨ − 6 = 7
d) ▨ − 8 = −2
e) 13 + ▨ = 23
f) ▨ − 20 = 0

8. Rodrigo pensou em um número que, multiplicado por 5, resulta em 35. Em que número pensou Rodrigo?

▨ · 5 = 35

9. Copie as igualdades no caderno e escreva os números que faltam para que elas sejam verdadeiras.

a) 9 · ▨ = 45
b) ▨ · 0,5 = 2
c) ▨ : 5 = 4
d) 18 = ▨ : 2
e) 9 · ▨ = 4,5
f) 36 : ▨ = 4

Equações

Observe a balança ao lado.

Como a balança está equilibrada, temos a mesma massa nos dois pratos. Portanto, podemos escrever:

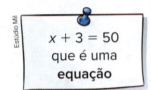

$x + 3 = 50$ que é uma **equação**

- A letra que representa o valor desconhecido é a **incógnita** da equação.
- O que se escreve **antes** do sinal = chama-se **primeiro membro**.
- O que se escreve **depois** do sinal = chama-se **segundo membro**.

Observe:

$$\underbrace{x + 3}_{1^\circ \text{ membro}} = \underbrace{50}_{2^\circ \text{ membro}}$$

Os membros são constituídos por termos. Veja:

$$\underbrace{x + 3 = 50}_{\text{termos}}$$

Equação é uma igualdade em que há pelo menos uma letra representando um número desconhecido.

EXERCÍCIOS DE FIXAÇÃO

10. Quais sentenças são equações?
 a) $3x + 1 = 16$
 b) $2x + 4 < 12$
 c) $\dfrac{x}{4} - 1 = \dfrac{5}{6}$
 d) $x - 1 + 7 = 5x$
 e) $3x - x = 9 - 7$
 f) $\dfrac{1x}{2} - 6 + x > 4$

11. Dada a equação $5x - 7 + x = 8 - 2x$, responda às questões.
 a) Qual é o 1º membro?
 b) Qual é o 2º membro?
 c) Qual é o segundo termo do 1º membro?
 d) Qual é o primeiro termo do 2º membro?

12. Indique a incógnita de cada equação a seguir.
 a) $2x - 3 = 15$
 b) $4y = 30 - 18$
 c) $5z - 6 = z + 14$
 d) $x - 1 + 12 = 7x - 25$

13. Separe as equações que têm uma incógnita das equações que têm duas incógnitas.
 a) $2x + 7 = 15$
 b) $5x = 9 - 4x$
 c) $3x - 1 = 8y$
 d) $7x + 2 = 3x$
 e) $2x + 6y = y$
 f) $8x + y = 9 - 3x$

Raiz ou solução de uma equação

Para obter uma equação, podemos proceder como explicado a seguir.

Temos uma igualdade numérica:	$6 + 8 = 14$
Apagamos um número:	$6 + = 14$
Substituímos o número por uma letra:	$6 + x = 14$ ← Obtivemos uma equação.

- A letra é a incógnita (número desconhecido) ⟶ x
- O número que eliminamos é a solução ⟶ 8
- Resolver a equação é descobrir a solução.

> A raiz ou solução de uma equação com uma incógnita é um número tal que, substituindo na equação a incógnita por esse número, obtemos uma igualdade numérica verdadeira.

Veja mais um exemplo.

Qual é o número inteiro que podemos colocar no lugar de x para tornar verdadeira a equação $2x + 1 = -13$?

$2 \cdot \boxed{(-7)} + 1 = -13$

A igualdade só é verdadeira para $x = -7$. Então, o número -7 é a **solução** ou **raiz** da equação.

Equações equivalentes

A equação:

- $x + 7 + 1 = 13$ ⟶ tem como solução: 5.

A equação:

- $x + 8 = 13$ ⟶ tem como solução: 5.

Então, 5 é a solução de ambas as equações:

- $x + 7 + 1 = 13$
- $x + 8 = 13$

Essas equações são equivalentes.

> Duas ou mais equações são equivalentes quando têm as mesmas soluções.

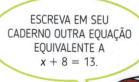

ESCREVA EM SEU CADERNO OUTRA EQUAÇÃO EQUIVALENTE A $x + 8 = 13$.

Equações do 1º grau

Dizemos que uma equação é do 1º grau quando o expoente maior da incógnita é igual a 1.

Veja os exemplos a seguir.

A. $7x - 10 = 0$ ⟶ equação do 1º grau na incógnita x

B. $y + 6 = 2y$ ⟶ equação do 1º grau na incógnita y

C. $\dfrac{z}{2} + 1 = \dfrac{5}{3}$ ⟶ equação do 1º grau na incógnita z

Resolução de equação do 1º grau com uma incógnita em ℚ

O processo de resolução tem base nas propriedades da igualdade.

Somar ou subtrair números iguais aos dois membros

Veja como resolver as equações a seguir.

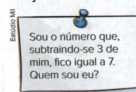
Sou o número que, subtraindo-se 3 de mim, fico igual a 7. Quem sou eu?

1. $x - 3 = 7$

Somando 3 a cada membro:

$x - 3 + 3 = 7 + 3$

$x + 0 = 10$

$x = 10$

- Para isolar x, devemos eliminar o -3 que está no primeiro membro.
- Como a operação inversa da subtração é a adição, adicionamos 3 a cada membro.

Logo, a solução é 10.

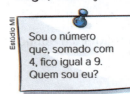
Sou o número que, somado com 4, fico igual a 9. Quem sou eu?

2. $x + 4 = 9$

Subtraindo 4 de cada membro:

$x + 4 - 4 = 9 - 4$

$x + 0 = 5$

$x = 5$

- Para isolar x, devemos eliminar o 4 que está no primeiro membro.
- Como a operação inversa da adição é a subtração, subtraímos 4 de cada membro.

Logo, a solução é 5.

Modo prático:

Essas equações podem ser resolvidas de um modo prático.

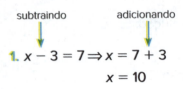

1. $x - 3 = 7 \Rightarrow x = 7 + 3$

$x = 10$

Logo, a solução é 10.

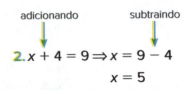

2. $x + 4 = 9 \Rightarrow x = 9 - 4$

$x = 5$

Logo, a solução é 5.

Multiplicar ou dividir os dois membros pelo mesmo número

Vamos resolver as equações a seguir.

1. $5x = 30$

Solução:

$5x = 30$
- Para isolar x, devemos eliminar o fator 5.
$\dfrac{5x}{5} = \dfrac{30}{5}$
- Como a operação inversa da multiplicação é a divisão, dividimos os dois membros por 5.
$x = 6$

Logo, a solução é 6.

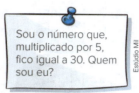

Lembre-se:
$5x = 5 \cdot x$

2. $\dfrac{x}{2} = 7$

Solução:

$\dfrac{x}{2} = 7$
- Para isolar a incógnita x, devemos eliminar o divisor 2.
- Como a operação inversa da divisão é a multiplicação, multiplicamos os dois membros por 2.
$\dfrac{x}{2} \cdot 2 = 7 \cdot 2$

$x = 14$

Logo, a solução é 14.

Lembre-se:
$\dfrac{x}{2} = x : 2$

Modo prático:

As mesmas equações acima podem ser resolvidas pelo modo prático.

1. $5x = 30$

$5x = 30 \Rightarrow x = \dfrac{30}{5} \Rightarrow x = 6$

↑ multiplicando   ↑ dividindo

A solução é 6.

2. $\dfrac{x}{2} = 7$

$\dfrac{x}{2} = 7 \Rightarrow x = 7 \cdot 2 \Rightarrow x = 14$

↑ dividindo   ↑ multiplicando

A solução é 14.

3. Veja mais um exemplo pelo modo prático:

$2x + 5 = -1$
$2x = -1 - 5$
$2x = -6$
$x = \dfrac{-6}{2}$
$x = -3$

A solução é −3.

AS OPERAÇÕES INVERSAS SÃO MUITO ÚTEIS NA RESOLUÇÃO DE EQUAÇÕES.

115

EXERCÍCIOS
DE FIXAÇÃO

14. Esta balança está com os pratos em equilíbrio. Qual é a massa da melancia?

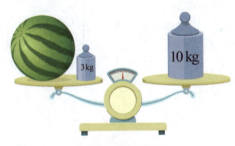

Simbolicamente:
$x + 3 = 10$

15. Resolva as equações a seguir.

a) $x + 4 = 10$
b) $x + 3 = 3$
c) $x + 101 = 300$
d) $x - 279 = 237$
e) $x + 7 = 2$
f) $x + 9 = -1$
g) $x - 8 = -10$
h) $128 + x = 900$

16. Uma balança está com os pratos em equilíbrio. Se trocarmos de pratos o que está sendo pesado, o equilíbrio permanece?

antes da troca

depois da troca

17. Observe o exemplo e resolva as equações a seguir do mesmo modo.

Se $20 = x + 1$, então: $x + 1 = 20$
$x = 20 - 1$
$x = 19$

A raiz da equação é 19.

a) $5 = x + 3$
b) $7 = 10 + x$
c) $15 = x + 20$
d) $-7 = x + 50$

18. Esta balança está com os pratos em equilíbrio e as três latas têm massas iguais. Descubra a massa de cada lata.

Equação:
$3x = 15$

19. Observe o exemplo a seguir e resolva as equações.

$3x = 12$
$x = \dfrac{12}{3}$
$x = 4$

A raiz da equação é 4.

a) $4x = 28$
b) $9x = 18$
c) $5x = -20$
d) $7x = 0$
e) $48x = 12$
f) $35x = -105$

20. Observe o exemplo e resolva as equações considerando x um número racional.

$-7x = -14$ • Multiplicamos ambos os membros por (−1).
$7x = 14$
$x = \dfrac{14}{7}$
$x = 2$ Logo, a solução é 2.

a) $-x = -7$
b) $-8x = 16$
c) $-8x = -40$
d) $-20x = 10$
e) $-2x = 28$
f) $-6x = 3$
g) $45 = -3x$
h) $-60 = -5x$

21. Observe o exemplo e resolva as equações abaixo, em que x é um número racional.

$\dfrac{x}{3} = 5$
$x = 5 \cdot 3$
$x = 15$ Logo, a solução é 15.

a) $\dfrac{x}{2} = 8$
b) $\dfrac{x}{2} = -8$
c) $\dfrac{x}{4} = -5$
d) $\dfrac{3x}{4} = 9$
e) $\dfrac{2x}{5} = -4$
f) $\dfrac{2x}{3} = -10$

Seja a equação $5x = 6 + 3x + 2$. Vamos escrever as equações equivalentes que representam os passos de sua resolução.

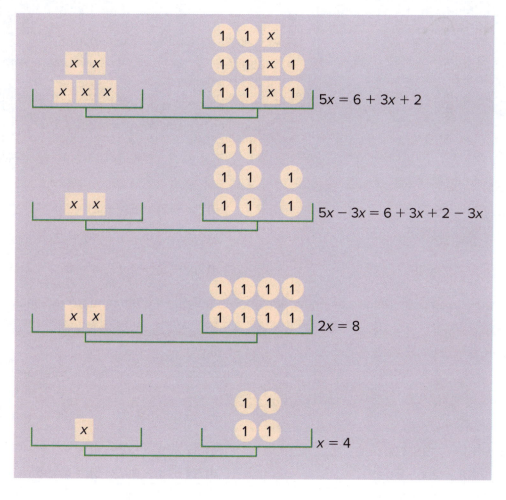

22. Considere a balança em equilíbrio representada na imagem a seguir.

Escreva a equação e determine o valor de x.

23. Observe o exemplo e resolva as equações considerando x um número racional.

$11 + 2x + 3 = -5x + 2 + x$ $11 + 2x + 3 + 5x - x = 2$ $6x + 14 = 2$ $6x = -12$ $x = -2$ Logo, a solução é -2.	• Somamos $5x$ a ambos os membros. Subtraímos x de ambos os membros. $2x + 5x - x = 6x$ e $11 + 3 = 14$ • Subtraímos 14 de ambos os membros. • Dividimos ambos os membros por 6.

a) $7x - 1 = 13$

b) $6x = 2x + 28$

c) $5x - 2 = 18 + 3x$

d) $6x - 10 = 2x + 14$

e) $12x - 4 = 10x + 3$

f) $5x - 2 = -3x + 7 + 6$

g) $9 - x + 2 = -5x + 3 + 2x$

h) $-x - 2x - 4 = 11$

24. Observe o exemplo e resolva as equações considerando x um número racional.

$3(2x - 1) = 2(x + 1) + 3$ $6x - 3 = 2x + 2 + 3$ $6x - 2x = 2 + 3 + 3$ $4x = 8$ $x = \dfrac{8}{4}$ $x = 2$ Logo, a solução é 2.	• Aplicamos a propriedade distributiva. • Subtraímos $2x$ de ambos os membros e somamos 3 a ambos os membros. $6x - 2x = 4x$ e $2 + 3 + 3 = 8$ • Dividimos ambos os membros por 4.

a) $3(x + 2) = 15$

b) $5(x - 1) = 30$

c) $2(x - 1) - 7 = 16$

d) $7(x - 2) = 5(x - 3)$

e) $2(3x - 5) - x = 10 - 3x$

f) $2(x - 5) + 4(x - 1) = 0$

25. Observe o exemplo e resolva as equações abaixo, em que x é um número racional.

$3(x - 1) - 2(x - 3) = 10$ $3x - 3 - 2x + 6 = 10$ $x + 3 = 10$ $x = 7$ Logo, a solução é 7.	• Aplicamos a propriedade distributiva lembrando que $(-) \cdot (-)$ dá $(+)$. • Resolvemos como nos exemplos anteriores.

a) $2(x - 6) = -3(5 + x)$

b) $3(x + 10) - 2(x - 5) = 0$

c) $3(x - 1) - (2x - 4) = 1$

d) $7(x - 1) - 2(x - 5) = x - 5$

Um pouco mais sobre resolução de equações

Agora, vamos resolver equações que têm denominadores.

A. $\dfrac{3x}{4} = 2 + \dfrac{2x}{3}$

$\dfrac{9x}{12} = \dfrac{24}{12} + \dfrac{8x}{12}$ • Reduzimos ao mesmo denominador: m.m.c. (4, 3) = 12.

$9x = 24 + 8x$ • Eliminamos os denominadores multiplicando ambos os membros da igualdade pelo m.m.c. encontrado.

$9x - 8x = 24$

$x = 24$ A raiz da equação é 24.

B. $\dfrac{x+2}{2} - \dfrac{5-x}{2} = 1 + \dfrac{2x-1}{3}$

> Quando o numerador tiver pelo menos dois termos, convém usar parênteses para indicar a multiplicação. Isso evita erros de sinal.

$\dfrac{3(x+2)}{6} - \dfrac{3(5-x)}{6} = \dfrac{6}{6} + \dfrac{2(2x-1)}{6}$

$3(x+2) - 3(5-x) = 6 + 2(2x-1)$

$3x + 6 - 15 + 3x = 6 + 4x - 2$

$3x + 3x - 4x = 6 - 2 - 6 + 15$

$2x = 13$

$x = \dfrac{13}{2}$

• Reduzimos ao mesmo denominador: m.m.c. (2, 2, 3) = 6.
• Eliminamos os denominadores usando as propriedades das igualdades.
• Eliminamos os parênteses.
• Resolvemos a equação como já visto.

A raiz da equação é $\dfrac{13}{2}$.

EXERCÍCIOS DE FIXAÇÃO

26. Resolva estas equações considerando x um número racional.

a) $\dfrac{x}{2} - \dfrac{x}{4} = \dfrac{1}{2}$

b) $\dfrac{x}{2} - \dfrac{x}{4} = 5$

c) $\dfrac{x}{3} + 4 = 2x$

d) $\dfrac{x}{5} + 5 = \dfrac{7x}{5}$

e) $\dfrac{x}{6} + \dfrac{x}{4} = \dfrac{x}{3} - 1$

f) $5x + \dfrac{1}{3} = 2x - \dfrac{1}{2}$

27. (Unip-SP) Resolver a equação:

$\dfrac{x}{2} + \dfrac{2x}{3} = 1 + x$

28. Resolva as equações a seguir, em que x é um número racional.

a) $\dfrac{x}{3} + \dfrac{x}{2} = \dfrac{7+x}{3}$

b) $\dfrac{x-2}{3} + 2x = \dfrac{5x}{2}$

c) $\dfrac{x-5}{3} + \dfrac{3x-1}{2} = 4$

d) $\dfrac{x-1}{5} = x - \dfrac{2x-1}{3}$

29. (Unesp) Resolver a equação:

$3x - 2(x-5) + \dfrac{3x-5}{2} = 0$

EXERCÍCIOS COMPLEMENTARES

30. Resolva as equações a seguir.
a) $x + x + x = 87$
b) $x - 2x + 4x = 81$
c) $47 + 38 + x = 110$
d) $7x + 5 = 0 + 34$
e) $2x - 1\,000 = 1500$
f) $350x - 500 = 100x + 750$

31. Resolva as equações considerando x um número racional.
a) $1,5x - 6 = 0$
b) $8x = 5x + 4,5$
c) $2,5(x - 2) = 1,5x + 1$
d) $3,5x + 8 = 2(x + 7)$

32. Continue resolvendo as equações.
a) $4(x + 1) = 12$
b) $9(x - 3) + 1 = 18$
c) $5(3 - x) = 4x + 18$
d) $9x - 3(2x + 2) = 15$
e) $5(3 - x) = 2(x - 4) + 15$
f) $3(2x - 1) = -2(x - 3)$
g) $3(x - 2) - 5(x - 1) = -7$
h) $4(x + 10) - 2(x - 5) = 0$
i) $6(x - 2) = -3(x + 2)$
j) $15 + 3(x + 2) = -7x + 2(x + 1)$

33. Resolva estas equações.
a) $x - \dfrac{x}{2} = 1$
b) $\dfrac{x}{3} + \dfrac{x}{2} = 15$
c) $\dfrac{3x}{2} - 5x = -7$
d) $\dfrac{x}{4} + 7 = \dfrac{x}{2} + 5$
e) $\dfrac{x}{2} + \dfrac{x}{4} + \dfrac{x}{2} = 4$
f) $\dfrac{3x}{4} - \dfrac{1x}{2} = -2$

34. O número -3 é solução de qual equação?
a) $2x + 8 = 14$
b) $-2x - 8 = -2$
c) $2x - 8 = 2$
d) $-2x + 8 = -2$

35. O número 2 é raiz da equação $mx + x = 8$ se:
a) $m = 0$.
b) $m = 2$.
c) $m = 3$.
d) $m = -2$.

36. (SEE-RJ) A raiz da equação
$\dfrac{3x + 5}{2} - \dfrac{2x - 9}{3} = 8$ é também raiz da equação:
a) $3x = 9$.
b) $3x = 15$.
c) $3x = 27$.
d) $3x = -15$.

37. Resolva estas equações.
a) $\dfrac{x - 1}{2} + \dfrac{x - 3}{3} = 6$
b) $\dfrac{x - 2}{3} - \dfrac{x - 1}{4} = 4$
c) $x - \dfrac{2x - 1}{3} = \dfrac{x - 1}{5}$
d) $5x - \dfrac{(x + 1)}{2} = 10$

38. (Fuvest-SP) Calcule x tal que
$\dfrac{1}{3} - \dfrac{x}{2} = \dfrac{1}{4}$.

39. (Fuvest-SP) Resolva a equação:
$\dfrac{1}{2} - x = 6\left(\dfrac{1}{3} - x\right)$

40. (UCSal-BA) Resolver a equação:
$\dfrac{x}{3} - \dfrac{2x}{5} = -\dfrac{x + 2}{5}$.

41. (UFMT) Resolver a equação:
$\dfrac{3(x + 2)}{5} - \dfrac{3x + 1}{4} = 2$.

PANORAMA

FAÇA AS ATIVIDADES A SEGUIR E REVEJA O QUE VOCÊ APRENDEU.

42. Considere a balança em equilíbrio representada na figura.

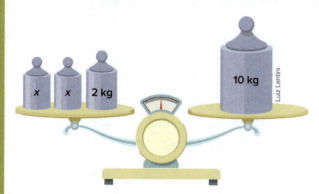

O valor representado pela letra x é:

a) 4.   b) 5.   c) 6.   d) 7.

43. (UFJF-MG) O conjunto solução da equação $0,5x = 0,3 - 0,5x$ é:

a) 0,3.   b) 0,5.   c) 0,8.   d) 1,3.

44. (UGF-RJ) A solução da equação $5(x + 3) - 2(x - 1) = 20$ é:

a) 0.   b) 1.   c) 3.   d) 9.

45. (Unirio-RJ) Se $(2 + 3)^2 - x = 12$, então x vale:

a) -2.   b) -1.   c) 9.   d) 13.

46. (FMU-SP) $7a = 10$, então $\dfrac{a}{2}$ vale:

a) $\dfrac{20}{7}$.   b) $\dfrac{7}{20}$.   c) $\dfrac{5}{7}$.   d) $\dfrac{7}{5}$.

47. (Cesgranrio-RJ) A solução da equação $1 + \dfrac{1}{2} + x = \dfrac{3}{8} + \dfrac{7}{6}$ é:

a) 0.   b) $\dfrac{2}{3}$.   c) $\dfrac{1}{24}$.   d) $\dfrac{1}{48}$.

48. (Ufes) Determine as raízes da equação $\dfrac{x}{2} + \dfrac{x}{4} + \dfrac{3x}{4} = 0$.

a) $x = 0$ é a única solução
b) $x = 3$ é a única solução
c) A equação não admite solução.
d) Qualquer valor de x é solução.

49. (PUC-RJ) A raiz da equação $\dfrac{x-3}{7} = \dfrac{x-1}{4}$ é:

a) $-\dfrac{3}{5}$.   b) $-\dfrac{5}{3}$.   c) $\dfrac{3}{5}$.   d) $\dfrac{5}{3}$.

50. (UFU-MG) O valor de x tal que $\dfrac{4x-1}{2} = \dfrac{-2x+1}{3}$ é:

a) 0.   b) $\dfrac{5}{16}$.   c) 3.   d) $\dfrac{16}{5}$.

51. (FCC-SP) O número inteiro que é solução da equação $\dfrac{2x+2}{3} + \dfrac{3x-5}{2} = 9$ é:

a) 1.   b) 3.   c) 4.   d) 5.

52. (Unesp) A equação $1 - \dfrac{x-1}{2} = x - \dfrac{x+2}{3}$ é verificada para:

a) $x = -7$.   c) $x = \dfrac{7}{13}$.
b) $x = -\dfrac{1}{7}$.   d) $x = \dfrac{13}{7}$.

53. (Unip-SP) Se $\dfrac{x+3}{4} - 5 = x + 1$, então:

a) $x = 6$.   c) $x = -7$.
b) $x = 8$.   d) $x = -9$.

54. (Unip-SP) Se $\dfrac{2x}{5} + \dfrac{15x-1}{20} = \dfrac{1}{3}$, então o valor de $3x + 1$ é:

a) 1.   b) 2.   c) 3.   d) 4.

55. (OBM) Em um quadrado mágico, a soma dos números de cada linha, coluna ou diagonal é sempre a mesma. No quadrado mágico a seguir, o valor de x é:

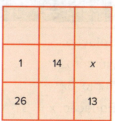

a) 22.   b) 23.   c) 25.   d) 27.

CAPÍTULO 15 — Problemas do 1º grau com uma incógnita

Equacionando problemas

Uma das aplicações de grande importância das equações ocorre na resolução de problemas.

As equações exprimem em linguagem matemática os enunciados de muitos problemas.

Para a resolução deles, você pode proceder do modo descrito a seguir.

1. Representar a incógnita do problema com uma letra.
2. Armar a equação do problema.
3. Resolver a equação.
4. Verificar se a solução satisfaz às condições do problema.

Veja os exemplos abaixo.

A. O dobro de um número somado com 3 é igual a 17. Qual é esse número?

Solução:
- Número: x
- Dobro: $2x$
- Equação: $2x + 3 = 17$

$2x + 3 = 17$
$2x = 17 - 3$
$2x = 14$
$x = \dfrac{14}{2}$
$x = 7$

> Verifique a solução substituindo x por 7 na equação inicial!

Resposta: O número desconhecido é 7.

B. Um número somado com seu triplo é igual a 60. Qual é esse número?

Solução:
- Número: x
- Triplo: $3x$
- Equação: $x + 3x = 60$

$x + 3x = 60$
$4x = 60$
$x = \dfrac{60}{4}$
$x = 15$

> Verificando:
> $x + 3x = 60$
> $15 + 45 = 60$
> Verdadeiro!

Resposta: O número desconhecido é 15.

EXERCÍCIOS DE FIXAÇÃO

1. O dobro de um número somado a 5 é igual a 91. Qual é esse número?

2. Qual é o número que somado a seu triplo dá −1 200?

3. (OM-SP) Três filhos recebem mesadas: o mais velho recebe o dobro do segundo e este, o dobro do que o mais moço recebe. Sendo o total das mesadas R$ 70,00, quanto recebe cada um?

4. Esta balança está em equilíbrio e as três melancias têm a mesma massa.
   a) Que equação representa o problema?
   b) Qual é a massa de cada melancia?

5. Um número tem 6 unidades a mais que o outro. A soma deles é 150. Quais são esses números?

Solução:	$x + (x + 6) = 150$	Então:
• Número menor: x	$x + x + 6 = 150$	• Número menor: 72;
• Número maior: $x + 6$	$2x = 150 - 6$	• Número maior: $72 + 6 = 78$.
• Equação: $x + (x + 6) = 150$	$2x = 144$	Resposta: Os números são 72 e 78.
	$x = \dfrac{144}{2}$	
	$x = 72$	

6. Quando Pedro nasceu, Guilherme tinha 3 anos. Atualmente, a soma da idade dos dois é 23. Qual é a idade de Guilherme?

7. Se eu tivesse mais 7 anos, estaria com o triplo da idade de meu irmão, que tem 12 anos. Qual é a minha idade?

8. César tem 15 lápis a mais que Osmar, e José tem 12 lápis a menos que Osmar. O total de lápis é 63. Quantos lápis tem Osmar?

9. O perímetro de um triângulo é 44 cm. Um lado mede o dobro da base e o outro é igual à base mais 4 cm. Quanto mede cada lado?

10. Distribua 22 figurinhas entre três meninos de modo que o primeiro receba o dobro do segundo, e o terceiro receba duas figurinhas a mais do que o segundo.

11. Lucas tem 15 anos e Felipe tem 13 anos. Daqui a quantos anos a soma de suas idades será 58?

	Hoje	Dentro de x anos
Felipe	13	
Lucas	15	

Complete o quadro no caderno antes de resolver o problema.

12. A soma de dois números consecutivos é 31. Quais são esses números?

Veja a solução:

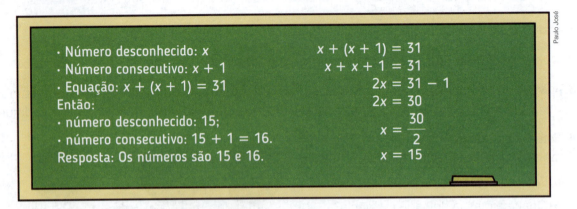

13. A soma de dois números consecutivos é −63. Quais são esses números?

14. A soma de três números consecutivos é −33. Quais são esses números?

15. A soma de dois números ímpares consecutivos é 344. Quais são esses números?

16. A soma de três números pares consecutivos é 318. Quais são esses números?

17. A soma de um número com o dobro de seu consecutivo dá 206. Qual é esse número?

18. Um número somado à sua metade é igual a 45. Qual é esse número?

Veja a solução:

- Número: x
- Metade do número: $\dfrac{x}{2}$
- Equação: $x + \dfrac{x}{2} = 45$

$x + \dfrac{x}{2} = 45$

$\dfrac{2x}{2} + \dfrac{x}{2} = \dfrac{90}{2}$

$2x + x = 90$

$3x = 90$

$x = \dfrac{90}{3}$

$x = 30$

Resposta: O número é 30.

19. (Fuvest-SP) A soma de um número com sua quinta parte é 2. Qual é o número?

20. A metade do número de figurinhas de um envelope mais a terça parte do número dessas figurinhas é igual a 60. Quantas figurinhas há no envelope?

21. A terça parte de um número menos sua quinta parte resulta em 16. Qual é esse número?

22. Lia comprou um objeto que foi pago em três prestações. Na 1ª prestação, ela pagou a terça parte do valor do objeto; na 2ª prestação, a quinta parte e, na última, R$ 35,00. Quanto ela pagou pelo objeto?

23. Divida R$ 175,00 entre três pessoas de modo que a segunda receba a metade do valor que a primeira receber e a terceira, o dobro do valor da primeira.

24. Daniela e Tatiana têm, juntas, 14 anos. A idade de Tatiana é $\frac{3}{4}$ da idade de Daniela. Qual é a idade de cada uma?

Solução:
- Daniela: x
- Tatiana: $\frac{3}{4}x$
- Equação: $x + \frac{3}{4}x = 14$

$$x + \frac{3}{4}x = 14$$
$$\frac{4x}{4} + \frac{3x}{4} = \frac{56}{4}$$
$$4x + 3x = 56$$
$$7x = 56$$
$$x = \frac{56}{7}$$
$$x = 8$$

Então:
- Daniela: 8 anos;
- Tatiana: $\frac{3}{4} \cdot 8 = \frac{24}{4} = 6$ anos.

Resposta: Daniela tem 8 anos e Tatiana, 6 anos.

25. Sílvio e Luís têm, juntos, 420 figurinhas. O número de figurinhas de Sílvio é $\frac{5}{7}$ do número de figurinhas de Luís. Qual é o número de figurinhas de Luís?

26. A diferença entre o triplo de um número e três quartos dele corresponde a 45. Qual é o número?

27. Dois quintos de meu salário são reservados para o aluguel, a metade é gasta com alimentação e restam ainda R$ 90,00 para gastos diversos. Qual é o valor de meu salário?

28. (Unicamp-SP) Um funcionário teve seu salário reajustado em $\frac{6}{10}$ e passou a ganhar R$ 860,00. Qual era o salário dele antes do aumento?

29. A terça parte de um número menos 10 é igual a sua quarta parte mais 6. Qual é esse número?

30. (UFSC) Um fazendeiro repartiu 240 bois entre seus três herdeiros da seguinte forma: o primeiro recebeu $\frac{2}{3}$ do segundo e o terceiro, tanto quanto o primeiro e o segundo juntos. Quanto recebeu o primeiro herdeiro?

31. Observe a imagem dos envelopes a seguir, que contêm dinheiro.

a) Qual é a equação que traduz essa situação?
b) Quanto há em cada um dos quatro envelopes da esquerda?

32. Três livros custam o mesmo que 8 cadernos. Um livro custa R$ 25,00 a mais do que um caderno. Qual é o preço de um livro?

33. Foram distribuídos 36 CDs entre 3 moças e 5 rapazes. Cada rapaz recebeu o triplo do que recebeu cada moça. Quantos CDs cada moça recebeu?

EXERCÍCIOS

COMPLEMENTARES

34. (Enem) Um armazém recebe sacos de açúcar de 24 kg para que sejam empacotados em embalagens menores. O único objeto disponível para pesagem é uma balança de 2 pratos, sem os "pesos" metálicos.

A. Com uma única pesagem é possível montar pacotes de:

a) 3 kg. b) 4 kg. c) 6 kg. d) 8 kg. e) 12 kg.

B. Fazendo exatamente duas pesagens, os pacotes que podem ser feitos são de:

a) 3 kg e 6 kg.
b) 4 kg e 8 kg.
c) 3 kg, 6 kg e 12 kg.
d) 6 kg, 12 kg e 18 kg.
e) 4 kg, 6 kg e 8 kg.

35. A soma de dois números é 58 e sua diferença é 12. Quais são esses números?

> **Solução:**
> - Número maior: x
> - Número menor: $x - 12$
>
> $x + (x - 12) = 58$
> $x + x - 12 = 58$
> $2x = 58 + 12$
> $2x = 70$
> $x = \dfrac{70}{2}$
> $x = 35$
>
> **Então:**
> - Número maior: 35;
> - Número menor: $35 - 12 = 23$.
>
> Resposta: Os números são 23 e 35.

36. A soma de dois números é 145 e a diferença entre eles é 15. Quais são esses números?

37. A soma da idade de duas moças é 30 anos e a diferença de idade entre elas é 4 anos. Qual é a idade da mais nova?

38. A quantia de R$ 400,00 foi repartida entre você e Pedro. A diferença entre os valores que você e Pedro receberam foi de R$ 60,00. Calcule quanto você recebeu sabendo que foi a maior quantia.

39. A diferença entre dois números é 2. O menor é a metade do maior mais 3. Quais são esses números?

40. Em um pátio, há bicicletas e carros num total de 20 veículos e 56 rodas. Determine o número de bicicletas e de carros.

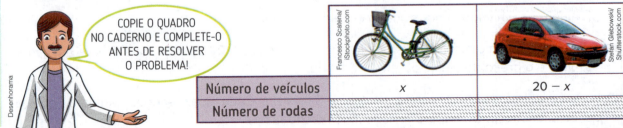

COPIE O QUADRO NO CADERNO E COMPLETE-O ANTES DE RESOLVER O PROBLEMA!

Número de veículos	x	$20 - x$
Número de rodas		

EXERCÍCIOS
SELECIONADOS

41. Quanto custa uma bola?

90 reais

220 reais

42. (Fuvest-SP) O dobro de um número, mais sua terça parte, mais sua quarta parte somam 31. Determine o número.

43.
- Pensei em um número: x.
- Subtraí 3 unidades dele: $x - 3$.
- Multipliquei o resultado por 4: $(x - 3) \cdot 4$.
- Somei uma unidade: $(x - 3) \cdot 4 + 1$.
- O resultado é 65.

$(x - 3) \cdot 4 + 1 = 65$.

Você descobriu o número no qual pensei?

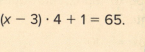

44. (OMABC-SP) Em uma festa de aniversário faltaram 2 crianças, e cada criança presente recebeu 9 balas. Se todas as crianças viessem, sobrariam 2 balas, e cada criança presente receberia 8 balas. Qual é o número total de crianças convidadas para a festa?

45. No esquema de caixas ilustradas ao lado, o número total de bombons das caixas da esquerda é igual ao número total de bombons das caixas da direita.
Quanto bombons há em cada caixa?

$\frac{1}{2}x$ 4 $x + 3$ 21 $\frac{x}{3}$

46. Em uma indústria, uma torneira despeja 6 litros de água por minuto e outra despeja 10 litros por minuto. Em quanto tempo as duas torneiras encherão um reservatório com 832 litros?

47. A idade atual de um pai é 60 anos. Seus três filhos têm 7 anos, 11 anos e 16 anos. Daqui a quantos anos a idade do pai será igual à soma das idades dos filhos?

48. Paulo tem 38 anos e Daniel tem 12 anos. Daqui a quantos anos Paulo terá o dobro da idade de Daniel?

49. (OM-SP) Eduardo tem R$ 1.325,00 e Alberto, R$ 932,00. Eduardo economiza R$ 32,90 por mês e Alberto, R$ 111,50. Depois de quanto tempo terão quantias iguais?

50. (Unicamp-SP) Uma senhora comprou uma caixa de bombons para seus dois filhos. Um deles tirou para si metade dos bombons da caixa. Mais tarde, o outro menino também tirou para si metade dos bombons que encontrou na caixa. Restaram 10 bombons. Calcule quantos bombons havia inicialmente na caixa.

51. Um tijolo pesa 1 kg mais meio tijolo. Quantos quilogramas esse tijolo pesa? 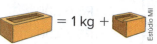 = 1 kg +

127

PANORAMA

FAÇA AS ATIVIDADES A SEGUIR E REVEJA O QUE VOCÊ APRENDEU.

52. (UMC-SP) Se adicionarmos um número inteiro a seu triplo e o resultado for 24, o número em questão é:
   a) 6.
   b) 8.
   c) 18.
   d) 20.

53. O dobro de um número adicionado a seu triplo é igual a 45. Então, o quádruplo desse número é:
   a) 36.
   b) 45.
   c) 30.
   d) 32.

54. Qual alternativa abaixo apresenta duas equações equivalentes?
   a) $3x - 1 = x + 1$; $10x = -10$
   b) $2(x - 1) = 3$; $2x - 1 = 9$
   c) $8 - x = -3x + 6$; $2x - 7 = x - 8$
   d) $\frac{x}{5} + 1 = 9$; $\frac{x}{5} + 8 = 4$

55. Em uma caixa, o número de bolas vermelhas é o triplo do de bolas brancas. Se tirarmos 2 brancas e 26 vermelhas, o número de bolas de cada cor ficará igual. A quantidade de bolas brancas será encontrada resolvendo-se a equação:
   a) $3x - 2 = x + 26$.
   b) $3x - 2 = 26 - x$.
   c) $3x + 26 = x + 2$.
   d) $3x - 26 = x - 2$.

56. Num concurso de perguntas, um candidato acertou a primeira e fez jus a uma certa quantia. Depois, acertou a segunda e ganhou mais o dobro da quantia inicial. Quando acertou a terceira e a quarta, ganhou mais o triplo e mais o quádruplo da quantia inicial. Ao todo, recebeu R$ 500,00. O valor do prêmio inicial era:
   a) R$ 40,00.
   b) R$ 50,00.
   c) R$ 60,00.
   d) R$ 70,00.

57. (UFSE) Numa caixa há bolas brancas e bolas pretas num total de 360. Se o número de brancas é o quádruplo do de pretas, então o número de bolas brancas é:
   a) 72.
   b) 120.
   c) 240.
   d) 288.

58. (UMC-SP) Deseja-se cortar uma tira de couro de 120 cm de comprimento em duas partes tais que o comprimento de uma seja igual ao triplo da outra. A parte maior mede:
   a) 75 cm.
   b) 80 cm.
   c) 90 cm.
   d) 95 cm.

59. (UFG-GO) Diminuindo-se 6 anos da idade de minha filha obtém-se $\frac{3}{5}$ de sua idade. A idade de minha filha, em anos, é:
   a) 10.
   b) 12.
   c) 15.
   d) 18.

60. (Vunesp) Os 2 700 alunos matriculados numa escola estão assim distribuídos: no período da manhã há 520 alunos a mais que no período da tarde e, à noite, há 290 alunos a menos que no período da manhã. O número de alunos do período da manhã dessa escola é:
   a) 650.
   b) 810.
   c) 1170.
   d) 1300.

61. (SEE-SP) A diferença entre o quíntuplo de um número e sua metade é igual ao triplo desse número mais 30. Esse número é:
   a) 10.
   b) 18.
   c) 30.
   d) 20.

62. (FCC-SP) Qual é o número que deve ser colocado no canto superior direito do quadrado mágico?

x	17	■
■	$x+1$	■
■	$x-3$	$x+2$

a) 10
b) 12
c) 14
d) 16

63. (UFMG) De um recipiente cheio de água tiram-se $\frac{2}{3}$ de seu conteúdo. Recolocando-se 30 L de água, o conteúdo passa a ocupar a metade do volume inicial. A capacidade do recipiente é:

a) 75 L.
b) 120 L.
c) 150 L.
d) 180 L.

64. (Cesgranrio-RJ) Um estacionamento tem 250 vagas. Ao meio-dia da última segunda-feira, um funcionário observou que o número de vagas ocupadas correspondia ao dobro do número de vagas livres, mais 10 vagas. Quantos carros estavam no estacionamento naquele momento?

a) 90
b) 110
c) 150
d) 170

➕ AQUI TEM MAIS

Calculando com operações inversas

Os antigos hindus se interessavam pela resolução de quebra-cabeças numéricos. Aryabhata, astrônomo e matemático indiano do século VI d.C., foi um estudioso desse tipo de questão.

Acompanhe a resolução de um problema antigo.

Se adicionarmos 6 a certo número e dividirmos o resultado por 2, multiplicando em seguida o que obtivermos por 3 e subtraindo 4 do que daí resultar, a resposta é 32. Qual é o número?

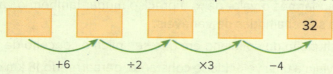

Aryabhata usava um artifício para descobrir o número desejado. Raciocinava do fim para o começo, utilizando em cada etapa a operação inversa, ou seja:

- adicionava em vez de subtrair;
- dividia em vez de multiplicar etc.

Assim:

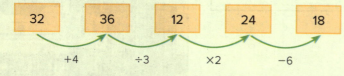

TUDO AO CONTRÁRIO!

O número desejado é 18.

CAPÍTULO 16
Padrões em sequências

Variáveis

Na equação $3x - 2 = x - 4$, vimos que a letra x é a incógnita. Ela representa o número desconhecido.

Resolvendo a equação, encontramos o valor da incógnita, que é a raiz da equação e, neste caso, é único.

$3x - 2 = x - 4$
$2x = -2$
$x = -1$

> Trocando x por (-1) na equação, chegamos a uma igualdade verdadeira:
> $3 \cdot (-1) - 2 = -1 - 4$
> $-3 - 2 = -1 - 4$

Acompanhe outra situação:

A soma de dois números é 12. Quais são esses números?

Representando os números por x e por y, temos que:

$$x + y = 12$$

Nesse problema, x e y podem ter muitos valores:
- $x = 2$ e $y = 10$ servem;
- $x = 5$ e $y = 7$ também e, se considerarmos frações e números decimais, teremos inúmeras possibilidades. Veja dois exemplos:

$x = 0,2$ e $y = 11,8$ tornam a igualdade verdadeira e $x = \frac{11}{2}$ e $y = \frac{13}{2}$ também.

Observe que, se mudarmos o valor de x, é preciso mudar também o valor de y. As letras x e y nesse tipo de situação são chamadas de **variáveis**.

Acompanhe uma situação do cotidiano em que se aplica o conceito de variável.

Um trem de carga viaja a uma velocidade constante, percorrendo 18 km em 1 hora. Veja a tabela:

Horas de viagem	Distância percorrida
1	18
2	36
3	54
4	72
...	...

Horas de viagem: h

Distância percorrida: d

As letras h e d são variáveis.

Uma depende da outra.

Podemos expressar a relação entre as variáveis assim:

$$d = 18 \cdot h$$

Padrões em sequências

Registramos abaixo a sequência dos números naturais múltiplos de 3:

0, 3, 6, 9, 12, 15, 18, ...

Essa sequência tem um padrão. Para escrevê-la, multiplicamos cada número natural por 3, ou seja, utilizamos um padrão que se repete:

3 · 0 = 0
3 · 1 = 3
3 · 2 = 6
3 · 3 = 9
3 · 4 = 12, e assim por diante.

> Há uma ordem na sequência: o primeiro múltiplo é 0, o segundo múltiplo é 3, o terceiro é 6 etc.
>
> Esses números são os **termos** da sequência, e esses termos estão ordenados.

Vamos estudar mais sequências e descobrir padrões.

Forma recursiva

Observe, a seguir, a sequência de figuras e a tabela com o número de bolinhas que compõem cada uma delas.

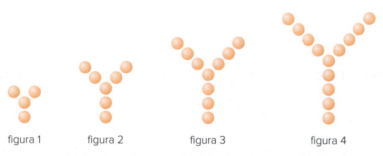

figura 1   figura 2   figura 3   figura 4

Número da figura	Número de bolinhas
1	4
2	7
3	10
4	13

Podemos perceber um padrão: o número de bolinhas de uma figura é igual ao número de bolinhas da figura anterior somado a 3. Usando esse padrão, podemos prosseguir escrevendo mais termos da sequência:

4, 7, 10, 13, 16, 19, 21, ...

Nesse padrão, um novo termo é obtido recorrendo ao termo imediatamente anterior a ele na sequência ordenada. Dizemos que utilizamos a forma recursiva para registrar a sequência.

Mas e se quisermos saber quantas bolinhas terá a figura 54 dessa sequência? Escrever todos os termos até chegar ao 54º dará trabalho.

Vamos procurar um padrão na sequência que possibilite determinar qualquer um de seus termos sem precisar conhecer o termo anterior.

Termo geral de uma sequência

Reproduzimos a tabela da sequência de figuras da página anterior. Será que há relação entre a posição da figura na sequência e o número de bolinhas que ela tem?

Número da figura	Número de bolinhas
1	4
2	7
3	10
4	13

A resposta é sim.

Observe:

Posição 1 → 4 bolinhas: 3 · 1 + 1 = 4

Posição 2 → 7 bolinhas: 3 · 2 + 1 = 7

Posição 3 → 10 bolinhas: 3 · 3 + 1 = 10

Posição 4 → 13 bolinhas: 3 · 4 + 1 = 13

O número de bolinhas é igual ao triplo da posição somado a 1.

Por exemplo, 13ª figura é formada por 40 bolinhas, pois 3 · 13 + 1 = 40.

Podemos usar letras para descrever o padrão que encontramos:

Usando a letra n para representar o número de bolinhas e a letra p para representar a posição da figura, escrevemos o termo geral dessa sequência como:

$$n = 3 \cdot p + 1.$$

As letras n e p são as variáveis nessa relação.

Por que o nome "termo geral"?

Porque todo termo da sequência pode ser determinado usando essa relação.

Para saber quantas bolinhas tem a figura 54, basta substituir p por 54 na relação:

$n = 3 \cdot 54 + 1$

$n = 162 + 1$

$n = 163$

A figura 54 é formada por 163 bolinhas.

Vamos ver mais um exemplo?

Observe a sequência numérica 3, 7, 11, 15, 19, ...

A observação também nos leva a perceber que há relação entre a posição e o número na sequência.

Posição 1 → 3: 4 · 1 − 1 = 3

Posição 2 → 7: 4 · 2 − 1 = 7

Posição 3 → 11: 4 · 3 − 1 = 11

Posição 4 → 15: 4 · 4 − 1 = 15

Posição 5 → 19: 4 · 5 − 1 = 19

PODEMOS PERCEBER QUE CADA TERMO, A PARTIR DO PRIMEIRO (QUE É 3), É OBTIDO SOMANDO-SE 4 AO TERMO IMEDIATAMENTE ANTERIOR. ESSA É A FORMA RECURSIVA DA SEQUÊNCIA.

O número n que ocupa a posição p na sequência pode ser encontrado por meio do termo geral da sequência:

$$n = 4 \cdot p - 1.$$

EXERCÍCIOS
DE FIXAÇÃO

1. Qual é a raiz da equação $3x - 1 = 5$? Nessa equação, a letra x é variável ou incógnita?

2. André pensou em dois números tais que um deles é o dobro do outro.
   a) Como podemos escrever essa igualdade usando as letras x e y para representar os números?
   b) Escreva três possibilidades de valores para x e y que satisfaçam as condições pensadas pelo André.
   c) Nessa situação, as letras x e y são variáveis ou incógnitas?

3. Na igualdade $x + 2y = 12$, qual é o valor de:
   a) x quando $y = 5$?   b) x quando $y = -1$?   c) y quando $x = 6$?

4. Analise a sequência de figuras abaixo.

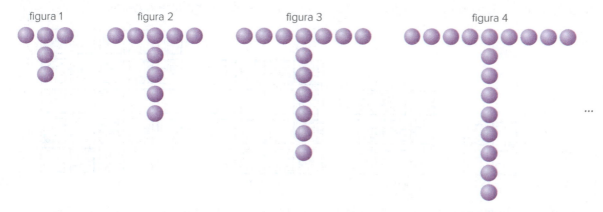

   a) Considerando que o padrão de formação das figuras foi mantido, responda:
      • Quantas bolinhas terá a figura 5?
      • E a figura 6?
   b) Escreva com suas palavras como é possível determinar os termos dessa sequência usando a forma recursiva.
   c) Descubra a relação entre a posição (p) e o número de bolinhas (n) da figura e escreva o termo geral da sequência.

5. Escreva os 5 primeiros termos da sequência de termo geral $y = 3x - 1$ considerando que x é um número natural maior ou igual a 1.

6. Descubra e registre o termo geral da sequência de figuras ilustrada abaixo. Considerando que o padrão de formação será mantido, determine quantas bolinhas terá a 10ª figura.

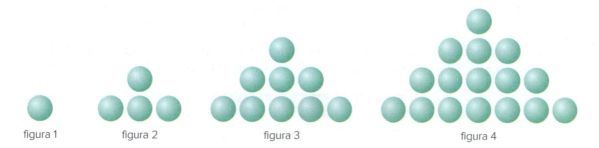

133

EXERCÍCIOS
COMPLEMENTARES

7. Observe a sequência de figuras a seguir. Se a partir da figura 6 a sequência se repete na ordem apresentada, ou seja, a figura 6 é igual à figura 1, a figura 7 é igual à figura 2, a figura 8 é igual à figura 3, e assim por diante, então a figura 169 será igual à figura:

a) 4.   c) 2.   e) 1.
b) 3.   d) 5.

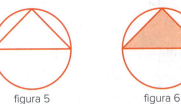

8. Desenhe as duas próximas figuras da sequência e escreva seu termo geral.

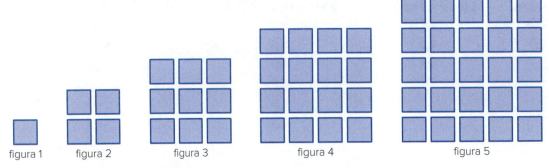

- A figura composta por 121 quadradinhos ocupa que posição nessa sequência?

9. Na sequência de figuras ilustrada, o número de quadradinhos pretos e o de quadradinhos brancos aumenta de uma figura para a seguinte de acordo com um padrão. Se esse padrão for mantido, quantos quadradinhos pretos e quantos quadradinhos brancos terá a figura 7?

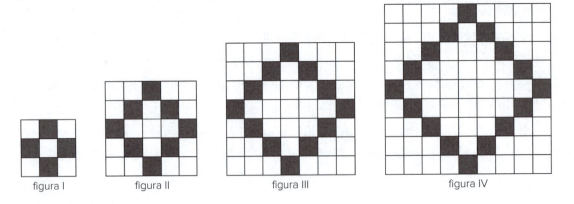

10. Bruna pintou numa parede de seu quarto uma faixa decorativa com quadradinhos coloridos seguindo a sequência de cores abaixo. Qual é a cor do 34º quadradinho?

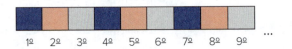

134

PANORAMA

FAÇA AS ATIVIDADES A SEGUIR E REVEJA O QUE VOCÊ APRENDEU.
NO CADERNO

11. (Saresp) Considerando que as próximas figuras da sequência obedecem ao mesmo padrão observado nas iniciais, é correto concluir que a figura F_{12} será composta de:

  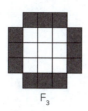

F_1 F_2 F_3

a) 144 quadrados claros e 48 escuros.
b) 144 quadrados claros e 64 escuros.
c) 100 quadrados claros e 48 escuros.
d) 100 quadrados claros e 64 escuros.

12. Se n é a posição do número na sequência 1, 4, 9, 16, 25, ..., o termo geral é:
a) $2n$.
b) $n + 2$.
c) n^2.
d) $4n$.

13. Qual é o sexto termo da sequência 5, 2, −1, −4, ...?
a) −5
b) −7
c) −8
d) −10
e) −12

14. (Enem) A figura ilustra uma sequência de formas geométricas formadas por palitos, segundo uma certa regra.

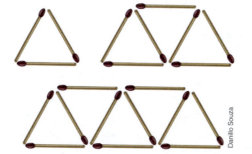

Continuando a sequência, segundo essa mesma regra, quantos palitos serão necessários para construir o décimo termo da sequência?
a) 30
b) 39
c) 40
d) 43
e) 57

15. (Imed) Uma garota decidiu brincar com seus carimbos e, em pedaços de papel, criou uma sequência de figuras. Quantos triângulos e quantos círculos haverá na vigésima figura se a garota mantiver o padrão da sequência ilustrada?

a) 400 círculos e 210 triângulos
b) 210 círculos e 400 triângulos
c) 40 círculos e 19 triângulos
d) 20 círculos e 39 triângulos
e) 39 círculos e 20 triângulos

16. Um pedreiro está compondo uma parede de azulejos sempre de acordo com o mesmo padrão, como vemos na ilustração. Quantos triângulos pretos haverá na figura 7?

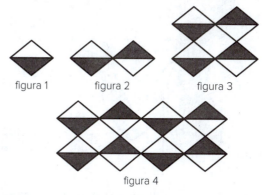

figura 1 figura 2 figura 3

figura 4

a) 32
b) 64
c) 84
d) 128
e) 256

17. O termo representado por x na sequência 2, 5, 10, 17, 26, x, 50 é:
a) 36.
b) 37.
c) 46.
d) 47.
e) 56.

18. O termo que ocupa a posição n numa sequência é calculado fazendo $5n - 3$. O vigésimo termo dessa sequência é:
a) 47.
b) 67.
c) 87.
d) 97.
e) 107.

CAPÍTULO 17 Razão

Noção de razão

Considere a seguinte situação:

Em uma classe há 15 meninos e 20 meninas.

- Qual é a razão entre o número de meninas e o número de meninos?

Temos: $\dfrac{n^o \text{ de meninas}}{n^o \text{ de meninos}} = \dfrac{20}{15} = \dfrac{4}{3}$

$\dfrac{4}{3}$ SIGNIFICA QUE HÁ 4 MENINAS PARA CADA 3 MENINOS. NA RAZÃO INVERSA TEMOS 3 MENINOS PARA CADA 4 MENINAS.

- Qual é a razão entre o número de meninos e o número de meninas?

Temos: $\dfrac{n^o \text{ de meninos}}{n^o \text{ de meninas}} = \dfrac{15}{20} = \dfrac{3}{4}$

Razão entre dois números é o quociente do primeiro pelo segundo, com o segundo número diferente de zero.

Existem três maneiras de indicar uma razão. Veja o exemplo:

- razão de 3 para 4 → 3 : 4
  → $\dfrac{3}{4}$
  → 0,75

Os termos de uma razão recebem nomes especiais:

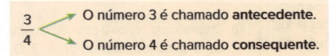

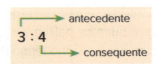

Essa razão pode ser lida ainda das seguintes maneiras:

3 está para 4   ou   3 para 4.

EXERCÍCIOS
DE FIXAÇÃO

1. Determine a razão do primeiro para o segundo número. Simplifique.
   a) 54 e 100
   b) 100 e 54
   c) 100 e 150
   d) 150 e 100

2. Para fazer um refresco usei 1 copo de suco concentrado para 2 copos de água. Qual é a razão entre o número de copos de suco e de água?

3. Numa prova de 20 questões, um aluno acertou 12. Escreva na forma simplificada a razão do:
   a) número de questões que acertou para o número total de questões;
   b) número de questões que errou para o número total de questões;
   c) número de questões que errou para o número de questões que acertou;
   d) número de questões que acertou para o número de questões que errou.

4. Carla acertou 18 exercícios de 37 e Bruno acertou 23 de 45 exercícios. Quem apresentou melhor resultado?

5. Num mês de novembro de determinado ano choveu demais. Foram 2 dias de chuva para 1 dia de sol.
   a) Quantos foram os dias de sol?
   b) Qual é a razão entre o número de dias de sol e o número de dias de novembro?

SERÁ QUE CHOVERÁ MUITO NESTE MÊS?

6. Qual é a razão entre 3 trimestres e 1 ano?

7. Em uma papelaria, a razão entre o número de lápis e o número de canetas é 3 : 5. Na papelaria há mais lápis ou canetas?

8. (FJG-RJ) Leia a informação abaixo.

   > Dos 800 mil cariocas que vivem abaixo da linha da pobreza, só 240 mil estão nas favelas.

   Considerando-se a população carioca que vive abaixo da linha de pobreza, os que moram nas favelas correspondem à seguinte fração:
   a) $\dfrac{2}{5}$.
   b) $\dfrac{2}{3}$.
   c) $\dfrac{3}{10}$.
   d) $\dfrac{7}{10}$.

9. A equipe de voleibol de uma escola ganhou 12 das 20 partidas que disputou. Outra maneira de dizer isso é que a equipe de voleibol de uma escola ganhou:
   a) $\dfrac{1}{32}$ das partidas.
   b) $\dfrac{1}{8}$ das partidas.
   c) $\dfrac{2}{5}$ das partidas.
   d) $\dfrac{3}{5}$ das partidas.

10. (Cesgranrio-RJ) Se $x = \dfrac{2}{5} + 2^3$ e $y = 66 - 36 : 12$, então $\dfrac{y}{x}$ é igual a:
    a) 0,3.
    b) 1,5.
    c) 7,5.
    d) 15,2.
    e) 16,8.

11. (Vunesp) Todo mês aplico metade de meu salário líquido na poupança e com o restante pago minhas despesas. Gasto R$ 250,00 de aluguel, R$ 180,00 no mercado, R$ 150,00 entre água, luz e telefone e R$ 140,00 em outras despesas. A razão entre o que gasto no mercado e o que eu aplico na poupança é de:
    a) 1 para 6.
    b) 1 para 3.
    c) 1 para 5.
    d) 1 para 2.
    e) 1 para 4.

Razão entre duas grandezas da mesma espécie

Considere a seguinte situação:

A altura de Eduardo é 1,60 m e a altura de Kleber é 180 cm. Qual é a razão entre a altura de Eduardo e a de Kleber?

Sendo 1,60 m = 160 cm, temos:

$$\frac{\text{altura de Eduardo}}{\text{altura de Kleber}} = \frac{160}{180} = \frac{8}{9}.$$

Portanto, a razão entre as duas alturas é $\frac{8}{9}$.

> Razão entre duas grandezas de mesma espécie é o quociente dos números que medem essas grandezas em uma mesma unidade.

AQUI TEM MAIS

1. A **velocidade média** de um veículo é a razão entre a distância total percorrida por ele e o tempo gasto para percorrer essa distância, isto é:

$$\text{velocidade média} = \frac{\text{distância percorrida}}{\text{tempo gasto}}$$

Se a distância é dada em metros e o tempo em segundos, a velocidade é dada em m/s.

Se a distância é dada em quilômetros e o tempo em horas, a velocidade é dada em km/h.

Exemplo:

Calcule a velocidade média de um ônibus que percorreu uma distância de 180 km em 3 horas.

Veja a solução: $v = \frac{180 \text{ km}}{3 \text{ h}} = 60 \text{ km/h}$

Resposta: A velocidade média é 60 km/h.

2. Densidade demográfica é a razão entre o número de habitantes de uma localidade e a área em km² dessa localidade, isto é:

$$\frac{\text{densidade}}{\text{demográfica}} = \frac{\text{número de habitantes}}{\text{área}}$$

Quando dizemos que a densidade demográfica de uma região é de 95 hab./km², significa que há, em média, 95 habitantes para cada quilômetro quadrado.

Exemplo:

Determine a densidade demográfica da cidade de São Paulo, que, em 2019, tinha população de 12 176 866 habitantes e uma área aproximada de 1 521 km².

Veja a solução:

$$\frac{\text{densidade}}{\text{demográfica}} = \frac{12\,176\,866 \text{ hab.}}{1521 \text{ km}^2} = 8\,005{,}83 \text{ (aproximadamente)}$$

Resposta: A densidade demográfica é 8 006 hab./km².

3. A **densidade de um corpo** é a razão entre a massa desse corpo e seu volume, isto é:

$$\text{densidade} = \frac{\text{massa do corpo}}{\text{volume do corpo}}$$

Se a massa é dada em gramas e o volume em cm³, a densidade é dada em g/cm³.

Exemplo:

Calcule a densidade de um corpo de 1 200 gramas e 1 000 cm³ de volume.

Veja a solução:

$$\text{densidade} = \frac{1200 \text{ g}}{1000 \text{ cm}^3} = 1{,}2 \text{ g/cm}^3$$

Resposta: A densidade é 1,2 g/cm³.

EXERCÍCIOS DE FIXAÇÃO

12. Escreva estas razões na forma simplificada.
- a) 60 segundos para 7 minutos
- b) 1 minuto para 24 segundos
- c) 42 minutos para 1 hora
- d) 1 minuto para 420 segundos
- e) 1 dia para 16 horas
- f) 8 meses para 1 ano
- g) 5 anos para 30 meses

13. Determine as razões a seguir na forma simplificada.
- a) 15 cm para 2 m
- b) 40 cm para 8 m
- c) 12 m para 60 cm
- d) 2 cm para 16 mm

ATENÇÃO! 1 METRO É IGUAL A 100 CENTÍMETROS

1 centímetro é igual a 10 milímetros

14. Escreva estas razões na forma simplificada.
- a) 7 quilogramas para 2 000 gramas
- b) 350 gramas para 1 quilograma

1 quilograma é igual a 1000 gramas

15. (Vunesp) Em 2007 nasceu, na Flórida, um bebê com apenas 250 gramas e 24 cm. Um outro bebê nasceu com 3 kg e 48 cm. A razão entre a massa do minibebê e a massa do outro bebê e a razão entre o comprimento do minibebê e o do outro bebê são, respectivamente:
- a) $\frac{1}{12}$ e $\frac{1}{2}$.
- b) $\frac{1}{11}$ e $\frac{1}{3}$.
- c) $\frac{1}{10}$ e $\frac{1}{2}$.
- d) $\frac{1}{9}$ e $\frac{1}{2}$.
- e) $\frac{1}{8}$ e $\frac{1}{3}$.

16. A largura do gol de um campo de futebol é 7,32 metros e a altura é 244 centímetros. Qual é a razão entre a altura e a largura?

17. Um ônibus trafega por uma estrada a uma velocidade média de 70 km/h.
- a) Quanto ele terá percorrido após 1 hora?
- b) Quanto ele terá percorrido após 3 horas?
- c) Quanto ele terá percorrido após 4 horas e meia?

18. Um caminhão fez uma viagem de 250 km em 4 horas. Qual foi sua velocidade média?

19. A velocidade de um avião é de 900 km/h, isto é, ele percorre 900 km em 1 hora. Quantos metros percorre esse avião em 1 segundo?

20. Um trem fez uma viagem de 28 km em meia hora. Qual foi, em km/h, sua velocidade média?

21. (UFRJ) Um motorista a uma velocidade média de 100 km/h percorre certo trajeto em 6 h. Na volta, ao manter uma velocidade média de 80 km/h, ele fez o mesmo percurso no seguinte número de horas:
- a) 7.
- b) 8.
- c) 7,5.
- d) 8,5.

22. A área do estado de São Paulo é de, aproximadamente, 250 000 km², e sua população em 2019 estava em torno de 44 milhões de pessoas. Qual é a densidade demográfica, em habitantes por quilômetro quadrado, desse estado?

Escala

Veja o desenho de uma quadra feito em escala.

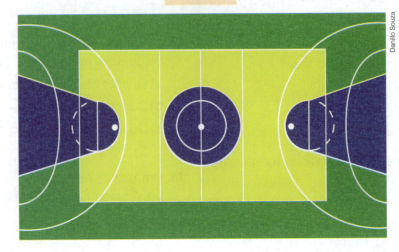

Escala: 1 : 200

6 cm

10 cm

Nesse caso, a escala é de 1 : 200 (um para duzentos).

Isso significa que cada 1 cm do desenho representa 200 cm reais.

Então:

- Comprimento da quadra: 10 cm —corresponde a 10 · 200→ 2 000 cm ou 20 m.
- Largura da quadra: 6 cm —corresponde a 6 · 200→ 1 200 cm ou 12 m.

As dimensões reais da quadra são 20 m por 12 m.

> **Escala** é a razão entre a medida utilizada na representação e a medida real, ambas na mesma unidade.

Assim:

$$\text{escala} = \frac{\text{medida do comprimento no desenho}}{\text{medida do comprimento real}}$$

Ambas na mesma unidade.

Exemplo:

Uma sala tem 12 m de comprimento. Esse comprimento é representado em um desenho por 30 cm. Qual é a escala do desenho?

Veja a solução.

- Medida do comprimento no desenho: 30 cm.
- Medida do comprimento real: 12 m = 1 200 cm.

Logo: escala = $\frac{30}{1200} = \frac{1}{40}$.

Resposta: A escala é de 1 : 40.

EXERCÍCIOS DE FIXAÇÃO

23. No mapa abaixo, 1 cm corresponde a 10 km.

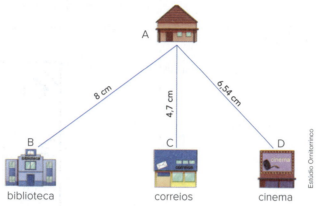

a) Qual é a distância, em quilômetros, de A a B?
b) Qual é a distância, em quilômetros, de A a C?
c) Qual é a distância, em quilômetros, de A a D?

24. A planta abaixo foi desenhada na escala 1 : 50.

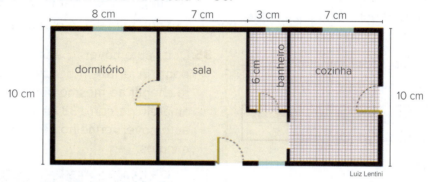

a) Quais são as dimensões reais da cozinha?
b) Quais são as dimensões reais do banheiro?
c) Quais são as dimensões reais do dormitório?

25. Um mapa tem escala 1 : 150 000. A distância entre duas cidades nesse mapa é de 60 cm. Qual é, em quilômetros, a distância real entre essas duas cidades?

26. Um ônibus de 12 m de comprimento foi desenhado com 40 cm. A escala utilizada no desenho foi de:

a) 1 : 20.   b) 1 : 40.   c) 1 : 30.   d) 1 : 50.

27. Em uma maquete, a altura de um edifício é 80 cm. Se essa maquete foi feita utilizando-se a escala 1 : 25, qual é a altura real do edifício?

A maquete nos possibilita a visualização, em tamanho reduzido, de uma obra.

EXERCÍCIOS COMPLEMENTARES

28. Determine a razão do primeiro para o segundo número.

a) 7,2 e −0,4   b) −8 e $-\dfrac{1}{2}$

29. Escreva as razões a seguir na forma simplificada.

a) $\dfrac{\dfrac{1}{3} + 0,5}{\dfrac{3}{2} + \dfrac{1}{4}}$

b) $\dfrac{\dfrac{5}{3} + \dfrac{1}{2}}{1 + 0,5}$

30. Um automóvel percorre 135 km gastando 9 litros de gasolina. Qual é a razão entre o número de quilômetros percorridos e o número de litros gastos de gasolina?

31. Este quadro mostra o desempenho do Palmeiras num campeonato de futebol.

Palmeiras	Vitórias	Empates	Derrotas
	24	10	6

Escreva as razões de:

a) empates para vitórias;

b) empates para derrotas;

c) derrotas para vitórias;

d) vitórias para derrotas;

e) vitórias para o total de partidas;

f) derrotas para o total de partidas.

32. (Saresp) Um mapa rodoviário possui escala 1 cm para 50 km. A distância entre duas cidades, medida nesse mapa, é de 2,5 cm. Qual é, em km, a distância real entre essas duas cidades?

33. (Unicamp-SP) Na planta de um edifício em construção, cuja escala é 1 : 50, as dimensões de uma sala retangular são 10 cm e 8 cm. Calcule a área total da sala projetada.

34. O quarto de Carolina tem 3 m de largura por 4 m de comprimento. Indique a razão, na forma simplificada, entre:

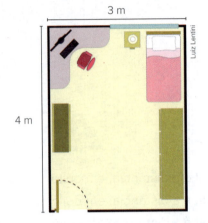

a) a largura e o comprimento;

b) a largura e o perímetro do quarto;

c) o comprimento e o perímetro do quarto.

35. Dois automóveis partem de um mesmo ponto **A** e fazem percursos diferentes para chegar ao mesmo ponto **B**. O automóvel amarelo percorre 38 km em 20 minutos, e o automóvel vermelho percorre 54 km em 30 minutos.

a) Qual é a velocidade média do automóvel amarelo?

b) Qual é a velocidade média do automóvel vermelho?

c) Qual dos dois automóveis tem maior velocidade?

36. (Vunesp) Em uma festa, há 42 convidados e a razão entre adultos e crianças, nessa ordem, é de 2 para 5. Se estivessem presentes mais 3 adultos e 3 crianças não tivessem comparecido, a razão entre adultos e crianças seria:

a) $\dfrac{5}{2}$.   b) $\dfrac{5}{3}$.   c) $\dfrac{5}{4}$.   d) $\dfrac{5}{7}$.   e) $\dfrac{5}{9}$.

PANORAMA

FAÇA AS ATIVIDADES A SEGUIR E REVEJA O QUE VOCÊ APRENDEU.

37. Se $x = \dfrac{2}{3}$ e $y = \dfrac{3}{4}$, então a razão $\dfrac{y}{x}$ vale:

a) $\dfrac{9}{8}$.   b) $\dfrac{8}{9}$.   c) $\dfrac{1}{2}$.   d) $\dfrac{3}{2}$.

38. A razão de -3 para $\dfrac{1}{3}$ é:

a) 9.   b) $\dfrac{1}{9}$.   c) -9.   d) $-\dfrac{1}{9}$.

39. A razão de $1 - \dfrac{1}{2}$ para $3 + \dfrac{1}{2}$ é:

a) 7.   b) $\dfrac{1}{7}$.   c) 2.   d) $\dfrac{2}{7}$.

40. (FCC-SP) Se $x = \dfrac{1}{5} \cdot \dfrac{20}{8}$ e $y = \left(-\dfrac{2}{3}\right)^2$, a razão entre x e y é:

a) um número inteiro.
b) um número negativo.
c) maior que 1.
d) igual a 23.

41. (UFRJ) Leia a notícia abaixo.

> Uma morte a cada 8 horas no trânsito do Rio.
> Fonte: Jornal O Globo, edição de 27/1/2002.

De acordo com essa notícia, o número de mortes no trânsito do Rio, em uma semana, equivale a:

a) 18.   b) 19.   c) 20.   d) 21.

42. João resolveu 15 testes e acertou 7. Luís resolveu 21 testes e acertou 11. Mauro resolveu 18 testes e acertou 9. Podemos afirmar que:

a) João obteve melhor resultado.
b) Luís obteve melhor resultado.
c) Mauro obteve melhor resultado.
d) os resultados foram equivalentes.

43. (UFRJ) Foi oferecido a Manoel um trabalho por 24 dias úteis. Entretanto, devido a um problema de doença, Manoel teve que pedir a Joaquim para substituí-lo por 9 dias. Manoel irá pagar a Joaquim um valor proporcional aos seus dias de trabalho. A razão que representa o quanto Joaquim irá receber do valor total é:

a) $\dfrac{3}{8}$.   b) $\dfrac{3}{4}$.   c) $\dfrac{9}{25}$.   d) $\dfrac{9}{33}$.

44. (UFV-MG) Em um grupo de 54 pessoas, existem homens e mulheres. Todos irão assistir a um evento em que os ingressos têm preço diferenciado por gênero: o masculino custa R$ 20,00 e o feminino R$ 10,00. Se a razão de homens para mulheres é de 5 para 4, é **correto** afirmar que esse grupo irá gastar ao todo com os ingressos a quantia de:

a) R$ 780,00.   c) R$ 840,00.
b) R$ 600,00.   d) R$ 1.300,00.

45. (Prominp) Um time de futebol jogou as 16 partidas de uma competição e não empatou em nenhum jogo. Nesses jogos, a razão entre o número de vitórias e de derrotas foi igual a $\dfrac{1}{3}$. Esse time vai disputar mais quatro partidas. Vencendo todas essas partidas, essa razão passará a ser:

a) $\dfrac{1}{2}$.   b) $\dfrac{2}{3}$.   c) $\dfrac{2}{5}$.   d) $\dfrac{3}{4}$.

46. (Ufes) A escala da planta de um terreno na qual o comprimento de 100 m foi representado por um segmento de 5 cm é:

a) 1 : 20.   c) 1 : 200.
b) 1 : 1 000.   d) 1 : 2 000.

47. (UFRR) Com a velocidade média de 70 km/h, o tempo gasto em uma viagem da cidade **A** para a cidade **B** é de 2 h 30 min. Pedro gastou 3 h 30 min para fazer esse percurso. Pode-se afirmar que a velocidade média da viagem de Pedro foi de:

a) 36 km/h.   c) 50 km/h.
b) 45 km/h.   d) 85 km/h.

143

CAPÍTULO 18
Proporção

Observe as fotografias:

4 cm
3 cm

8 cm
6 cm

A. A razão entre a largura e a altura da primeira fotografia é $\frac{3}{4}$.

B. A razão entre a largura e a altura da segunda fotografia é $\frac{6}{8}$.

Observe que: $\frac{3}{4} = \frac{6}{8}$

Como as razões $\frac{3}{4}$ e $\frac{6}{8}$ são iguais, dizemos que temos uma proporção. Assim:

Proporção é uma igualdade de duas razões.

Termos de uma proporção

Representamos a proporção por:

extremo → $\frac{a}{b} = \frac{c}{d}$ ← meio
meio ↗   ↘ extremo

ou

$a : b = c : d$

Lemos: *a* está para *b* assim como *c* está para *d*.

- Os termos *a* e *d* são chamados **extremos** da proporção.
- Os termos *b* e *c* são chamados **meios** da proporção.

EXERCÍCIOS DE FIXAÇÃO

1. Copie e complete a tabela no caderno.

Proporções	Proporções	Leitura	Meios	Extremos
$\frac{1}{4} = \frac{3}{12}$			4 e 3	
	3 : 5 = 6 : 10			3 e 10
		Um está para três assim como cinco está para quinze.	3 e 5	

2. Copie e complete para obter proporções:

a) $\frac{2}{5} = \frac{\square}{15}$

b) $\frac{7}{8} = \frac{56}{\square}$

c) $\frac{\square}{10} = \frac{20}{100}$

d) $\frac{18}{13} = \frac{54}{\square}$

e) $\frac{28}{63} = \frac{4}{\square}$

f) $\frac{\square}{55} = \frac{9}{11}$

3. Uma loja anuncia que vende:

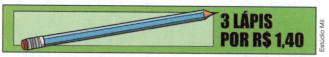

Se anunciasse:

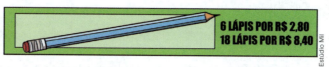

o preço seria o mesmo, apesar da variação dos números que aparecem nos anúncios?

4. Copie e complete estas tabelas no caderno.

a)

Comprando leite					
Nº de litros	1	2	3	10	12
Preço (R$)	3,40	6,80			

b)

Consumo de leite					
Nº de dias	2	4	6	8	10
Quantidade (litros)	1	2	3		

MINHA MÃE USA PROPORÇÕES TODOS OS DIAS.

5. (Vunesp) Para preparar cada pacote pequeno de gelatina, de acordo com as instruções contidas na embalagem, é necessário usar 250 mL de água quente e 250 mL de água fria. Para preparar 3 pacotes de gelatina, será necessário usar:

a) 2 litros de água.
b) 1,8 litro de água.
c) 1,5 litro de água.
d) 1 litro de água.

Propriedade fundamental das proporções

Sejam as proporções:

- $\dfrac{3}{5} \times \dfrac{6}{10}$ → $5 \cdot 6 = 30$ produto dos meios
  → $3 \cdot 10 = 30$ produto dos extremos

- $\dfrac{2}{3} \times \dfrac{4}{6}$ → $3 \cdot 4 = 12$ produto dos meios
  → $2 \cdot 6 = 12$ produto dos extremos

> Repare que, multiplicando os termos em cruz, obtemos o mesmo resultado. Isso acontece em todas as proporções.

Isso nos possibilita concluir que:

> Numa proporção, o produto dos extremos é igual ao produto dos meios.

Exemplos:

A. $\dfrac{2}{5}$ e $\dfrac{4}{10}$ formam uma proporção, pois $2 \cdot 10 = 5 \cdot 4$.
$$20 = 20$$

B. $\dfrac{4}{5}$ e $\dfrac{2}{7}$ não formam uma proporção, pois $4 \cdot 7 \neq 5 \cdot 2$.
$$28 \neq 10$$

EXERCÍCIOS DE FIXAÇÃO

6. Escreva, com os números 3, 4, 9 e 12, uma proporção em que um dos extremos seja 9.

7. Existe alguma proporção em que os meios sejam 4 e 7 e os extremos sejam 5 e 6? Por quê?

8. Utilize a propriedade fundamental e verifique se os pares de razões a seguir formam ou não uma proporção.

a) $\dfrac{3}{4}$ e $\dfrac{6}{8}$

b) $\dfrac{6}{9}$ e $\dfrac{3}{4}$

9. Com as seguintes razões podemos formar três proporções. Descubra-as.

| $\dfrac{15}{12}$ | $\dfrac{3}{5}$ | $\dfrac{6}{10}$ | $\dfrac{5}{4}$ |
| $\dfrac{3}{9}$ | $\dfrac{4}{7}$ | $\dfrac{7}{14}$ | $\dfrac{1}{2}$ |

10. Numa barraca de sucos, para cada 3 sucos de melão são vendidos 5 sucos de laranja.

a) Qual sabor de suco é mais vendido: melão ou laranja?

b) Numa manhã foram vendidos ao todo 40 sucos desses sabores. Quantos eram de melão? Quantos eram de laranja?

Resolução de uma proporção

Podemos descobrir o valor de um termo desconhecido numa proporção ao aplicar a propriedade fundamental.

Exemplos:

A. Calcular o valor de x na proporção: $\dfrac{x}{7} = \dfrac{9}{21}$

Solução:

O produto dos extremos é igual ao produto dos meios.

$21 \cdot x = 7 \cdot 9$ ← Multiplicando "em cruz" os termos da proporção.
$21x = 63$
$x = \dfrac{63}{21}$
$x = 3$

B. Calcular o valor de x na proporção: $\dfrac{x-2}{12} = \dfrac{x}{20}$

Solução:

O produto dos extremos é igual ao produto dos meios.

$20 \cdot (x - 2) = 12 \cdot x$ ← Multiplicando "em cruz" os termos da proporção.
$20x - 40 = 12x$
$20x - 12x = 40$
$8x = 40$
$x = \dfrac{40}{8}$
$x = 5$

EXERCÍCIOS DE FIXAÇÃO

11. Calcule o valor de x nas proporções abaixo.

a) $\dfrac{x}{10} = \dfrac{7}{5}$ c) $\dfrac{3x}{5} = \dfrac{2}{7}$

b) $\dfrac{3}{15} = \dfrac{x}{5}$ d) $\dfrac{9}{2x} = \dfrac{12}{4}$

12. Calcule o valor de x nestas proporções.

a) $\dfrac{x}{6} = \dfrac{x+3}{15}$ c) $\dfrac{2}{1} = \dfrac{15-x}{x}$

b) $\dfrac{x-2}{x} = \dfrac{12}{20}$ d) $\dfrac{6}{10} = \dfrac{x}{x+2}$

13. Uma fotografia tem 3 cm de largura e 4 cm de comprimento. Queremos ampliá-la de modo que seu comprimento tenha 32 cm. Qual será a medida da largura?

14. Numa cesta, a razão entre o número de peras e o número de maçãs é $\dfrac{3}{4}$. Se na cesta houver 12 peras, quantas maçãs haverá?

15. Em um estacionamento onde há motos e automóveis, a razão entre o número de motos e automóveis é de 3 para 5. Sendo 25 o número de automóveis, qual é o número total de veículos no estacionamento?

16. (Prominp) Joana preparou 840 mL de café com leite, misturando 7 partes de café com 1 parte de leite. Em seguida, Joana acrescentou mais leite, até completar 1 litro. Quantos mL de leite havia na mistura final?

a) 105   b) 185   c) 265   d) 280

EXERCÍCIOS COMPLEMENTARES

17. Foi aumentada a capacidade de público de um teatro. Cada grupo de 7 cadeiras foi substituído por 8 cadeiras novas.

antes

depois

O local tinha 3 640 lugares. Quantos lugares tem atualmente?

18. Calcule o valor de x nas proporções a seguir.

a) $\dfrac{x}{6} = \dfrac{20}{2,5}$

b) $\dfrac{2x}{0,6} = \dfrac{6}{0,9}$

c) $\dfrac{6}{x + 0,5} = \dfrac{1}{2}$

d) $\dfrac{x + 3}{5} = \dfrac{0,3 + 7}{2}$

19. Calcule x e y.

a) $\dfrac{3}{8} = \dfrac{x}{24} = \dfrac{12}{y}$

b) $\dfrac{2}{3} = \dfrac{x}{36} = \dfrac{14}{y}$

20. O valor de x na proporção $\dfrac{x}{2 \cdot \left(1 + \dfrac{3}{4}\right)} = \dfrac{2}{5}$ é:

a) $\dfrac{4}{5}$.

b) $\dfrac{6}{5}$.

c) $\dfrac{5}{7}$.

d) $\dfrac{7}{5}$.

21. Um construtor utilizará, para fazer uma massa de areia com cimento, a seguinte proporção: para 3 latas de areia, mistura-se 1 lata de cimento, além de água. Como na obra já existem 60 latas de areia para serem totalmente utilizadas, então será necessário comprar o equivalente a:

a) 15 latas de cimento.

b) 20 latas de cimento.

c) 25 latas de cimento.

d) 30 latas de cimento.

22. Veja a lista de ingredientes necessários para fazer um bolo de aipim.

Bolo de aipim
- 1 kg de aipim
- 600 g de açúcar
- 100 g de margarina
- 250 mL de leite
- 200 mL de leite de coco
- 50 g de coco ralado

Essa receita é suficiente para fazer um bolo para 10 pessoas. Se uma confeitaria preparar um bolo para 25 pessoas seguindo a mesma receita, deverá utilizar:

a) 3 kg de aipim.

b) 200 g de margarina.

c) 150 g de coco ralado.

d) 500 mL de leite de coco.

23. (SEE-SP) Para preparar tintas, um pintor costuma dissolver cada 4 latas de tinta concentrada em 6 latas de água. Para que a tinta preparada tenha a mesma concentração, esse pintor precisará misturar 12 latas de água com:

a) 15 latas de tinta concentrada.

b) 12 latas de tinta concentrada.

c) 10 latas de tinta concentrada.

d) 8 latas de tinta concentrada.

24. Gustavo é 9 anos mais velho que Reginaldo. Se a idade de Gustavo está para a idade de Reginaldo assim como 8 está para 5, então qual é a idade de Gustavo?

EXERCÍCIOS
SELECIONADOS

25. É possível formar uma proporção com os números abaixo?

| 1,5 | 3 | 8,5 | 17 |

26. Calcule o valor de x nas proporções.

a) $\dfrac{36}{x} = \dfrac{3}{4}$

b) $\dfrac{x}{21} = \dfrac{13}{7}$

c) $\dfrac{2x}{x-1} = \dfrac{4}{5}$

d) $\dfrac{x+1}{20} = \dfrac{x}{16}$

e) $\dfrac{3x+2}{4} = \dfrac{5x}{7}$

f) $\dfrac{x+2}{15} = \dfrac{2}{5}$

27. Escreva a proporção correspondente a essa situação e calcule o valor que falta.

> Numa lanchonete, a cada 54 pastéis de carne vendidos, vendem-se 9 de palmito. Em certo dia, foram vendidos 84 pastéis de carne. Quantos pastéis de palmito foram vendidos nesse dia?

28. A razão entre o preço de uma gravata e o de uma camisa é de 2 para 9. Qual é o preço da camisa se a gravata custou R$ 15,36?

29. (Ceperj) Um determinado desinfetante possui a seguinte instrução de uso:

> "Misturar em um recipiente 8 mL do produto para cada litro de água."

Joana colocou em um recipiente 1 litro de água e depois colocou, por engano, 14 mL do desinfetante. Ao perceber o erro, ela adicionou mais 500 mL de água. Joana errou novamente na proporção entre a água e o desinfetante.

Para corrigir o erro, é necessário adicionar a essa última mistura uma quantidade de água, em mililitros, igual a:

a) 150.   d) 300.
b) 200.   e) 350.
c) 250.

30. Numa cidade foi aplicada a vacina Sabin em 7 crianças de cada grupo de 10. Foram vacinadas 8 435 crianças. Pergunta-se:

a) Quantas crianças há na cidade?

b) Quantas ainda não receberam a vacina?

31. Mauro tem 5 anos e Felipe, 8 anos. Dentro de quantos anos a razão entre a idade de Mauro e Felipe será de 3 para 4?

32. (UFRN) Uma gravura de forma retangular, que mede 20 cm de largura por 35 cm de comprimento, deve ser ampliada para 1,2 m de largura.
O comprimento correspondente será:

a) 6,85 m.
b) 0,685 m.
c) 2,1 m.
d) 1,35 m.

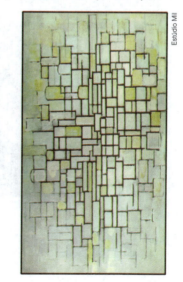

AQUI TEM MAIS

O que é grandeza?

Grandeza é tudo que pode ser medido ou contado:
- comprimento;
- peso;
- tempo;
- velocidade;
- área;
- capacidade;
- temperatura;
- preço etc.

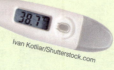

GRANDEZA É UMA PROPRIEDADE QUE SE PODE EXPRIMIR POR UM NÚMERO.

É frequente surgirem, no dia a dia, situações em que relacionamos grandezas.

Por exemplo:
- o peso e o preço;
- o comprimento e a área;
- o tempo e a velocidade.

PANORAMA

FAÇA AS ATIVIDADES A SEGUIR E REVEJA O QUE VOCÊ APRENDEU.

33. O valor de x na proporção $75 = \dfrac{15}{2x}$ é:

a) 5.   b) $\dfrac{1}{5}$.   c) 10.   d) $\dfrac{1}{10}$.

34. Se $\dfrac{1,25}{x} = \dfrac{0,5}{2}$, então o valor de x é:

a) 5.   b) 50.   c) 0,5.   d) 0,05.

35. (PUC-SP) Para que se verifique a igualdade $\dfrac{9}{y} = \dfrac{x}{8} = \dfrac{5}{20}$, os valores de x e y devem ser, respectivamente:

a) 2 e 5.
b) 14 e 15.
c) 2 e 36.
d) 5 e 35.

36. Admitindo-se que a razão ideal de médicos de uma cidade por número de habitantes seja 1 para 500, então o número ideal de médicos de uma cidade com 30 000 habitantes é de:

a) 30 médicos.
b) 50 médicos.
c) 60 médicos.
d) 150 médicos.

37. (Saresp) Precisamos misturar 2 copos de suco concentrado com 5 copos de água para fazer refresco de uva para 6 pessoas. Se quisermos preparar esse refresco para 30 pessoas, precisaremos misturar:

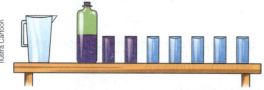

a) 3 copos de suco concentrado com 10 copos de água.
b) 5 copos de suco concentrado com 20 copos de água.
c) 6 copos de suco concentrado com 15 copos de água.
d) 10 copos de suco concentrado com 25 copos de água.

38. Numa comunidade, 2 em cada 5 pessoas foram infectadas por uma doença. Se essa comunidade é constituída por 240 pessoas, o número de pessoas infectadas pela doença é de:

a) 72.   b) 96.   c) 144.   d) 120.

39. (Encceja-MEC) A sala de aula de uma escola é construída obedecendo a um padrão de 60 m² para atender, no máximo, 50 alunos. Algumas escolas que, pela peculiaridade, apresentam turmas menos numerosas, podem ter a área da sala diminuída para 48 m². Neste caso, o número máximo de alunos nessa sala de aula deverá ser reduzido para:

a) 10.   b) 12.   c) 20.   d) 40.

40. (OMM-MG) Para fazer 15 pãezinhos preciso exatamente de 150 g de açúcar, 100 g de manteiga, $\dfrac{3}{4}$ de um litro de leite e 300 g de farinha. A maior quantidade desses pãezinhos, que sou capaz de fazer com 600 g de açúcar, 500 g de manteiga, 3 litros de leite e 900 g de farinha, é:

a) 60.   c) 45.
b) 50.   d) 75.

41. (Ufla-MG) Dois sócios tiveram um lucro de R$ 9.000,00. O primeiro entrou para a sociedade com R$ 20.000,00 e o segundo, com R$ 25.000,00. O lucro de cada sócio foi, respectivamente:

a) R$ 3.000,00 e R$ 6.000,00.
b) R$ 4.000,00 e R$ 5.000,00.
c) R$ 4.250,00 e R$ 4.750,00.
d) R$ 3.500,00 e R$ 5.500,00.

CAPÍTULO 19

Regra de três

Grandezas diretamente proporcionais

Um trem viaja com velocidade constante de 60 km/h.

Então em:
- 1 hora percorre 60 km;
- 2 horas percorre 120 km;
- 3 horas percorre 180 km.

Vamos colocar esses dados numa tabela:

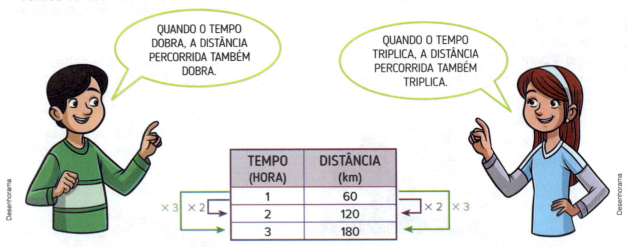

Entre as grandezas tempo e distância percorrida, há uma relação de proporcionalidade.

A razão entre elas é constante e, nesse caso, igual a $\frac{1}{60}$.

$$\text{tempo} \longrightarrow \frac{1}{60} = \frac{2}{120} = \frac{3}{180}$$
$$\text{distância} \longrightarrow$$

As grandezas tempo e distância são exemplos de **grandezas diretamente proporcionais**.

Observe que a distância (d) pode ser calculada da seguinte maneira:

$$d = 60 \cdot t \text{ (em que } t \text{ é o tempo)}.$$

Nesse exemplo, 60 é a constante de proporcionalidade.

Resumindo, vimos que:

> Duas grandezas são **diretamente proporcionais** quando:
> - aumentando uma (duplicando, triplicando...), a outra aumenta de igual modo (duplica, triplica...);
> - diminuindo uma (metade, terça parte...), a outra diminui da mesma forma (metade, terça parte...);
> - a razão entre as grandezas é constante.

Grandezas inversamente proporcionais

Um automóvel faz um percurso em:
- 1 hora com velocidade constante de 90 km/h;
- 2 horas com velocidade constante de 45 km/h;
- 3 horas com velocidade constante de 30 km/h.

Vamos colocar esses dados numa tabela:

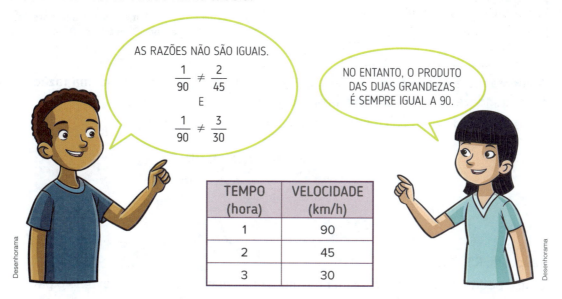

TEMPO (hora)	VELOCIDADE (km/h)
1	90
2	45
3	30

- Se o automóvel circular a 45 km/h, metade da velocidade inicial, levará o dobro do tempo, ou seja, 2 horas.
- Se o automóvel reduzir a velocidade para a terça parte da velocidade inicial, 30 km/h, levará três vezes mais tempo, ou seja, 3 horas.

$$90 \cdot 1 = 45 \cdot 2 = 30 \cdot 3$$

> Nesse exemplo a constante de proporcionalidade é 90.
> $v \cdot t = 90$
> velocidade tempo

Observe também que $\dfrac{1}{2}$ e $\dfrac{90}{45}$ são razões inversas.

Invertendo uma delas. Temos razões iguais: $\dfrac{1}{2} = \dfrac{45}{90}$.

Então, **tempo e velocidade** são **grandezas inversamente proporcionais**.

Assim:

> Duas grandezas são **inversamente proporcionais** quando, duplicando uma delas, a outra se reduz à metade; triplicando uma delas, a outra se reduz à terça parte... e assim por diante.

Regra de três simples

Os problemas que envolvem duas grandezas direta ou inversamente proporcionais podem ser resolvidos por meio de um método prático, chamado **regra de três simples**.

> Regra de 3 • Há 3 termos conhecidos.
>
> Qual é o quarto? • Encontra-se o quarto termo.

Paulo José

Exemplos:

A. Comprei 5 m de corda por R$ 20,00. Quanto pagarei por 12 m?

Solução:

Vamos organizar os dados do problema em uma tabela.

Corda (metros)	Preço (reais)
5	20
12	x

> Se 5 metros custam 20 reais, então 12 metros custarão ... reais.

Aumentando a quantidade de metros, o valor também aumenta na **mesma razão**. Logo, as duas grandezas são **diretamente proporcionais**.

Por isso, com os dados da tabela, podemos escrever esta proporção:

$$\frac{5}{12} = \frac{20}{x} \Rightarrow 5 \cdot x = 20 \cdot 12$$
$$5x = 240$$
$$x = \frac{240}{5}$$
$$x = 48$$

Resposta: R$ 48,00.

B. Com 8 pedreiros podemos construir um muro em 3 dias. Quantos dias levarão 6 pedreiros para fazer o muro se mantiverem o mesmo ritmo de trabalho?

Solução:

Vamos organizar os dados do problema em uma tabela.

Número de pedreiros	Número de dias
8	3
6	x

> Se 8 pedreiros levam 3 dias, então 6 pedreiros levarão ... dias.

Diminuindo a quantidade de pedreiros, o número de dias **aumenta na razão inversa**. Logo, as duas grandezas são **inversamente proporcionais**. Vamos resolver de duas maneiras:

O produto das grandezas é constante:

$$8 \cdot 3 = 6 \cdot x$$
$$24 = 6x$$
$$x = 4$$

Se invertermos uma das razões teremos uma igualdade:

$$\frac{8}{6} = \frac{x}{3}$$
$$6x = 24$$
$$x = 4$$

> As duas estratégias estão corretas.

Resposta: 4 dias.

154

EXERCÍCIOS
DE FIXAÇÃO

1. Um relógio atrasa 3 minutos a cada 24 horas.
   a) Quantos minutos atrasará em 72 horas?
   b) Quantos minutos atrasará em 18 dias?
   c) Quantos dias levará para o relógio ficar atrasado em 45 minutos?

2. Com 10 kg de trigo podemos fabricar 7 kg de farinha. Quantos quilogramas de trigo são necessários para fabricar 28 kg de farinha?

3. Oito pedreiros fazem um muro em 72 horas. Quanto tempo levarão 6 pedreiros para fazer o mesmo muro?

4. Uma torneira despeja 30 litros de água a cada 15 minutos. Quanto tempo levará para encher um reservatório de 4 m³ de volume?

5. Um relógio adianta 40 segundos em 6 dias. Quantos minutos adiantará em 54 dias?

6. Com 4 latas de tinta pintei 280 m² de parede. Quantos metros quadrados poderiam ser pintados com 11 latas dessa tinta?

7. Um automóvel percorreu uma distância em 2 horas à velocidade média de 90 km por hora. Se a velocidade média fosse de 45 km por hora, em quanto tempo o automóvel percorreria a mesma distância?

8. Um livro tem 240 páginas, e cada página 40 linhas. Qual seria o número de páginas desse livro se fossem colocadas apenas 30 linhas em cada página?

9. Paguei R$ 6,00 por 1,250 L de um produto de limpeza. Quanto pagaria por 0,750 L desse mesmo produto?

10. Com 7 litros de leite é feito 1,5 quilo de manteiga. Quantos litros de leite serão necessários para fazer 9 quilos de manteiga?

11. Seis máquinas escavam um túnel em 2 dias. Quantas máquinas idênticas serão necessárias para escavar esse túnel em um dia e meio?

AQUI TEM MAIS

Vimos exemplos e resolvemos problemas envolvendo grandezas que se relacionam de modo diretamente ou inversamente proporcional. É possível também estabelecer relações entre grandezas sem que haja necessariamente esse tipo de proporcionalidade. Vamos ver exemplos?

1. Uma operadora de telefonia celular oferece um plano em que o cliente paga R$ 30,00 fixos e mais R$ 0,20 por minuto de ligação. Veja na tabela a seguir como variam as grandezas número de minutos (*m*) e valor da conta (*v*).

Número de minutos utilizados (*m*)	Valor da conta (*v*)
300	$v = 30 + 300 \cdot 0{,}20 = 90$
600	$v = 30 + 600 \cdot 0{,}20 = 150$
900	$v = 30 + 900 \cdot 0{,}20 = 210$
1 200	$v = 30 + 1\,200 \cdot 0{,}20 = 270$

Observe que, quando o número de minutos dobra, o valor da conta não dobra nem fica pela metade. Neste exemplo, **não há proporcionalidade direta** e **não há proporcionalidade inversa** entre as grandezas *m* e *v*.

No entanto, há uma relação entre essas duas grandezas que dá a possibilidade de calcular uma das grandezas conhecendo o valor da outra: para achar *v*, basta multiplicar o número de minutos por 0,20 e somar 30.

2. Uma partida de basquete tem duração de 40 minutos divididos em 4 tempos de 10 minutos. Veja na tabela a pontuação de um time ao longo do primeiro tempo.

Tempo (min)	Pontuação
2	6
4	10
6	14
8	17
10	19

Também neste exemplo, quando o tempo dobra, a pontuação não dobra e não fica pela metade: **não há proporcionalidade direta** e **não há proporcionalidade inversa** entre as grandezas tempo de jogo e pontuação.

Neste caso, não conseguimos estabelecer uma relação matemática entre as grandezas. Não há como prever qual será a pontuação dado o tempo do jogo ou vice-versa.

EXERCÍCIOS COMPLEMENTARES

12. (Saresp) Assinale a alternativa onde os números da sequência **A** são diretamente proporcionais aos números correspondentes na sequência **B**.

a)
A	10	20	30	40
B	15	30	15	25

b)
A	2	4	6	8
B	3	6	9	12

c)
A	1	2	3	4
B	12	6	4	3

d)
A	1	3	5	7
B	2	4	6	8

13. (Saresp) Para fazer 80 casadinhos recheados com doce de leite, utilizo uma lata desse doce. Com duas latas e meia de doce de leite, quantos casadinhos consigo fazer?

14. (SEE-RJ) Uma pessoa caminha a razão de 0,8 m por segundo. Qual o tempo necessário, em minutos, para essa pessoa percorrer 1,92 km?

15. (Prominp) Em uma cidade com 45 mil habitantes são produzidas, em média, 30 toneladas de lixo por dia. Qual será, em toneladas, a quantidade média de lixo produzido em uma semana em uma cidade com 60 mil habitantes?

16. Numa escola da periferia de uma grande cidade é feito um grande mutirão de limpeza. No ano passado, 60 pessoas da comunidade escolar terminaram a limpeza em 12 horas de trabalho. Neste ano, 80 voluntários apresentaram-se para o mutirão. Se esses voluntários trabalharem no mesmo ritmo daqueles que trabalharam no ano anterior, poderão completar o serviço em apenas:

a) 8 horas.
b) 9 horas.
c) 8 horas e 30 minutos.
d) 9 horas e 30 minutos.

17. Um avião voa à velocidade de 360 km/h e faz um percurso em 48 minutos. Se voar a uma velocidade de 240 km/h, quanto tempo levará para fazer o mesmo percurso?

EXERCÍCIOS SELECIONADOS

18. (Saresp) A altura de Pedrinho aos 4 anos era 1 m, aos 8 anos, 1,40 m e aos 12 anos, 1,60 m. Esses dados estão representados na tabela.

Idade de Pedrinho	Altura de Pedrinho
4 anos	1,0 m
8 anos	1,40 m
12 anos	1,60 m

É correto afirmar que a altura e a idade de Pedrinho:

a) são diretamente proporcionais.
b) são inversamente proporcionais.
c) são proporcionais.
d) não são proporcionais.

19. Com 50 kg de milho, obtemos 35 kg de fubá. Quantas sacas de 60 kg de fubá podemos obter com 1 200 kg de milho?

20. Uma vara de 3 m em posição vertical projeta uma sombra de 0,80 m. Nesse mesmo instante, um poste projeta uma sombra de 2,40 m. Qual é a altura do poste?

21. A produção de uma indústria era de 800 sapatos por dia. Com a admissão de mais 30 operários e mantendo o mesmo ritmo de trabalho, a empresa passou a produzir 1 400 sapatos por dia. Qual era o número de operários antes da admissão?

22. (Mack-SP) Uma engrenagem de 36 dentes movimenta outra de 48 dentes. Quantas voltas dá a maior, enquanto a menor dá 100 voltas?

23. (UFRJ) Uma impressora levou 6 minutos e 30 segundos para imprimir 50 páginas. O tempo que levará nesse ritmo para imprimir 300 páginas será de:

a) 30 min.   c) 42 min.
b) 39 min.   d) 50 min.

24. Para aparar a grama de um campo, 3 cortadores profissionais que trabalham no mesmo ritmo terminam o serviço em 18 horas.

a) Quais são as grandezas envolvidas nessa situação?
b) Essas grandezas se relacionam de que maneira?
c) Qual é a constante de proporcionalidade?
d) Em quantas horas e minutos 5 desses profissionais farão o mesmo trabalho?

25. As grandezas x e y são inversamente proporcionais. Copie a tabela no caderno e preencha-a corretamente. Depois registre a constante de proporcionalidade.

x	y
6	4
3	
7,5	
	6

26. Qual é a relação de proporcionalidade entre as grandezas x e y da tabela a seguir: direta ou inversa? Qual é a constante de proporcionalidade?

x	4,8	4	3	2
y	1,5	1,8	2,4	3,6

PANORAMA

FAÇA AS ATIVIDADES A SEGUIR E REVEJA O QUE VOCÊ APRENDEU.

27. Se 4 máquinas fazem um serviço em 6 dias, então 3 dessas máquinas farão o mesmo serviço em:
a) 7 dias.
b) 8 dias.
c) 9 dias.
d) 4,5 dias.

28. Um litro de água do mar contém 25 gramas de sal. Então, para se obter 50 kg de sal, o número necessário de litros de água do mar será:
a) 200.
b) 500.
c) 2 000.
d) 5 000.

29. Um avião percorre 2 700 km em quatro horas. Em uma hora e 20 minutos de voo, ele percorrerá:
a) 675 km.
b) 695 km.
c) 810 km.
d) 900 km.

30. (SEE-SP) Numa corrida de Fórmula 1, um corredor dá uma volta na pista em 1 minuto e 30 segundos com velocidade média de 200 km por hora. Se sua velocidade média cair para 180 km por hora, o tempo gasto para a mesma volta na pista será de:

a) 2 min.
b) 2 min e 19 segundos.
c) 1 min e 40 segundos.
d) 1 min e 50 segundos.

31. (Vunesp) Um secretário gastou 15 dias para desenvolver um projeto, trabalhando 7 horas por dia. Se o prazo concedido fosse de 21 dias para realizar o mesmo projeto, poderia ter trabalhado:
a) 2 horas a menos por dia.
b) 2 horas a mais por dia.
c) 3 horas a menos por dia.
d) 3 horas a mais por dia.

32. Um relógio atrasa 30 segundos a cada 6 horas. Quantos minutos estará atrasado após uma semana?
a) 12
b) 13
c) 14
d) 15

33. (UMC-SP) Um carro consumiu 50 litros de álcool para percorrer 600 km. Supondo condições equivalentes, esse mesmo carro, para percorrer 840 km, consumirá:
a) 68 L.
b) 70 L.
c) 75 L.
d) 80 L.

34. (Pedro II) A latinha de alumínio é o material mais reciclado nas grandes cidades. Um quilograma de latinhas é formado, em média, por 75 latinhas. Considerando que o quilograma de latinhas pode ser vendido por R$ 4,50 e sabendo que o salário mínimo nacional tem um valor diário de aproximadamente R$ 27,00, então o número necessário de latinhas vendidas, por dia, para se atingir esse valor é de:
a) 225.
b) 450.
c) 500.
d) 1 250.

35. (Enem) Muitas medidas podem ser tomadas em nossas casas visando à utilização racional de energia elétrica. Isso deve ser uma atitude diária de cidadania. Uma delas pode ser a redução do tempo no banho. Um chuveiro com potência de 4 800 kWh consome 4,8 kW por hora. Uma pessoa que toma dois banhos diariamente, de 10 minutos cada, consumirá, em sete dias, quantos kW?
a) 0,8
b) 1,6
c) 5,6
d) 11,2
e) 33,6

36. (CEAG-SP) Uma escola tem recursos para fornecer a merenda escolar para os seus 275 alunos durante 60 dias. Se a escola receber 25 novos alunos, e como a alimentação não pode ser alterada, os recursos existentes são suficientes para fornecer a merenda escolar durante apenas:
a) 45 dias.
b) 50 dias.
c) 52 dias.
d) 55 dias.

CAPÍTULO 20 Gráficos e médias

Gráficos de barras

Gráficos são uma maneira eficiente de representar e analisar dados dos mais variados tipos. Eles fazem parte de nosso cotidiano, são encontrados na área de Economia, em estudos científicos, pesquisas estatísticas e em muitas outras situações. Você já conhece os gráficos de barras. Vamos relembrar com um exemplo.

Os alunos do 7º ano de certa escola fizeram uma campanha de arrecadação de livros para doar a uma biblioteca. Percorreram as casas do bairro e registraram numa tabela o número de livros recolhidos pelas turmas separadamente.

Turma	Número de livros
7º ano A	76
7º ano B	72
7º ano C	52
Total	200

Com base nos dados, elaboraram o gráfico de barras ao lado.

A professora de Matemática sugeriu que usassem porcentagens no gráfico. Para obter a tabela com o percentual de livros arrecadados por turma, os alunos usaram o raciocínio a seguir.

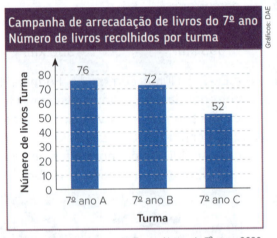

Total de livros: 200.

76 em 200 = $\frac{76}{200}$ = $\frac{38}{100}$ = 38%   72 em 200 = $\frac{72}{200}$ = $\frac{36}{100}$ = 36%   52 em 200 = $\frac{52}{200}$ = $\frac{26}{100}$ = 26%

Em seguida, montaram a tabela com as porcentagens e fizeram o gráfico.

Turma	Porcentagem do total de livros arrecadados
7º ano A	38%
7º ano B	36%
7º ano C	26%
Total	100%

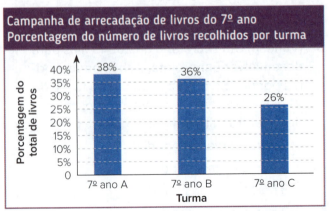

Lembre-se de escolher um título que indique o tema do gráfico, de colocar a fonte dos dados e de utilizar corretamente a escala adotada.

Gráficos de setores

O gráfico circular ao lado é chamado **gráfico de setores**.
Você já deve ter visto muitos gráficos com esta forma.
Eles facilitam comparar a participação de cada parte em um todo.
Por que o nome gráfico de setores?

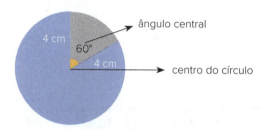

Setor circular é uma parte de um círculo limitada por dois raios.
O setor circular determina um ângulo com vértice no centro do círculo.

Nesse exemplo, o setor tem ângulo de 60° e o raio do círculo é de 4 cm.

Vamos fazer, passo a passo, um gráfico de setores ilustrado para apresentar dados sobre a distribuição de água doce no planeta.

Primeiramente, precisamos dividir o círculo em setores circulares. Cada setor terá um ângulo central proporcional à participação do setor no todo.

O círculo todo, que é 100%, corresponde a um ângulo de 360°.

O setor circular que corresponde à água doce líquida ocupa 30% da superfície do círculo. O ângulo central será de 30% de 360°.

- 30% de 360° = 0,3 · 360° = 120°

O setor circular que corresponde à água doce líquida terá ângulo central de 120°.

Como há somente dois setores neste exemplo, o ângulo central que resta corresponde ao setor que representa a água na forma de gelo e calotas polares.

360° − 120° = 240°

A Geleira Perito Moreno, na Patagônia argentina, é considerada uma das reservas de água doce mais importantes do mundo. Ela está localizada entre o Campo de Gelo Patagônico Sul, fronteira entre Argentina e Chile, e o braço sul do Lago Argentino, com 5 quilômetros de largura e 60 metros de altura.

Construção do gráfico

1. Marcamos um ponto no papel, que será o centro do círculo. Utilizamos o compasso para traçar o círculo e a régua para traçar um raio.

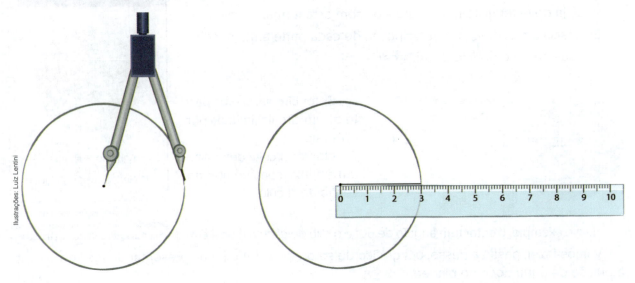

2. Posicionamos o centro do transferidor sobre o centro do círculo. O raio será um dos lados do ângulo.

3. Usando o centro do círculo como vértice e o raio como um dos lados, marcamos 120° com o auxílio do transferidor e traçamos o outro lado do ângulo com uma régua.

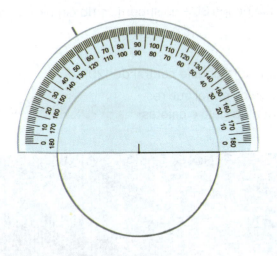
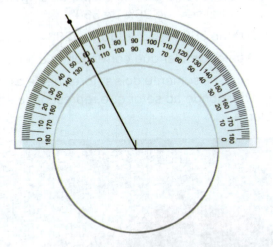

4. O setor que restou terá ângulo de 240°.
5. Colorimos os setores, escrevemos as porcentagens, colocamos título, inserimos a legenda e a fonte dos dados.

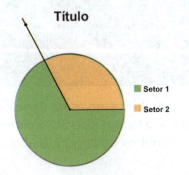

Gráfico pronto. →

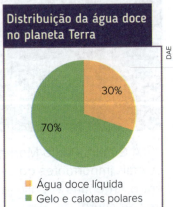

Fonte: Agência Nacional de Águas. Disponível em: <www.ana.gov.br>. Acesso em: 8 maio 2019. (Dados arredondados.)

EXERCÍCIOS DE FIXAÇÃO

1. (Enem) Uma enquete, realizada em março de 2010, perguntava aos internautas se eles acreditavam que as atividades humanas provocam o aquecimento global. Eram três as alternativas possíveis e 279 internautas responderam à enquete, como mostra o gráfico.

   Analisando os dados do gráfico, quantos internautas responderam "Não" à enquete?

   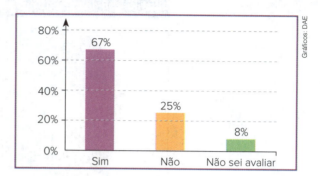

   a) Menos de 23.
   b) Mais de 23 e menos de 25.
   c) Mais de 50 e menos de 75.
   d) Mais de 100 e menos de 190.
   e) Mais de 200.

2. A professora de Matemática de uma turma de 7º ano registrou numa tabela os conceitos que os alunos alcançaram no 1º bimestre do ano. Copie a tabela e complete a coluna dos dados em porcentagem.

   Elabore um gráfico de barras para representar a tabela.

Conceito	Número de alunos	Porcentagem
A	8	
B	12	
C	4	
D	1	

3. (Enem) O gráfico expõe alguns números da gripe A-H1N1. Entre as categorias que estão em processo de imunização, uma já está completamente imunizada, a dos trabalhadores da saúde.

   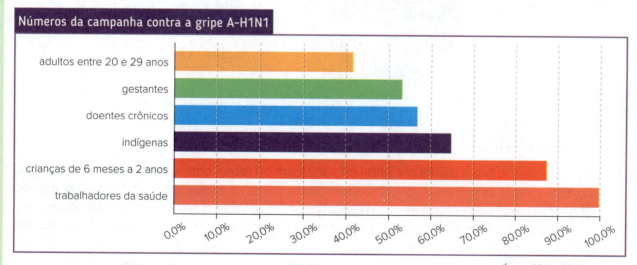

   Época, 26 abr. 2010 (adaptado).

   De acordo com o gráfico, entre as demais categorias, a que está mais exposta ao vírus da gripe A-H1N1 é a categoria de:

   a) indígenas.
   b) gestantes.
   c) doentes crônicos.
   d) adultos entre 20 e 29 anos.
   e) crianças de 6 meses a 2 anos.

163

4. O gráfico a seguir apresenta dados do Censo Escolar de 2016 sobre a distribuição dos alunos nos diferentes segmentos escolares.

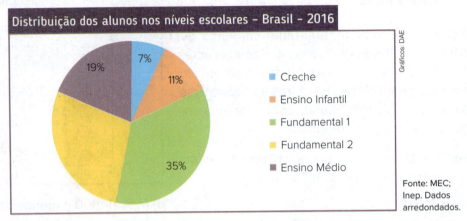

Fonte: MEC; Inep. Dados arredondados.

a) Qual porcentagem do total de alunos corresponde ao setor do Ensino Fundamental 2?

b) Em qual dos segmentos está concentrada a maioria dos alunos?

c) Calcule o ângulo central correspondente ao setor que representa a porcentagem de alunos no Ensino Fundamental 1.

5. Uma rede de supermercados resolveu fazer uma pesquisa para saber em qual horário as pessoas mais gostavam de ir ao supermercado. Foram entrevistadas 2 000 pessoas, e o resultado está no gráfico abaixo. Durante qual horário a maioria das pessoas entrevistadas prefere ir ao supermercado?

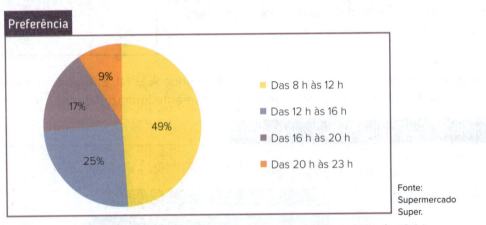

Fonte: Supermercado Super.

a) Das 8 h às 12 h.
b) Das 12 h às 16 h.
c) Das 16 h às 20 h.
d) Das 20 h às 23 h.
e) Das 23 h às 24 h.

6. Numa pesquisa sobre a marca preferida de sabão em pó foram entrevistadas 200 pessoas que escolheram entre as marcas A, B e C. Os resultados estão na tabela a seguir. Copie e complete a tabela calculando a porcentagem de respostas para cada marca e o ângulo central correspondente. Depois represente esses dados em um gráfico de setores. Use compasso, transferidor e régua para fazer o gráfico no caderno.

Marca	Número de respostas	Porcentagem	Ângulo central
A	80		
B	20		
C	100		

AQUI TEM MAIS

O que é e para que serve uma pesquisa estatística?

As pesquisas estatísticas são aplicadas em inúmeras situações: para verificar a aceitação de um produto pelos consumidores, medir as intenções de voto em eleições, para obter um panorama de como vivem os habitantes de uma cidade ou país, entre outros inúmeros exemplos.

Há empresas especializadas em pesquisas estatísticas que sabem montar questionários, conduzir a pesquisa e interpretar os resultados.

Uma pesquisa estatística pode ser censitária ou amostral.

1. Pesquisa censitária: é aplicada a todo o universo envolvido.

Exemplos:

- O Censo Demográfico feito no Brasil pelo Instituto Brasileiro de Geografia e Estatística (IBGE) entrevista toda a população. Milhares de funcionários contratados visitam os domicílios em todo o território brasileiro para que ninguém fique de fora do levantamento. Em geral é realizado a cada dez anos.
- Se for feita uma pesquisa na escola onde você estuda e todos os alunos, funcionários e professores forem entrevistados, a pesquisa será censitária. A população nesse caso é formada por todos que trabalham ou estudam na escola.

2. Pesquisa amostral: é aplicada a uma parte do universo escolhido, que é chamada amostra da população.

Exemplos:

- Numa pesquisa eleitoral, não é viável entrevistar todos os eleitores de uma cidade, estado ou país. Escolhe-se uma amostra que seja um "retrato" da população toda, diversificando sexo, escolaridade, local de moradia, profissão, renda, entre outros requisitos. Os institutos de pesquisa e os profissionais de estatística sabem como definir uma amostra adequada.
- Em geral, no controle de qualidade de uma empresa, nem todos os produtos são testados. Escolhe-se uma amostra de produtos de diferentes lotes ou produzidos por diversas máquinas, por exemplo, para serem testados. A população corresponde à produção toda, e a amostra, aos produtos testados.

Com base nos resultados de pesquisas estatísticas confiáveis, é possível tomar decisões, detectar problemas e resolvê-los. Para os governos, pesquisas como o Censo possibilitam uma visão detalhada das condições de vida dos brasileiros nos setores de moradia, educação, emprego, saúde etc., assim são identificadas as ações que precisam ser feitas e os setores em que são mais urgentes.

Médias

Média aritmética

Observe as ilustrações a seguir.

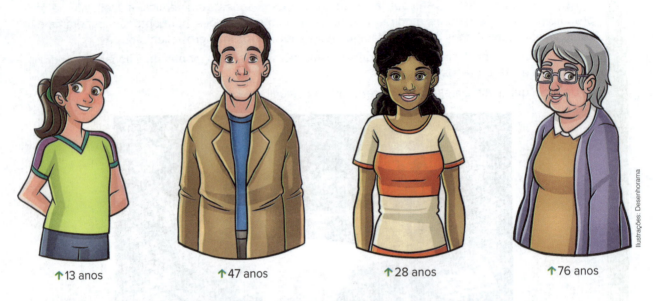

↑13 anos   ↑47 anos   ↑28 anos   ↑76 anos

Qual é a média da idade dessas pessoas?

Para responder a essa pergunta somaremos todas as idades e dividiremos o resultado pelo número de pessoas.

Veja:

$$(13 + 28 + 47 + 76) : 4 = 164 : 4 = 41$$

Escrevendo de outra forma:

$$\frac{13 + 28 + 47 + 76}{4} = \frac{164}{4} = 41$$

A média da idade dessas pessoas é 41 anos.

Observe que a média não coincide com a idade de nenhuma das pessoas.

> **Média aritmética** de vários números é a soma desses números dividida pela quantidade de números que foram somados.

Amplitude dos dados

No exemplo que vimos, a maior idade é 76 anos e a menor, 13 anos. A diferença entre esses dois valores é a **amplitude dos dados**.

Nesse caso, a amplitude é: 76 − 13 = 63.

Em um conjunto de dados, amplitudes maiores indicam que há maior dispersão, ou seja, o maior e o menor valor estão distantes.

EXERCÍCIOS
DE FIXAÇÃO

7. Calcule a média aritmética dos números dos cartões de cada item.

a) 4   9

b) 7   12   8

c) 21   −19

d) 10   −3   0   11   2

8. Comprei duas camisetas. Uma custou R$ 45,00 e a outra, R$ 52,00. Qual foi o preço médio das duas camisetas?

9. A figura ao lado representa os jogadores da equipe de futebol de salão de uma escola.

a) Qual é a altura média dos jogadores dessa equipe?

b) Qual é a amplitude desse conjunto de dados?

1,64 m   1,55 m   1,49 m   1,68 m   1,74 m

10. Em 6 madrugadas consecutivas, sempre à mesma hora, foram registradas estas temperaturas em uma cidade:

- 1º dia ⟶ −4 graus
- 2º dia ⟶ −6 graus
- 3º dia ⟶ −2 graus
- 4º dia ⟶ 3 graus
- 5º dia ⟶ 2 graus
- 6º dia ⟶ −5 graus

Qual foi a temperatura média registrada nas 6 madrugadas?

11. A tabela a seguir mostra a quantidade de jornais vendidos por um jornaleiro no decorrer de uma semana.

Dia	segunda-feira	terça-feira	quarta-feira	quinta-feira	sexta-feira	sábado	domingo
Quantidade de jornais vendidos	67	43	52	48	49	82	93

a) Qual é a média de jornais vendidos por dia?

b) Se na semana seguinte as vendas aumentarem exatamente em 5 jornais por dia, qual será a nova média?

12. A média do "peso" de 6 alunos é 43 kg.

Entrou para a turma um colega que pesava 71 kg.

Qual passou a ser o "peso" médio dos 7 alunos?

Média aritmética ponderada

É muito comum o uso de média ponderada para o cálculo da média escolar de um aluno.

Veja um exemplo.

A. O quadro a seguir mostra as notas obtidas por uma aluna.

> Trabalho: nota **8** (peso **2**).
> Prova oral: nota **6** (peso **3**).
> Prova escrita: nota **9** (peso **5**).

PONDERAR SIGNIFICA "DAR PESO". POR EXEMPLO, A NOTA COM PESO 2 É SOMADA DUAS VEZES NO CÁLCULO DA MÉDIA.

Qual foi a média final dessa aluna?

Temos:

$$\text{média} = \frac{8 \cdot 2 + 6 \cdot 3 + 9 \cdot 5}{2 + 3 + 5} = \frac{16 + 18 + 45}{10} = \frac{79}{10} = 7,9$$

Agora veja a explicação detalhada do que fizemos.

- No numerador, multiplicamos as notas pelos pesos correspondentes. Em seguida, somamos os resultados dessas multiplicações.
- No denominador, dividimos o resultado da soma pelo resultado da soma dos pesos do numerador.
- A média final obtida foi 7,9.

> **Média aritmética ponderada** de dois ou mais números é o quociente da soma dos produtos desses números pela soma dos respectivos pesos.

Veja outro exemplo.

B. Em uma turma com 20 rapazes e 30 moças foi realizada uma prova. A média dos rapazes foi 8 e das moças, 7. Qual foi a média da turma?

Temos:

$$\text{média} = \frac{20 \cdot 8 + 30 \cdot 7}{20 + 30} = \frac{370}{50} = 7,4$$

A média da turma foi 7,4.

EXERCÍCIOS
DE FIXAÇÃO

13. A tabela ao lado mostra a avaliação anual de um aluno em Matemática.

Qual foi a média anual que esse aluno obteve?

Bimestre	Nota	Peso
1º	7	1
2º	6	2
3º	8	2
4º	5	3

14. Em um supermercado, um tipo de ração para cães era vendido assim:

9 quilos: R$ 7,50 cada quilograma

18 quilos: R$ 6,00 cada quilograma

Qual é o preço médio do quilo dessa ração nesse supermercado?

15. A tabela ao lado mostra a distribuição da idade dos jogadores de um time de futebol.

Número de jogadores	Idade (em anos)
2	18
4	22
2	24
3	27

- Qual é a média da idade dos jogadores?

16. Um copo de suco de limão custa R$ 3,40 e um copo de água custa R$ 0,40. Misturamos 10 copos de suco de limão e 20 copos de água. Quanto custará o copo dessa limonada?

17. O extrato da conta bancária do mês de abril de um cliente mostrou que ele tinha os saldos a seguir:
- R$ 400,00 durante 7 dias;
- R$ 650,00 durante 4 dias;
- R$ 570,00 durante 10 dias;
- R$ 1200,00 durante 9 dias.

Qual é o saldo médio desse cliente no mês de abril?

18. Tenho 4 irmãos. A média da idade deles é 37, mas a média das nossas cinco idades é 36. Que idade eu tenho?

EXERCÍCIOS COMPLEMENTARES

19. Guilherme é mais alto que Pedro e ambos são alunos do 7º ano. A média da altura deles é 1,40 m. Indique uma altura possível para Guilherme e outra para Pedro.

20. (Fuvest-SP) Ache a média aritmética dos números $\frac{3}{5}$, $\frac{13}{4}$ e $\frac{1}{2}$.

21. Estas 4 jarras têm suco de uva.

Lembre-se: L é o símbolo de litro.

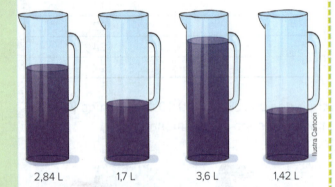

2,84 L   1,7 L   3,6 L   1,42 L

Se em todas as jarras houvesse a mesma quantidade de suco, quanto de suco haveria em cada jarra?

22. Em uma barraca de frutas, a laranja era vendida assim:

- 6 laranjas → R$ 0,35 cada uma;
- 9 laranjas → R$ 0,25 cada uma;
- 12 laranjas → R$ 0,20 cada uma.

Qual é o preço médio de cada laranja?

23. Ademir usou uma balança para registrar a massa de 5 pacotes de farinha e obteve: 205 g, 198 g, 203 g, 206 g e 198 g. Determine a amplitude do conjunto de dados e a massa média de cada pacote.

24. Um motorista deseja calcular o número médio de quilômetros por litro de gasolina que seu carro faz. Com o hodômetro marcando 37 025,8 km, ele completou o tanque com 39,5 litros. E com o hodômetro marcando 37 420,6 km, ele completou de novo o tanque, dessa vez com 42 litros. Quantos quilômetros por litro faz o carro?

25. Dois competidores, X e Y, obtiveram, em uma série de 20 tiros num alvo com a forma indicada na figura a seguir, os resultados anotados no quadro.

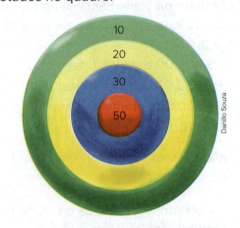

Resultado						
Competidor	50	30	20	10	0
X	4	6	5	4	1
Y	6	3	5	3	3

- Qual é a média dos pontos por tiro de cada um dos competidores?

170

PANORAMA

FAÇA AS ATIVIDADES A SEGUIR E REVEJA O QUE VOCÊ APRENDEU.

26. Qual das alternativas apresenta dois números que, se retirados simultaneamente do conjunto de números a seguir, não altera sua média aritmética?

| 18 | 15 | 7 | 9 | 17 | 10 | 14 | 6 |

a) 18 e 7   b) 10 e 14   c) 15 e 6   d) 9 e 17

27. (Vunesp) Sabe-se que a média aritmética de três números é 57. Dois números são, respectivamente, 48 e 58. O terceiro número é:

a) 53.   b) 56.   c) 65.   d) 68.

28. (UEL-PR) A média aritmética de cinco números é 8,5. Se a um desses números acrescentarmos 2 unidades, a média aritmética passará a ser:

a) 8,3.   b) 8,6.   c) 8,7.   d) 8,9.

29. (PUC-SP) A média aritmética de um conjunto de 12 números é 9. Se os números 10, 15 e 20 forem retirados do conjunto, a média aritmética dos restantes é:

a) 7.   b) 10.   c) 12.   d) 15.

30. (FCC-SP) A média aritmética de um conjunto de 11 números é 45. Se o número 8 for retirado do conjunto, a média aritmética dos números restantes será:

a) 42.   b) 48.   c) 47,5.   d) 48,7.

31. (Obmep) O gráfico mostra o resultado da venda de celulares pela empresa Baratocel no ano de 2010. Qual foi o preço médio, em reais, dos celulares vendidos naquele ano?

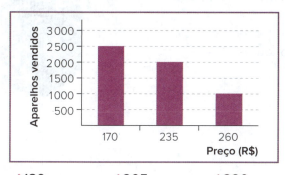

a) 180   c) 205   e) 220
b) 200   d) 210

O texto abaixo se refere às questões 32 e 33.

(Saresp) O gráfico a seguir apresenta dados referentes a acidentes, em certo período de tempo, em uma rodovia federal.

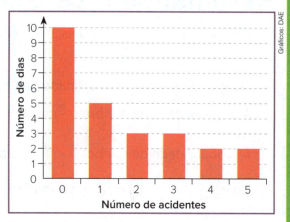

32. De acordo com o gráfico, no período observado:

a) ocorreram 3 acidentes por dia.
b) ocorreram 16 acidentes fatais.
c) ocorreram 38 acidentes em 25 dias.
d) ocorreram 43 acidentes em 23 dias.

33. A média de acidentes por dia é, aproximadamente:

a) 0,6.   b) 1,5.   c) 1,8.   d) 2,2.

34. O gráfico abaixo mostra os resultados de uma pesquisa feita por certa empresa. O ângulo central do setor correspondente aos clientes satisfeitos mede:

a) 90°.   b) 126°.   c) 144°.   d) 180°.

171

CAPÍTULO 21 — Probabilidade

Retomando o cálculo de probabilidades

Em uma urna há 5 bolas iguais, mas com cores diferentes: 2 vermelhas e 3 amarelas.

Uma bola será sorteada.

Qual cor tem maior probabilidade de sair?

A probabilidade de sair bola vermelha é de 2 em 5 ou $\dfrac{2}{5}$.

A probabilidade de sair bola amarela é de 3 em 5 ou $\dfrac{3}{5}$.

Como $\dfrac{3}{5} > \dfrac{2}{5}$, há maior probabilidade de sair bola amarela.

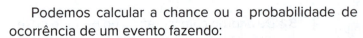

As 5 bolas têm chance igual de serem sorteadas. Dizemos que, nesta situação, o **espaço amostral** tem 5 elementos.

Podemos calcular a chance ou a probabilidade de ocorrência de um evento fazendo:

$$P = \dfrac{\text{número de possibilidades favoráveis}}{\text{número total de possibilidades}}$$

Observe que $\dfrac{3}{5} + \dfrac{2}{5} = 1$, que é o todo.

Não há como ser sorteada uma bola que seja de outra cor.

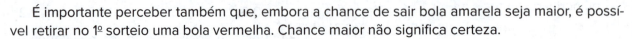

APRENDEMOS ISTO NO VOLUME DO 6º ANO.

É importante perceber também que, embora a chance de sair bola amarela seja maior, é possível retirar no 1º sorteio uma bola vermelha. Chance maior não significa certeza.

Acompanhe mais um exemplo.

No lançamento de um dado, 6 resultados são possíveis para a face de cima: 1, 2, 3, 4, 5 ou 6. O espaço amostral tem esses 6 possíveis resultados.

Qual é a probabilidade de obtermos, no lançamento de um dado:

- um número maior do que 4?

Só nos interessam os resultados 5 e 6. Portanto temos $P = \dfrac{2}{6} = \dfrac{1}{3}$.

A probabilidade é de 1 em 3 ou $\dfrac{1}{3}$.

- um número primo?

São 3 os números primos de 1 até 6: 2, 3 e 5.

$P = \dfrac{3}{6} = \dfrac{1}{2} = 50\%$

Podemos expressar a probabilidade usando porcentagens.

Tarefa especial

Sabemos que no lançamento de uma moeda só há dois resultados possíveis: cara ou coroa.

Assim, a probabilidade de obter cara no lançamento de uma moeda é de 1 em 2 ou $\frac{1}{2}$.

Da mesma maneira, a probabilidade de obter coroa no lançamento de uma moeda é $\frac{1}{2}$.

É importante retomar o fato de que, ao lançarmos uma moeda, não temos como saber o resultado que será obtido, por isso dizemos que esse experimento é aleatório.

Quando afirmamos que a probabilidade de obter cara é $\frac{1}{2}$, significa que, se lançarmos a moeda um número muito grande de vezes, **provavelmente** obteremos cara em aproximadamente metade do número de lançamentos. No entanto, na prática, pode ocorrer de fazermos 10 lançamentos e obtermos cara em todos eles, assim como é possível obtermos 10 coroas ou 8 caras e 2 coroas, entre vários outros resultados.

Você fará um experimento para verificar se, em um número maior de lançamentos, os resultados se aproximam da probabilidade calculada.

1. Junte-se com colegas para formar um trio. Cada um precisará de uma moeda de R$ 0,50 ou de R$ 1,00.

2. Um aluno por vez deve lançar a moeda 50 vezes e anotar cada vez que o resultado for cara. Sugerimos um registro que facilite a contagem, como este:

   Número de caras: ☐☐☐.

3. Somem o total de caras obtido pelo trio e anotem. Dos 150 lançamentos, esperava-se obter cara em aproximadamente 75 (a metade) deles. Isso ocorreu? Perguntem aos outros grupos se chegaram mais perto do número esperado.

4. Escolham um colega para somar na lousa o número de caras obtido por todos os trios da turma. Verifiquem se, com esse número maior de lançamentos, os resultados cara aproximaram-se mais da metade do total de lançamentos.

5. Se fizéssemos dois milhões de lançamentos, de quanto deveria ficar próximo o número de caras esperado?

6. Escrevam um parágrafo resumindo o que aprenderam nesta atividade. Troquem ideias com os colegas e mostrem ao professor.

EXERCÍCIOS DE FIXAÇÃO

1. Uma urna contém 3 bolas vermelhas, 2 bolas azuis e 5 bolas verdes. Uma bola será retirada ao acaso. Qual é a probabilidade de sortear uma bola:

   a) vermelha?

   b) azul?

   c) verde?

2. Duas moedas são lançadas simultaneamente. Copie e complete a tabela com os resultados possíveis.

	Cara (C)	Coroa (K)
Cara (C)	CC	
Coroa (K)		

   Calcule a probabilidade de obter nos lançamentos:

   a) duas caras;

   b) duas coroas;

   c) uma cara e uma coroa.

3. (Enem) Em uma reserva florestal existem 263 espécies de peixes, 122 espécies de mamíferos, 93 espécies de répteis, 1132 espécies de borboletas e 656 espécies de aves.

   Disponível em: http: www.wwf.org.br. Acesso em: 30 abr. 2019 (adaptado).

   Se uma espécie animal for capturada ao acaso, qual a probabilidade de ser uma borboleta?

   a) 63,31%

   b) 60,18%

   c) 56,52%

   d) 49,96%

   e) 43,27%

   Use a calculadora!

4. (FGV-SP) Uma urna contém 50 bolinhas numeradas de 1 a 50. Sorteando-se uma bolinha, a probabilidade de que o número observado seja múltiplo de 8 é:

   a) $\dfrac{3}{25}$.

   b) $\dfrac{7}{50}$.

   c) $\dfrac{1}{10}$.

   d) $\dfrac{8}{50}$.

   e) $\dfrac{1}{5}$.

5. (Enem) As 23 ex-alunas de uma turma que completou o Ensino Médio há 10 anos se encontraram em uma reunião comemorativa. Várias delas haviam se casado e tido filhos. A distribuição das mulheres, de acordo com a quantidade de filhos, é mostrada no gráfico ao lado. Um prêmio foi sorteado entre todos os filhos dessas ex-alunas. A probabilidade de que a criança premiada tenha sido um(a) filho(a) único(a) é:

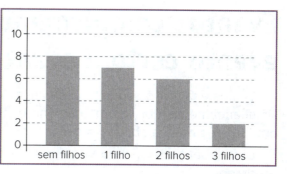

a) $\dfrac{1}{3}$.   b) $\dfrac{1}{4}$.   c) $\dfrac{7}{15}$.   d) $\dfrac{7}{23}$.   e) $\dfrac{7}{25}$.

6. Uma pesquisa feita com 200 pessoas sobre a preferência entre duas marcas de sabonete obteve os resultados a seguir.

	Homens	Mulheres
Marca A	40	80
Marca B	60	20

A empresa sorteará um prêmio entre as pessoas que participaram da pesquisa. Calcule, em porcentagem, a probabilidade de a pessoa sorteada:

a) ser mulher.

b) ter escolhido a marca A.

c) ser homem e ter escolhido a marca B.

7. Uma urna contém bolinhas iguais numeradas de 1 até 50. Uma bolinha será sorteada ao acaso. Qual é a probabilidade de o número da bolinha ser:

a) um múltiplo de 12?

b) um múltiplo de 60?

c) um divisor de 60?

8. Dois dados comuns foram lançados simultaneamente. Copie e preencha a tabela determinando o espaço amostral desse experimento e responda às questões abaixo.

+	1	2	3	4	5	6
1						
2						
3						
4			7			
5						
6						

a) Qual é a probabilidade de obter soma dos pontos igual a 5?

b) Que soma tem a maior probabilidade de ocorrer?

c) Qual é a probabilidade de obter resultados iguais nos dois dados?

Eventos complementares, evento certo e evento impossível

Vamos analisar o seguinte experimento: lançar simultaneamente dois dados comuns e anotar o produto dos pontos obtidos nas faces.

Uma tabela nos ajuda a visualizar os possíveis resultados.

×	1	2	3	4	5	6
1	1	2	3	4	5	6
2	2	4	6	8	10	12
3	3	6	9	12	15	18
4	4	8	12	16	20	24
5	5	10	15	20	25	30
6	6	12	18	24	30	36

- Qual é a probabilidade de o produto dos números obtidos nas faces ser ímpar?

São 9 resultados ímpares em um total de 36 resultados possíveis. $P = \dfrac{9}{36} = \dfrac{1}{4} = 25\%$

- Qual é a probabilidade de o produto dos números nas faces ser par?

São 27 resultados pares em um total de 36 resultados possíveis. $P = \dfrac{27}{36} = \dfrac{3}{4} = 75\%$

Observe que $\dfrac{1}{4} + \dfrac{3}{4} = \dfrac{4}{4} = 1$ ou, ainda, $25\% + 75\% = 100\%$, que é o todo.

A soma da probabilidade de o produto ser ímpar com a de o produto ser par é 1.

Isso ocorre porque o resultado ou é par ou é ímpar. Não há outra possibilidade.

Esses eventos são chamados de **eventos complementares**.

- Qual é a probabilidade de o produto ser um número natural menor que 37?

Neste caso, temos um **evento certo**, pois com certeza o produto é menor que 37. Temos $P = 1$.

- Qual é a probabilidade de o produto ser 50?

Temos $P = 0$, pois não há como obter produto 50. Esse é um exemplo de **evento impossível**.

EXERCÍCIOS DE FIXAÇÃO

9. Classifique os eventos a seguir em **certo** ou **impossível**.

a) Obter um número menor que 7 no lançamento de um dado comum.

b) Obter soma de pontos 13 no lançamento simultâneo de dois dados comuns.

c) Sortear uma bola branca num saco contendo somente bolas azuis.

d) Obter cara ou coroa no lançamento de uma moeda.

10. Identifique em quais situações os eventos são complementares.

a) Numa urna com 3 bolas brancas e 5 bolas pretas: retirar uma bola branca/retirar uma bola preta.

b) No lançamento de um dado comum: obter um número maior que 2/obter um número menor que 2.

c) No lançamento de uma moeda: obter cara/obter coroa.

176

EXERCÍCIOS
COMPLEMENTARES

11. Utilizando os cartões abaixo, formei todos os números de 3 algarismos diferentes possíveis, com os algarismos 2, 5 e 6. Vou sortear um deles ao acaso. Escreva o espaço amostral desse experimento e calcule a probabilidade de o número sorteado ser ímpar.

12. Jogando dois dados comuns simultaneamente, qual é a probabilidade de obter um número diferente em cada face?

13. Em uma caixa estão cartões com letras da palavra ELEFANTE.

Retirou-se um cartão da caixa, sem olhar.

a) Qual letra tem maior probabilidade de ser sorteada? Qual é essa probabilidade?
b) Quais letras têm probabilidade igual de serem sorteadas?
c) Qual é a probabilidade de a letra sorteada ser uma consoante?
d) Os eventos "sortear uma vogal" e "sortear uma consoante" são complementares?

14. (FEI-SP) Uma urna contém 3 bolas numeradas de 1 a 3 e outra urna contém 5 bolas numeradas de 1 a 5. Ao retirar-se aleatoriamente uma bola de cada urna, a probabilidade da soma dos pontos ser maior do que 4 é:

a) $\dfrac{3}{5}$.   c) $\dfrac{1}{2}$.   e) $\dfrac{2}{3}$.

b) $\dfrac{2}{5}$.   d) $\dfrac{1}{3}$.

15. Uma urna contém somente bolas brancas e bolas pretas, todas iguais. A probabilidade da retirada de uma bola preta ao acaso é $\dfrac{7}{11}$. Qual é a probabilidade da retirada de uma bola branca?

PANORAMA

FAÇA OS EXERCÍCIOS A SEGUIR E VEJA O QUE VOCÊ APRENDEU.

16. (Saresp) Todos os dias, um dos inspetores de qualidade de uma empresa retira 10 peças fabricadas por uma máquina e verifica quantas estão defeituosas. Na tabela abaixo, tem-se parte do relatório dessa atividade.

Número acumulado de dias	Número total de peças defeituosas
1	3
10	28
100	302
200	599
300	901

Analisando essa tabela, pode-se avaliar que a probabilidade de encontrar uma peça defeituosa na produção dessa máquina é de:

a) $\dfrac{1}{2}$.   b) $\dfrac{2}{5}$.   c) $\dfrac{1}{5}$.   d) $\dfrac{3}{10}$.

17. (IFSul-RS) Considerando o termo "neves", podemos afirmar que a probabilidade de escolhermos uma letra ao acaso deste termo e esta ser uma vogal é:

a) $\dfrac{1}{4}$.   b) $\dfrac{1}{2}$.   c) $\dfrac{1}{5}$.   d) $\dfrac{2}{5}$.

18. (PUC-RJ) Sejam os conjuntos $A = \{1, 2, 3, 4\}$ e $B = \{8, 9, 10\}$. Escolhendo-se ao acaso um elemento de A e um elemento de B, a probabilidade de que a soma dos dois números escolhidos seja um número ímpar é:

a) $\dfrac{1}{2}$.   c) $\dfrac{12}{25}$.   e) $\dfrac{7}{10}$.

b) $\dfrac{3}{5}$.   d) $\dfrac{6}{25}$.

19. (UEG-GO) Pedro jogou dois dados comuns numerados de 1 a 6. Sabendo-se que o produto dos números sorteados nos dois dados é múltiplo de 3, a probabilidade de terem sido sorteados os números 3 e 4 é uma em:

a) 18.   c) 10.
b) 12.   d) 9.

20. (UERJ) Um menino vai retirar ao acaso um único cartão de um conjunto de sete cartões. Em cada um deles está escrito apenas um dia da semana, sem repetições: segunda, terça, quarta, quinta, sexta, sábado, domingo. O menino gostaria de retirar sábado ou domingo.

A probabilidade de ocorrência de uma das preferências do menino é:

a) $\dfrac{1}{49}$.   b) $\dfrac{2}{49}$.   c) $\dfrac{1}{7}$.   d) $\dfrac{2}{7}$.

21. (IFSul-RS) De acordo com a revista *Veja*, "um em cada cinco adolescentes pratica *bullying* no Brasil", violência caracterizada por agressões verbais ou físicas, intencionais, aplicadas repetidamente contra uma pessoa ou um grupo.

Disponível em: <http://veja.abril.com.br/noticia/educacao/um-em-cada-cinco-adolescentes-pratica-bullying-no-brasil/>. Acesso em: 30 abr. 2019.

Com base em tais informações, afirma-se que a probabilidade de um adolescente praticar *bullying* no Brasil é de:

a) 10%.   b) 20%.   c) 50%.   d) 60%.

22. (IFSP) O gráfico abaixo apresenta informações sobre os números de livros lidos no mês passado pelos alunos de uma determinada turma. Sabendo-se que a informação de todos os alunos consta nesse gráfico, e que não há aluno que leu mais de 3 livros, utilize-o para responder à(s) questão(ões).

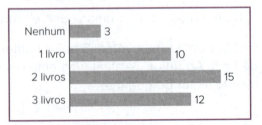

Escolhido aleatoriamente um aluno dessa turma, a probabilidade de o aluno escolhido não ter lido livro no mês passado é:

a) 3,5%.   c) 2,5%.   e) 7,5%.
b) 2,75%.   d) 1,75%.

AQUI TEM MAIS

Um pouco da história das probabilidades

O campo de estudos da Matemática que se chama cálculo de probabilidades é recente na história: iniciou-se no século XVI. Antes desse século, um evento acontecer ou não era atribuído somente a ter ou não sorte ou à vontade dos "deuses". Veja a seguir alguns dos importantes matemáticos que contribuíram muito para o desenvolvimento do cálculo de probabilidades.

← Pierre Fermat, francês (1601-1665).

→ Christiaan Huygens, holandês (1629-1695).

← Blaise Pascal, também francês (1623-1662).

→ Girolamo Cardano, italiano (1501-1576).

Há registros de que Cardano usou conhecimentos de probabilidade para vencer um duelo. Ele estudou principalmente as chances relacionadas ao lançamento de dados.

Pascal e Fermat se comunicavam por meio de cartas para criar teorias sobre probabilidade de eventos em jogos de azar. Desses diálogos e conjecturas começou a se desenvolver o estudo das probabilidades. Huygens publicou seu primeiro trabalho sobre probabilidade em 1657, tendo como base as cartas trocadas entre Pascal e Fermat. Deve-se a Huygens a criação do conceito de chance. A história das probabilidades está relacionada com a procura por estratégias que possibilitassem ter melhores chances de vencer em apostas, em jogos de azar.

Somente no século XVII as probabilidades passaram a ser estudadas matematicamente. Jakob Bernoulli (1654-1705) foi o primeiro a escrever um livro de Matemática sobre cálculo de chances.

Nos dias de hoje, ao lado da Estatística, as probabilidades são amplamente utilizadas nas mais variadas atividades humanas, como na previsão do tempo, no estudo de modelos econômicos, no comércio e na indústria para avaliar riscos, no cálculo do valor de seguros de bens ou de saúde, entre muitos outros.

São Paulo, SP
quinta-feira, 18:20
Parcialmente nublado

24 °C | °F

Chuva: 40% → **Probabilidade de chuva**
Umidade: 76%
Vento: 21 km/h

Retas e ângulos

Vamos relembrar conceitos geométricos que vimos no volume do 6º ano.

Posição relativa de duas retas no plano

Duas retas distintas num mesmo plano podem ser paralelas, concorrentes ou perpendiculares.

Paralelas: não têm ponto comum.

> As retas r e s são paralelas. Podemos escrever r // s.

Concorrentes: têm um único ponto comum.

> A reta r é concorrente à reta s.

Perpendiculares: são retas concorrentes que formam entre si 4 ângulos retos (90°).

> As retas r e s são perpendiculares. Podemos escrever r ⊥ s.

As linhas laterais de um campo de futebol nos lembram retas paralelas.

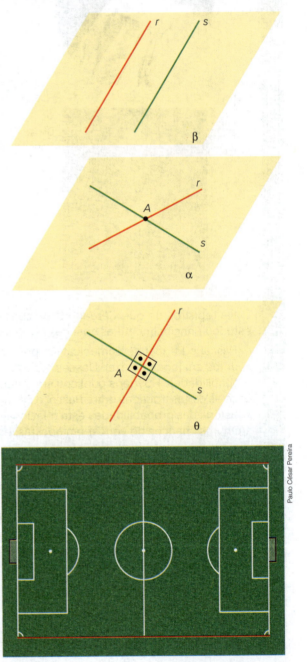

180

Semirreta

Um ponto *P* qualquer de uma reta *r* divide essa reta em duas partes, denominadas **semirretas** de **origem** *P*.

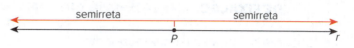

Para distinguirmos as semirretas, marcamos os pontos *A* e *B* pertencentes a cada semirreta.

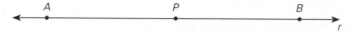

Na figura você tem:
- $\overrightarrow{PA}$ é a semirreta de origem *P* e que passa pelo ponto *A*;
- $\overrightarrow{PB}$ é a semirreta de origem *P* e que passa pelo ponto *B*.

Segmento de reta

Marcamos os pontos *A* e *B* sobre a reta *r*. Determinamos o segmento *AB*.

Um segmento é limitado em ambos os sentidos, e os pontos *A* e *B* são os extremos do segmento *AB*.

Um segmento tem medida. No exemplo, *AB* = 3 cm.

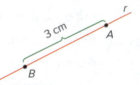

Notação: $\overline{AB}$ (com traço em cima) indica o segmento de reta de extremos *A* e *B*.
AB (sem traço em cima) indica a medida do segmento.

Segmentos consecutivos

Dois segmentos de reta que têm uma extremidade comum são chamados **consecutivos**.

$\overline{AB}$ e $\overline{BC}$ são consecutivos. $\overline{EF}$ e $\overline{FG}$ são consecutivos.

Segmentos colineares

Dois segmentos de reta são colineares se estão numa mesma reta.

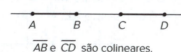 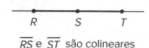

$\overline{AB}$ e $\overline{CD}$ são colineares. $\overline{RS}$ e $\overline{ST}$ são colineares (e consecutivos).

Segmentos congruentes

Dois segmentos de reta são congruentes quando têm medidas iguais.

$\overline{AB}$ e $\overline{CD}$ são congruentes. Escrevemos $AB \equiv CD$.

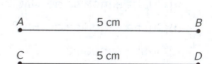

Ponto médio de um segmento

Um ponto *M* é chamado ponto médio de $\overline{AB}$ se *M* está entre *A* e *B* e $\overline{AM}$ é congruente a $\overline{MB}$ ($\overline{AM} \equiv \overline{MB}$).

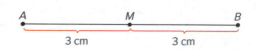

181

EXERCÍCIOS
DE FIXAÇÃO

1. Observe a figura ao lado e responda:

   a) Como foi nomeada a reta ilustrada?
   b) Quais dos pontos nomeados pertencem à reta?
   c) Quais dos pontos nomeados não pertencem à reta?
   d) Os pontos P, Q e T são colineares?
   e) É possível traçar uma reta passando pelos pontos P, Q e T?

2. Observe a figura e classifique os pares de retas em paralelas ou concorrentes.

   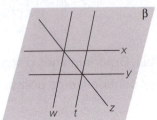

   a) w e t paralelas
   b) x e w concorrentes
   c) z e y concorrentes
   d) x e y paralelas
   e) x e t concorrentes
   f) w e z concorrentes

3. Observe os segmentos e responda:

   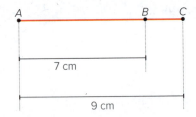
   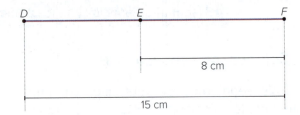

   a) Qual é a medida de $\overline{AC}$?
   b) Qual é a medida de $\overline{EF}$?
   c) Qual é a medida de $\overline{BC}$?
   d) Qual é a medida de $\overline{DE}$?

4. Na figura a seguir, M é o ponto médio de $\overline{AB}$ e N é o ponto médio de $\overline{BC}$. Sabendo que $\overline{AB}$ mede 8 cm e $\overline{BC}$ mede 6 cm, responda:

   a) Qual é a medida de $\overline{AM}$?
   b) Qual é a medida de $\overline{BN}$?
   c) Qual é a medida de $\overline{MN}$?
   d) Qual é a medida de $\overline{AN}$?

5. Determine x sendo AD = 45 cm.

   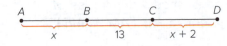

Ângulos

Ângulo é a figura formada por duas semirretas de mesma origem.

 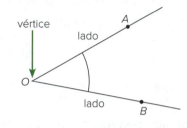

- vértice: O
- lados: $\overrightarrow{OA}$ e $\overrightarrow{OB}$
- indicação: $A\hat{O}B$ ou $B\hat{O}A$ ou $\hat{O}$

A medida de um ângulo depende de sua abertura: quanto maior a abertura, maior a medida do ângulo. Na ilustração abaixo, a medida de $C\hat{O}D$ é maior do que a medida de $A\hat{O}B$ porque $C\hat{O}D$ tem maior abertura. Dois ângulos que têm a mesma medida são ângulos congruentes.

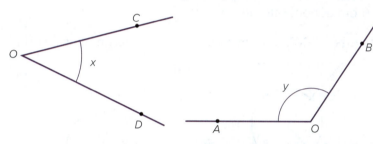

É comum usar letras minúsculas para representar a medida de um ângulo. Neste exemplo, a medida de $C\hat{O}D$ foi indicada por x e a de $A\hat{O}B$, por y.

$y > x$

A unidade de medida de ângulos é o grau.

O ângulo de uma volta mede 360°.   O ângulo de meia-volta mede 180° (ângulo raso).

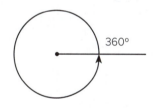 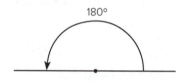

O ângulo de 90° é chamado de ângulo reto.
- 4 ângulos retos formam um ângulo de 1 volta
- 2 ângulos retos formam um ângulo raso

Para medir ângulos, usamos um transferidor.

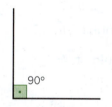

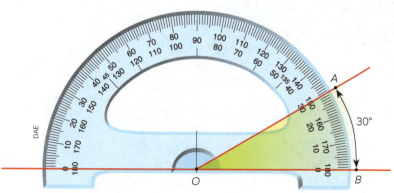

O ângulo $A\hat{O}B$ mede 30°.

183

EXERCÍCIOS
DE FIXAÇÃO

6. Use régua e transferidor para traçar no caderno um ângulo de:

a) 40°;   b) 75°;   c) 120°;   d) 90°.

7. Quanto mede um ângulo de:

a) $\frac{1}{4}$ de volta?   b) $\frac{3}{4}$ de volta?   c) $\frac{1}{6}$ de volta?   d) $\frac{1}{12}$ de volta?

8. De acordo com sua medida, os ângulos podem ser classificados em:
- ângulo agudo (medida menor do que 90°);
- ângulo reto (medida igual a 90°);
- ângulo obtuso (medida maior do que 90°).

Classifique cada ângulo do exercício 6 em agudo, reto ou obtuso.

9. Lembrando que o ângulo de uma volta mede 360°, determine o valor de x nos ângulos a seguir.

a) 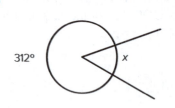   b) 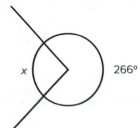   c)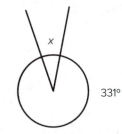

10. Observe a figura a seguir, em que os pontos A, O e C estão alinhados.

a) Indique um ângulo reto.
b) Indique um ângulo raso.
c) Indique um ângulo agudo.
d) Indique um ângulo obtuso.
e) Qual é a medida do ângulo x?
f) Qual é a medida do ângulo $A\hat{O}S$?

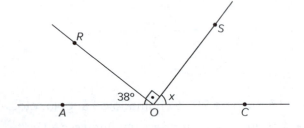

11. Qual é a medida do ângulo $A\hat{O}B$?

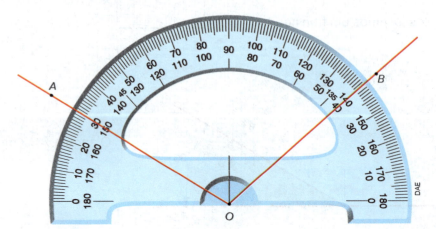

Ângulos especiais

Ângulos complementares

Observe os ângulos representados a seguir. A soma das medidas desses ângulos é 90°. Dizemos que AÔB e CÔD são **ângulos complementares**.

Dois ângulos são complementares quando a soma de suas medidas é 90°.

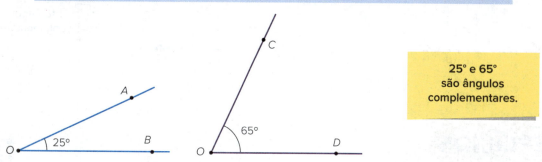

25° e 65° são ângulos complementares.

EXERCÍCIOS DE FIXAÇÃO

12. Responda:
a) Um ângulo de 40° e um de 50° são complementares?
b) Um ângulo de 15° e um de 85° são complementares?
c) Um ângulo de 48° e um de 42° são complementares?

13. Calcule o complemento dos seguintes ângulos:

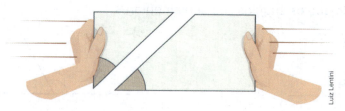

a) 24°   b) 62°   c) 83°20'   d) 60°30'

14. Calcule x sabendo que os ângulos são complementares.

a)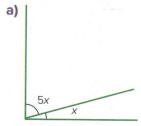
b)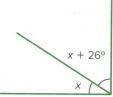
c)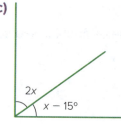
d)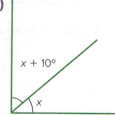

Ângulos suplementares

Observe os ângulos dados na figura. A soma das medidas desses ângulos é 180°.
Dizemos que $A\hat{O}B$ e $C\hat{O}D$ são **ângulos suplementares**.

> Dois ângulos são suplementares quando a soma de suas medidas é 180°.

30° e 160° são ângulos suplementares.

EXERCÍCIOS DE FIXAÇÃO

15. Responda às questões.

a) Um ângulo de 60° e um de 120° são suplementares?

b) Um ângulo de 86° e um de 104° são suplementares?

c) Um ângulo de 145° e um de 35° são suplementares?

16. Calcule o suplemento dos seguintes ângulos:

a) 18°

b) 150°

c) 93°40′

d) 116°30′

17. Calcule x sabendo que os ângulos são suplementares.

a)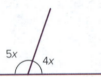

c)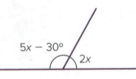

b)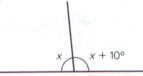

d)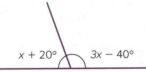

18. Calcule x sabendo que os ângulos são suplementares.

a)

b)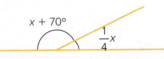

Ângulos opostos pelo vértice

Dois ângulos são opostos pelo vértice quando os lados de um são semirretas opostas aos lados do outro.

Na figura:

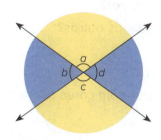

- $\hat{a}$ e $\hat{c}$ são ângulos opostos pelo vértice;
- $\hat{b}$ e $\hat{d}$ são ângulos opostos pelo vértice.

Se você medir e comparar os quatro ângulos indicados, vai perceber que os ângulos opostos pelo vértice têm medida igual. Observe que é fácil provar que a e c são sempre iguais.

$\begin{cases} a + d = 180° \\ c + d = 180° \end{cases}$ Logo: $a + \cancel{d} = c + \cancel{d} \Rightarrow a = c$.

Da mesma maneira, prova-se que: $b = d$.

Então:

Dois ângulos opostos pelo vértice são congruentes.

Exemplo:

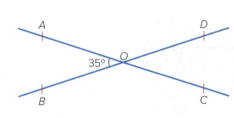

$A\hat{O}B$ e $C\hat{O}D$ são ângulos opostos pelo vértice. Então, $A\hat{O}B = C\hat{O}D = 35°$.

$A\hat{O}D$ é suplementar de 35°.

$A\hat{O}D = 145°$.

Como $A\hat{O}D$ e $B\hat{O}C$ são opostos pelo vértice, temos que $A\hat{O}D = B\hat{O}C = 145°$.

Vamos ver se você é observador.

$A\hat{B}C$ e $D\hat{B}E$ são ângulos opostos pelo vértice? Por quê?

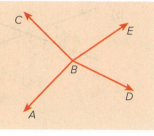

TENTE RESPONDER SOZINHO. DEPOIS, CONFIRA COM O PROFESSOR.

187

EXERCÍCIOS DE FIXAÇÃO

19. Veja os quatro ângulos formados por duas retas que se cortam:

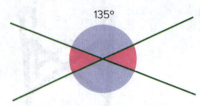

a) Como se chamam os ângulos indicados com a mesma cor?
b) Sabendo a medida de um ângulo, você encontra todos os outros?
c) Quais são as medidas dos outros três ângulos?
d) Como são as medidas dos ângulos com a mesma cor?
e) Qual é a soma das medidas de dois ângulos indicados com cores diferentes?

20. Observe a figura ao lado e responda:

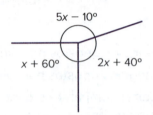

a) Existem ângulos opostos pelo vértice?
b) Qual é a soma das medidas dos três ângulos?
c) Qual é o valor de x?

21. Calcule os ângulos indicados pelas letras.

a)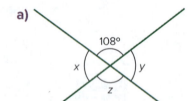

b)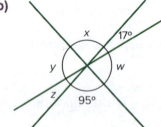

22. Calcule os ângulos indicados pelas letras.

a)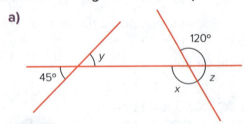

b)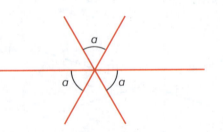

23. Calcule x.

a)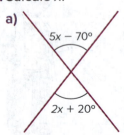

b)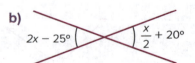

EXERCÍCIOS
COMPLEMENTARES

24. Determine o valor de *x*.

a)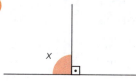

b)

c)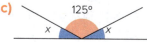

d)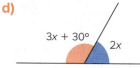

25. Calcule o valor de *x*.

a)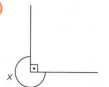

b)

c)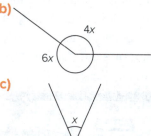

26. Calcule *x* e *y*.

a)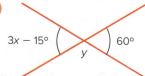

b)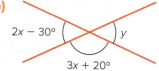

27. Qual é o valor do ângulo determinado pelas retas vermelhas da figura abaixo?

Luiz Lentini

28. O dobro do complemento de um ângulo é 130°. Quanto mede o ângulo?

Solução:
- Seja *x* a medida do ângulo.
- O complemento do ângulo é 90° − *x*.

$$2(90° - x) = 130°$$

O dobro do complemento do ângulo é igual a 130°.

- Resolvendo a equação:

$$2(90° - x) = 130°$$
$$180° - 2x = 130°$$
$$-2x = 130° - 180°$$
$$-2x = -50°$$
$$2x = 50°$$
$$x = 25°$$

Resposta: 25°.

29. A metade da medida do suplemento de um ângulo é 70°. Calcule a medida do ângulo.

30. (PUC-MG) O dobro do complemento de um ângulo é igual à quinta parte do suplemento desse ângulo. A medida desse ângulo é igual a:

a) 80°.   c) 40°.
b) 60°.   d) 30°.

189

PANORAMA

FAÇA AS ATIVIDADES A SEGUIR E REVEJA O QUE VOCÊ APRENDEU.

31. Duas retas de um mesmo plano não têm ponto comum. As retas são:
a) perpendiculares.
b) concorrentes.
c) paralelas.
d) coincidentes.

32. Na ilustração, M é o ponto médio de $\overline{AB}$.

Se AM = 13 cm e MP = 6 cm, então $\overline{PB}$ mede:
a) 7 cm.
b) 6 cm.
c) 5 cm.
d) 4 cm.

33. (UMC-SP) O valor de x na figura é:

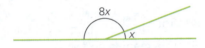

a) 20°.
b) 30°.
c) 40°.
d) 45°.

34. (Obmep) Qual é a medida do menor ângulo formado pelos ponteiros de um relógio quando ele marca 12 horas e 30 minutos?

a) 120°
b) 135°
c) 150°
d) 165°

35. Quantos graus percorre o ponteiro dos minutos de um relógio em 42 minutos?
a) 220°
b) 240°
c) 252°
d) 270°

36. O ângulo 72° corresponde ao:
a) suplemento de 98°.
b) complemento de 98°.
c) suplemento de 108°.
d) complemento de 108°.

37. (UFMA) Dois ângulos opostos pelo vértice medem 3x + 10° e x + 50°. Um deles mede:
a) 20°.
b) 30°.
c) 70°.
d) 80°.

38. A terça parte da medida do suplemento de um ângulo de 18° é:
a) 26°.
b) 54°.
c) 56°.
d) 60°.

39. (Cefet-PR) Se um ângulo a está para seu complementar b assim como 5 está para 13, então a é igual a:
a) 25°.
b) 50°.
c) 65°.
d) 130°.

40. (Saresp) O movimento completo do limpador de para-brisa de um carro corresponde a um ângulo raso. Na situação descrita pela figura, admita que o limpador está girando no sentido horário e calcule a medida do ângulo que falta para que ele complete o movimento completo.

a) 50°
b) 120°
c) 140°
d) 160°

41. O ângulo de medida 3x − 15 é oposto pelo vértice com o ângulo de medida 84°. Então, x vale:
a) 99°.
b) 66°.
c) 33°.
d) 23°.

42. (Obmep) Uma tira de papel retangular é dobrada ao longo da linha tracejada, conforme indicado, formando a figura plana da direita. Qual a medida do ângulo x?

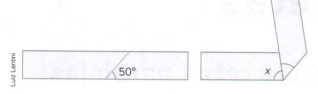

a) 50°
b) 80°
c) 100°
d) 130°

43. Observe a figura:

Se $A\hat{O}B = 45°$, então $C\hat{O}D$ e $B\hat{O}D$ medem, respectivamente:

a) 45° e 135°.
b) 135° e 45°.
c) 35° e 145°.
d) 45° e 125°.

44. (UFMA) Calcule x e determine o valor dos ângulos adjacentes A e B.

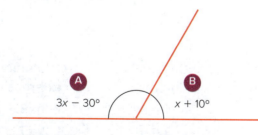

a) 90° e 90°
b) 120° e 60°
c) 100° e 80°
d) 105° e 75°

45. São suplementares os ângulos:

a) 35° e 65°.
b) 135° e 45°.
c) 125° e 55°.
d) 172° e 28°.

46. Na figura abaixo, o suplemento do ângulo x mede:

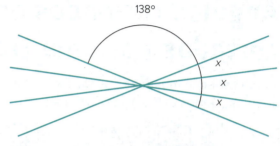

a) 76°.
b) 124°.
c) 132°.
d) 166°.

47. Identifique a alternativa correta.

a) O suplemento de um ângulo agudo pode ser um ângulo agudo.
b) O complemento de um ângulo agudo pode ser um ângulo reto.
c) Dois ângulos suplementares sempre são agudos.
d) O complemento de um ângulo agudo é sempre um ângulo agudo.

48. (Uece) O ângulo igual a $\dfrac{5}{4}$ do seu suplemento mede:

a) 36°.
b) 80°.
c) 144°.
d) 100°.

49. (PUC-SP) Um ângulo mede a metade do seu complemento. Então, esse ângulo vale:

a) 30°.
b) 45°.
c) 60°.
d) 90°.

50. (ETI-SP) A diferença entre o suplemento e o complemento de um ângulo qualquer é:

a) um ângulo raso.
b) um ângulo reto.
c) um ângulo agudo.
d) um ângulo obtuso.

CAPÍTULO 23 — Ângulos formados por três retas

Ângulos formados por duas retas paralelas cortadas por uma transversal

A ilustração mostra que a rua T é uma travessa (ou transversal) das ruas A e B. Veja que formam ângulos. Vamos estudar essa situação dentro da Geometria.

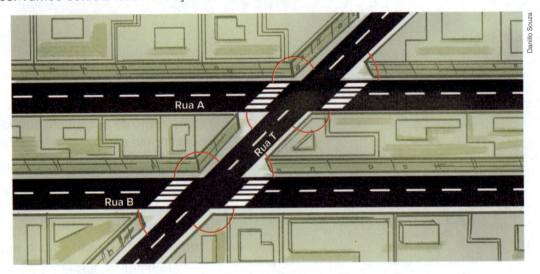

Duas retas paralelas *r* e *s* cortadas pela transversal *t* formam oito ângulos.

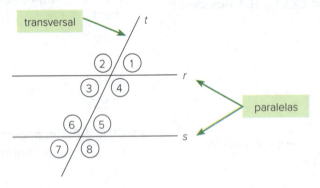

Os pares de ângulos são assim denominados:

Correspondentes	Alternos internos	Alternos externos	Colaterais internos	Colaterais externos
1 e 5	4 e 6	1 e 7	4 e 5	1 e 8
2 e 6	3 e 5	2 e 8	3 e 6	2 e 7
3 e 7				
4 e 8				

EXERCÍCIOS
DE FIXAÇÃO

1. Observe a figura e complete.

   a) Os ângulos 3 e ▨ são correspondentes.
   b) Os ângulos 1 e ▨ são correspondentes.
   c) Os ângulos 8 e ▨ são correspondentes.
   d) Os ângulos 2 e ▨ são correspondentes.

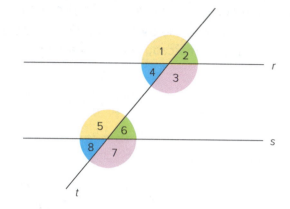

2. Observe a figura ao lado e responda:

   a) Quais são os quatro ângulos internos?
   b) Quais são os quatro ângulos externos?

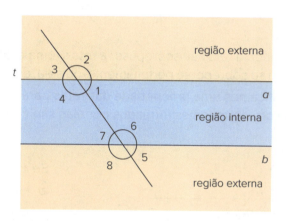

3. Escreva o nome que recebem os pares de ângulos a seguir.

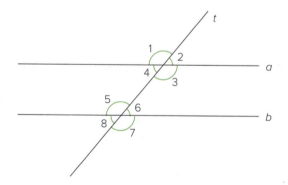

ÂNGULOS COLATERAIS: DO MESMO LADO DE *t*.

ÂNGULOS ALTERNOS: UM DE CADA LADO DE *t*.

a) 4 e 8 são ângulos ▨
b) 4 e 5 são ângulos ▨
c) 4 e 6 são ângulos ▨
d) 1 e 7 são ângulos ▨
e) 1 e 8 são ângulos ▨
f) 2 e 6 são ângulos ▨
g) 3 e 5 são ângulos ▨

Propriedades

As retas *r* e *s* são paralelas, e a reta *t* é transversal a elas.

Marcamos em vermelho dois ângulos correspondentes.

Imagine a reta *r* se deslocando na direção da reta *s*, mas mantendo-se paralela à sua posição inicial. O ângulo marcado acompanha a reta.

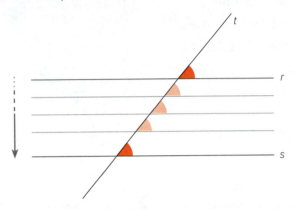

Quando a reta *r* se sobrepuser à reta *s* (uma exatamente sobre a outra), os ângulos em vermelho também se sobreporão perfeitamente, ou seja, esses ângulos têm mesma medida: são **congruentes**.

Verificamos uma propriedade das retas paralelas cortadas por uma transversal: os pares de ângulos correspondentes formados por elas são congruentes.

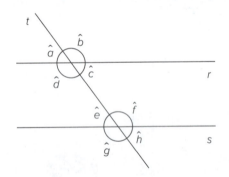

Se *r* e *s* são paralelas, então:

$\hat{b} \equiv \hat{f}$
$\hat{c} \equiv \hat{h}$
$\hat{a} \equiv \hat{e}$
$\hat{d} \equiv \hat{g}$

> Para indicar que dois ângulos são congruentes usamos o sinal ≡.

Com base nessa propriedade, podemos descobrir outras. Vamos usar a mesma ilustração.

1. $\hat{a} \equiv \hat{e}$, pois são correspondentes e *r* // *s*.
   $\hat{a} \equiv \hat{c}$, pois são opostos pelo vértice.

   Então, $\hat{e} \equiv \hat{c}$.
   Ângulos alternos internos são congruentes.

   Da mesma maneira chegamos a $\hat{d} \equiv \hat{f}$.

2. $\hat{a} \equiv \hat{e}$, pois são correspondentes e *r* // *s*.
   $\hat{e} \equiv \hat{h}$, pois são opostos pelo vértice.

   Então, $\hat{a} \equiv \hat{h}$.
   Ângulos alternos externos são congruentes.

3. $\hat{a} + \hat{d} = 180°$

   Como $\hat{a} \equiv \hat{e}$, temos que $\hat{d} + \hat{e} = 180°$.

   Descobrimos que pares de ângulos colaterais internos são suplementares, ou seja, somam 180°.

   Utilizando o mesmo tipo de raciocínio, podemos concluir que os pares de ângulos colaterais externos são suplementares.

Veja a seguir as propriedades que descobrimos.

Resumo

Os ângulos formados por duas retas paralelas cortadas por uma transversal apresentam as seguintes propriedades:

Correspondentes

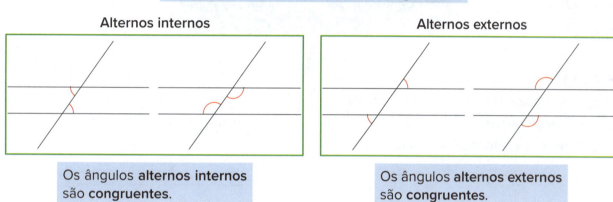

Os ângulos **correspondentes** são **congruentes**.

Alternos internos

Alternos externos

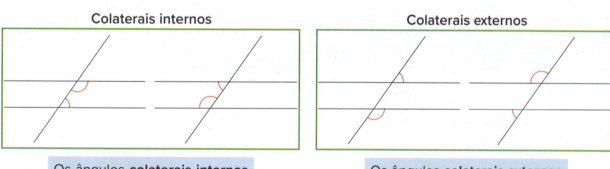

Os ângulos **alternos internos** são **congruentes**.

Os ângulos **alternos externos** são **congruentes**.

Colaterais internos

Colaterais externos

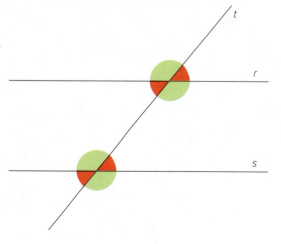

Os ângulos **colaterais internos** são **suplementares**.

Os ângulos **colaterais externos** são **suplementares**.

Tarefa especial

Observe, ao lado, as duas retas paralelas cortadas por uma transversal.

Meça os ângulos e anote os resultados.

Responda:

a) Quantos ângulos foram formados?

b) Quanto mede cada ângulo marcado em vermelho?

c) Quanto mede cada ângulo marcado em verde?

d) Quanto mede um ângulo em vermelho mais um ângulo em verde?

EXERCÍCIOS DE FIXAÇÃO

4. Na imagem, duas ruas desenhadas são paralelas. Determine a medida dos ângulos indicados com ponto de interrogação.

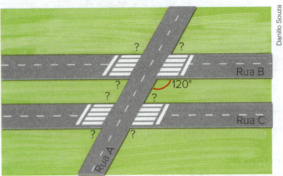

5. Na figura, as retas *r* e *s* são paralelas. Indique:
   a) três ângulos congruentes aos ângulos *x*;
   b) ângulos congruentes ao ângulo *w*;
   c) ângulos suplementares ao ângulo *z*.

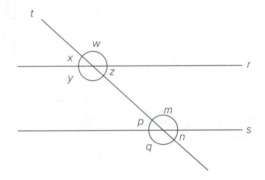

6. Observe as figuras. Em todas elas, estão desenhadas duas semirretas paralelas. Calcule *x* e *y* para cada caso:

a)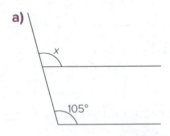

b)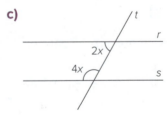

7. Sabendo que *r* // *s*, determine *x*.

a)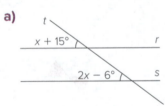

c)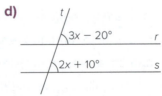

b)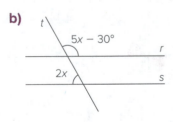

d)

EXERCÍCIOS
COMPLEMENTARES

8. Observe as figuras. Em todas elas estão desenhadas duas semirretas paralelas. Calcule x e y para cada caso.

a)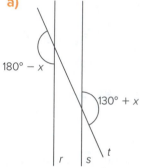

b)

9. As retas r e s são paralelas. Calcule x.

a)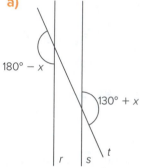

b)

r E s PARALELAS E t, TRANSVERSAL.

10. Na figura ao lado, as retas r e s são paralelas, bem como as retas m e n. Determine o valor de x.

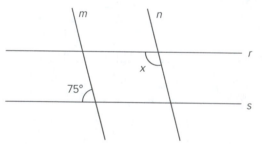

11. Sabendo que r // s, determine os ângulos indicados pelas expressões.

a) b)

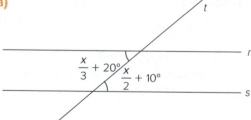

12. Sabendo que r // s, determine x.

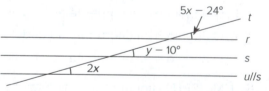

Dica
Pelo vértice do ângulo x trace uma reta auxiliar paralela a r que divida o ângulo x em duas partes, y e z.

197

PANORAMA

FAÇA AS ATIVIDADES A SEGUIR E REVEJA O QUE VOCÊ APRENDEU.

13. (Saresp) As retas r e s indicadas na figura são paralelas cortadas pela transversal t. A soma das medidas dos ângulos x, y, z e w é igual a:

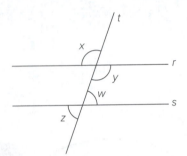

a) 270°.   c) 360°.
b) 180°.   d) 400°.

14. (Saresp) Na figura abaixo, as retas r, s e t são paralelas. Foram assinalados alguns ângulos formados pela reta v com estas retas. [Identifique] a única afirmativa **correta**.

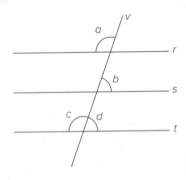

a) O ângulo a é congruente ao ângulo b.
b) O ângulo a é congruente ao ângulo c.
c) O ângulo b é congruente ao ângulo c.
d) O ângulo a é congruente ao ângulo d.

15. (UMC-SP) Na figura abaixo, as retas r e s são paralelas. A medida do ângulo x é:

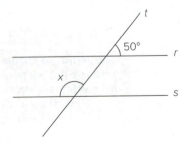

a) 50°.   b) 100°.   c) 130°.   d) 140°.

16. Na figura abaixo, r é paralela a s. As medidas dos ângulos indicados por x e y são, respectivamente:

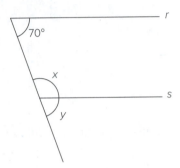

a) 70° e 110°.   c) 80° e 100°.
b) 110° e 70°.   d) 100° e 80°.

17. Nesta figura, o valor de x é:

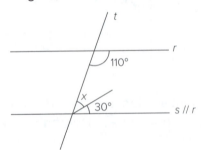

a) 30°.   b) 40°.   c) 45°.   d) 60°.

18. (Ufes) Uma transversal intercepta duas paralelas formando ângulos alternos internos expressos em graus por (5x + 8) e (7x − 12). A soma das medidas desses ângulos é:

a) 40°.   b) 58°.   c) 80°.   d) 116°.

19. (FCC-SP) Na figura abaixo tem-se r // s; t e u são transversais. O valor de x + y é:

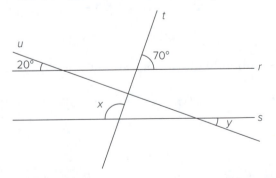

a) 100°.   b) 120°.   c) 130°.   d) 140°.

20. Na figura a seguir, r é paralela a s. As medidas dos ângulos indicados por a, b e c são, respectivamente:

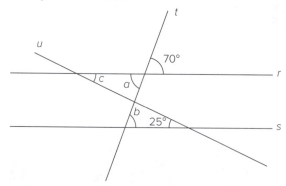

a) 70°, 70° e 25°.   c) 110°, 70° e 45°.
b) 70°, 110° e 45°.   d) 110°, 110° e 25°.

21. (FGV-SP) Considere as retas r, s, t, u todas num mesmo plano, com r // u. O valor em graus de (2x + 3y) é:

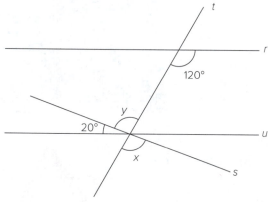

a) 500°.   c) 580°.
b) 520°.   d) 660°.

22. (PUC-SP) Sendo a paralela a b, então o valor de x é:

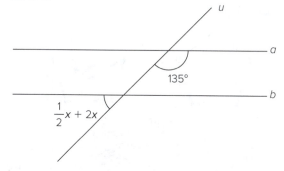

a) 45°.
b) 90°.
c) 18°.
d) 60°30'10".

23. (CAp-UFRJ) Na figura a seguir, as retas r, s, e t são paralelas. Então, o valor de y é:

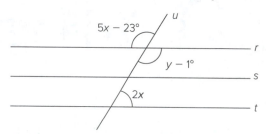

a) 29°   b) 124°   c) 122°   d) 123°

24. (Esan-SP) Sabendo-se que r, s e t são coplanares e r // s, os valores de x e y na figura são:

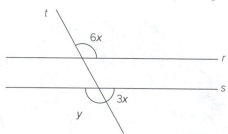

a) 40° e 80°.   c) 60° e 120°.
b) 80° e 20°.   d) 20° e 120°.

25. (PUC-SP) Se r é paralela a s, então m e n medem respectivamente:

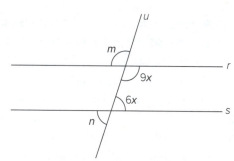

a) 100° e 80°.   c) 108° e 72°.
b) 120° e 60°.   d) 150° e 30°.

26. (Cesgranrio-RJ) As retas r e s da figura são paralelas cortadas pela transversal t. Se o ângulo $\hat{B}$ é o triplo de $\hat{A}$, então $\hat{B} - \hat{A}$ vale:

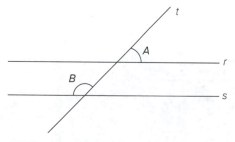

a) 75°.   b) 80°.   c) 85°.   d) 90°.

CAPÍTULO 24 — Triângulos

A rigidez dos triângulos

Observe nas imagens que a forma dos triângulos aparece com frequência em construções, especialmente quando as estruturas necessitam de bastante firmeza, como nos telhados, nas pontes ou torres.

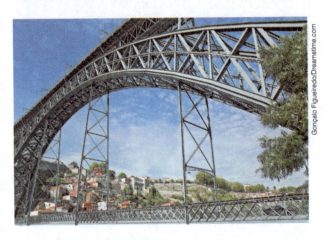

← Imagine como ficaria bamba a Torre Eiffel se não houvesse os triângulos para torná-la estável.

Essa aplicação de triângulos em construções acontece porque, dentre todos os polígonos, o triângulo é o único rígido: uma vez construído, não pode ser deformado.

Quando as medidas dos lados são fixadas, os ângulos também ficam fixos, assim, não é possível mudar sua forma. Podemos verificar isso construindo um triângulo com três varetas, presas com percevejos nas extremidades: não é possível deformá-lo.

Isso não acontece com outros polígonos. Mesmo mantendo as medidas dos lados, é possível mudar a forma do polígono e alterar as medidas de seus ângulos.

← Para dar maior rigidez ao portão, as barras transversais determinam triângulos.

← Essa peça é chamada "mão francesa". Ela tem forma triangular e é utilizada para sustentar prateleiras.

Triângulo – elementos

O triângulo é um polígono de três lados. Indicamos o triângulo ABC por △ABC.

- Os pontos A, B e C são os **vértices** do triângulo.
- Os segmentos $\overline{AB}$, $\overline{BC}$ e $\overline{CA}$ são os **lados** do triângulo.
- Os ângulos $\hat{A}$, $\hat{B}$ e $\hat{C}$ são **ângulos internos** do triângulo.

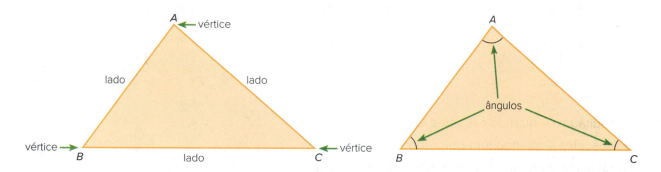

Ângulo externo

O ângulo formado por um dos lados com o prolongamento do outro chama-se **ângulo externo**.

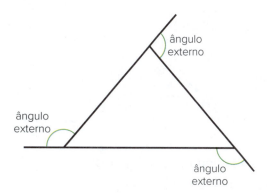

Perímetro

O perímetro de um triângulo é igual à soma das medidas de seus lados.

$$\text{Perímetro } \triangle_{ABC} = AB + BC + AC$$

Exemplo:

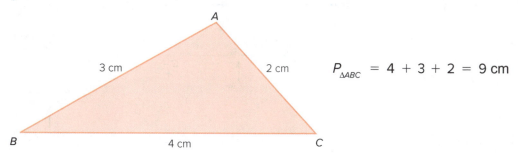

$P_{\triangle ABC} = 4 + 3 + 2 = 9 \text{ cm}$

Classificação dos triângulos

Quanto aos lados, os triângulos se classificam em:

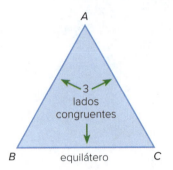 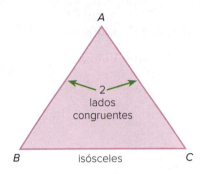 

- **equilátero** – quando seus três lados são congruentes;
- **isósceles** – quando tem dois lados congruentes;
- **escaleno** – quando seus lados têm medidas diferentes.

Quanto aos ângulos, os triângulos se classificam em:

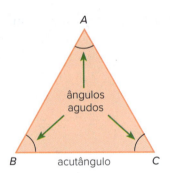 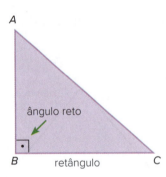 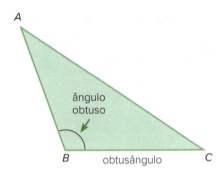

- **acutângulo** – quando seus três ângulos são agudos;
- **retângulo** – quando tem um ângulo reto;
- **obtusângulo** – quando tem um ângulo obtuso.

Em um triângulo retângulo, os lados que formam o ângulo reto chamam-se **catetos** e o lado oposto ao ângulo reto chama-se **hipotenusa**.

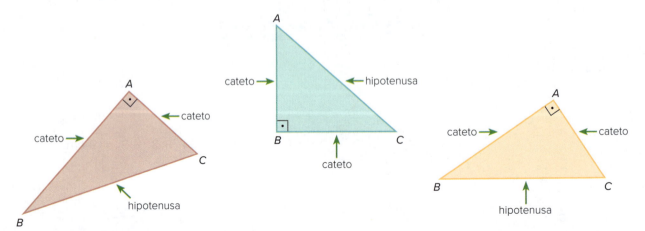

EXERCÍCIOS
DE FIXAÇÃO

1. Desenhe, na malha pontilhada, um triângulo que seja retângulo e isósceles.

2. Quem procura bem encontra cinco triângulos na figura abaixo: um deles é △CED. Quais são os outros quatro?

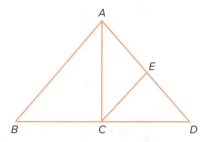

3. Os lados de um triângulo medem 10 cm, 13 cm e 13 cm. Como classificamos esse triângulo quanto aos lados?

4. Na decoração do teto de um salão foi construído um triângulo equilátero com fio de cobre. Se foi usado um pedaço de fio com 1,71 m de comprimento, quanto mede, em centímetros, cada lado do triângulo?

5. O perímetro de um triângulo é 23 cm. Dois lados medem respectivamente 6,4 cm e 7,5 cm. Calcule a medida do terceiro lado.

6. Classifique os triângulos em acutângulo, retângulo e obtusângulo.

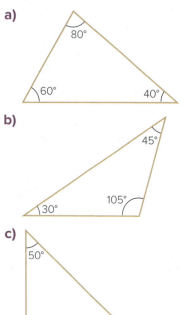

7. O perímetro do triângulo RST é 56 cm. Determine o comprimento do menor lado.

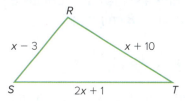

8. O perímetro de um triângulo é 63 cm. As medidas dos lados são dadas por três números ímpares e consecutivos. Quanto mede o maior lado desse triângulo?

9. Considere o triângulo isósceles a seguir.

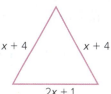

a) Qual expressão representa o perímetro do triângulo?

b) Calcule x de modo que o triângulo seja equilátero.

Condição de existência de um triângulo

Em todo triângulo, qualquer lado é menor que a soma dos outros dois.

Essa propriedade é conhecida como desigualdade triangular.

Veja:

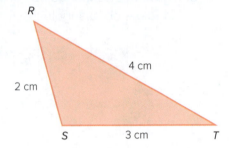

Vamos comparar a medida de cada lado com a soma das medidas dos outros dois.

Assim:

$$2 < 3 + 4 \text{ ou } 2 < 7$$
$$3 < 2 + 4 \text{ ou } 3 < 6$$
$$4 < 2 + 3 \text{ ou } 4 < 5$$

Se você tentar construir um triângulo cujos lados medem 8 cm, 4 cm e 3 cm, por exemplo, verificará que essa construção é impossível. Veja:

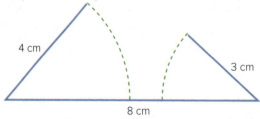

Note que a soma das medidas dos dois lados menores é **menor** que a medida do lado maior (4 cm + 3 cm < 8 cm).

Tarefa especial

1. Recorte canudos de plástico nas medidas: 7 cm, 8 cm e 10 cm.
   Com esses canudos, é possível formar um triângulo?

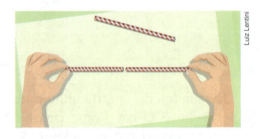

2. Recorte canudos de plástico nas medidas: 4 cm, 5 cm e 11 cm.
   É possível formar um triângulo com esses canudos?

EXERCÍCIOS
DE FIXAÇÃO

10. Existe ou não um triângulo com lados de medida:
   a) 3 cm, 4 cm e 5 cm?
   b) 6 cm, 9 cm e 18 cm?
   c) 2 cm, 4 cm e 6 cm?
   d) 4 cm, 6 cm e 8 cm?

11. Observe os trajetos de voo de um helicóptero que vai diretamente da cidade A para a cidade C.

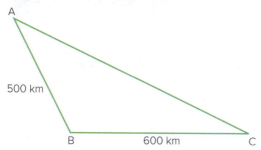

Escolha a afirmação verdadeira e, depois, justifique-a.
   a) A distância entre A e C é de 1 100 km.
   b) A distância entre A e C é inferior a 1 100 km.
   c) A distância entre A e C é superior a 1 100 km.

12. Podemos construir um triângulo com segmentos de 4 cm, 5 cm e 9 cm? Por quê?

13. Dois lados de um triângulo isósceles medem 25 cm e 10 cm. Qual deve ser a medida do terceiro lado?

14. Dispomos de 6 varetas com os comprimentos de 2 cm, 3 cm, 6 cm, 8 cm, 10 cm e 20 cm. Qual é o perímetro do maior triângulo que se pode construir com três dessas varetas?

15. A professora de Lucas pediu aos alunos que fizessem um triângulo isósceles. Lucas desenhou um lado do triângulo com 7 cm; depois outro com 3 cm. Qual deve ser o comprimento do terceiro lado do triângulo de Lucas?

16. Na figura, qual pode ser o valor de x sabendo que ele é expresso por um número inteiro?

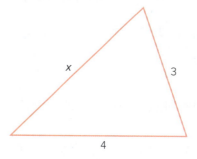

17. Dois lados de um triângulo medem 7 cm cada um. O comprimento do terceiro lado é um número natural em centímetros. No máximo, quanto pode medir o perímetro desse triângulo?
   a) 13 cm
   b) 20 cm
   c) 27 cm
   d) 28 cm

Soma das medidas dos ângulos internos de um triângulo

Faça esta atividade em uma folha de papel avulsa.

1. Desenhe um triângulo qualquer.

2. Pinte cada ângulo interno de uma cor.

3. Recorte o triângulo em 3 partes.

4. Reúna as partes coloridas pelos vértices.

Os ângulos reunidos formam exatamente um ângulo raso. Constatamos experimentalmente que:

> A soma das medidas dos ângulos internos de um triângulo é 180°.

Veja a prova dessa afirmação:

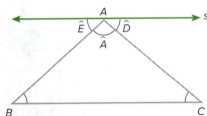

Pelo vértice A, traçamos a reta s paralela ao lado $\overline{BC}$ do triângulo ABC.

Temos: $\hat{E} \equiv \hat{B}$ (alternos internos)
$\hat{D} \equiv \hat{C}$ (alternos internos)

Como: $\hat{A} + \hat{E} + \hat{D} = 180°$

Então: $\hat{A} + \hat{B} + \hat{C} = 180°$

Congruente significa "de mesma medida".

Exemplos:

1. No triângulo PQR, x = 70° pois 30° + 80° + 70° = 180°.

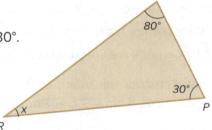

2. Calcule x no triângulo ao lado.

$2x + x + x + 20° = 180°$
$2x + x + x = 180° - 20°$
$4x = 160°$
$x = 40°$

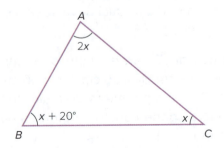

EXERCÍCIOS DE FIXAÇÃO

18. Copie e complete o quadro no caderno, sendo A, B e C ângulos internos de um triângulo.

A	20°	15°		85°	90°	
B	70°		60°	30°		27°
C		125°	60°		52°	41°

19. Observando as figuras, determine x em cada triângulo.

a)

b)

c)

20. Determine x em cada triângulo.

a)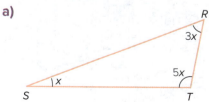

b)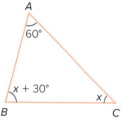

c)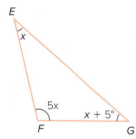

21. Determine x em cada triângulo.

a)

b)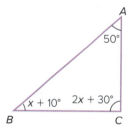

22. Calcule a medida dos ângulos indicados pelas letras.

a)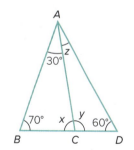

b)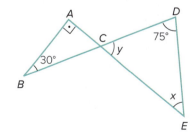

207

Medida de um ângulo externo

Acompanhe esta atividade com atenção.

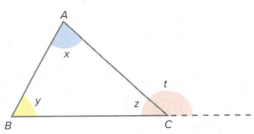

Temos:

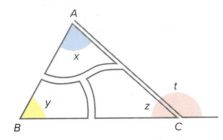   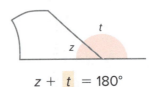   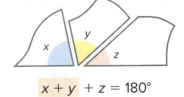

$z + t = 180°$ $x + y + z = 180°$

Logo: $t = x + y$

A medida de cada ângulo externo de um triângulo é igual à soma das medidas dos dois ângulos internos não adjacentes.

Veja a prova dessa afirmação:

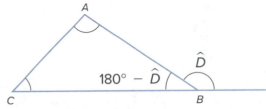

Seja um triângulo ABC qualquer e $\hat{D}$ um de seus ângulos externos. Pela soma das medidas dos ângulos internos, temos:

$$\hat{A} + \hat{C} + (180° - \hat{D}) = 180°$$
$$\hat{A} + \hat{C} + \cancel{180°} - \hat{D} = \cancel{180°} \Rightarrow \hat{D} = \hat{A} + \hat{C}$$

Exemplo:

Calcule o valor de x no triângulo abaixo.

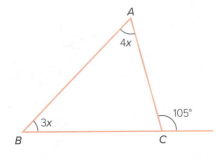

$4x + 3x = 105°$
$7x = 105°$
$x = 15°$

208

EXERCÍCIOS
DE FIXAÇÃO

23. Determine x em cada triângulo.

a)
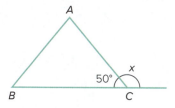

b)
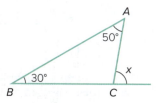

c)
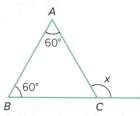

24. Determine x em cada triângulo.

a)
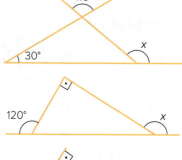

b)
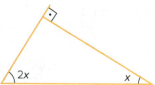

c)
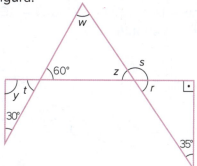

25. Determine a medida dos ângulos indicados na figura.

26. Calcule a medida dos ângulos indicados pelas letras.

a)
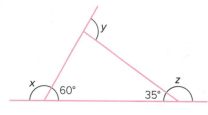

b)
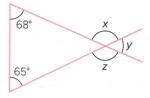

27. Determine x em cada triângulo.

a)
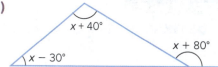

b)

28. Calcule x.

a)
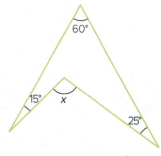

b)
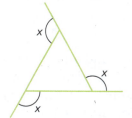

209

Relação entre lados e ângulos de um triângulo

Veja a comparação entre as medidas dos ângulos e a medida do lado oposto a cada ângulo do triângulo abaixo.

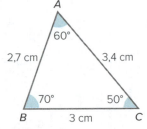

Note que:
- o **maior ângulo** está oposto ao **maior lado** e vice-versa;

ou

- o **menor ângulo** está oposto ao **menor lado** e vice-versa.

No caso do triângulo isósceles, aos lados congruentes, opõem-se ângulos congruentes.

EXERCÍCIOS DE FIXAÇÃO

29. Observe os esquadros e responda:

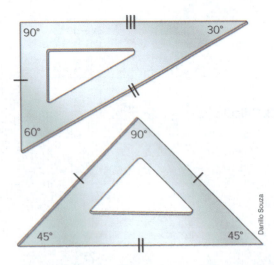

a) Ao **maior ângulo** opõe-se **o maior lado**?

b) Ao **menor ângulo** opõe-se **o menor lado**?

c) Qual é o maior lado de um triângulo retângulo?

d) Se um esquadro tiver dois ângulos congruentes, os lados opostos a esses ângulos também serão congruentes (veja esquadro de 45°)?

30. (Saresp) Observe os dados do triângulo abaixo. É correto afirmar que:

a) $AB = AC$
b) $\overline{AB}$ é o maior lado.
c) $\overline{AC}$ é o menor lado.
d) $\overline{BC}$ é o maior lado.

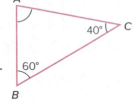

31. O que está **errado** na figura?

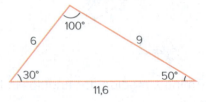

32. Na figura, temos $AD = DC$ e $AB = AC$. Quanto mede o ângulo BAD?

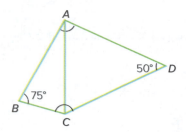

EXERCÍCIOS
COMPLEMENTARES

33. O perímetro de um triângulo equilátero é 52,5 cm. Quanto mede cada lado?

34. O perímetro de um triângulo isósceles é 70 m e a base mede 31 m. Quanto mede cada um dos outros lados?

35. (Saresp) Marcos tem varetas de madeira de vários tamanhos. Com elas pretende construir triângulos para a apresentação de um trabalho na escola. Ele separou as varetas em 4 grupos de 3, mediu cada uma delas e anotou os resultados nesta tabela:

	Vareta A	Vareta B	Vareta C
Grupo 1	30 cm	12 cm	12 cm
Grupo 2	30 cm	30 cm	30 cm
Grupo 3	25 cm	26 cm	27 cm
Grupo 4	28 cm	15 cm	15 cm

Ao começar a colar as varetas na cartolina para construir os triângulos, descobriu que não seria possível fazê-lo com as varetas do:

a) grupo 1.
b) grupo 2.
c) grupo 3.
d) grupo 4.

36. Qual é o valor de x quando o perímetro é 45 cm?

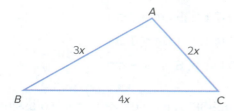

37. O triângulo RST é equilátero. Determine x e y.

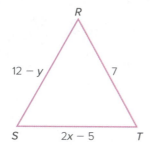

38. Na figura, o △ABC é isósceles e o lado com medida diferente é $\overline{BC}$. Determine BC.

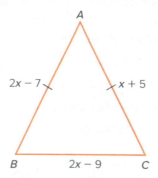

39. (Facap-SP) Sabendo que os ângulos internos de um triângulo medem $\frac{5x}{2} - 23°$, $x + 10°$, $2x - 5°$, determine o valor de x.

40. Calcule a medida dos ângulos indicados pelas letras.

a)
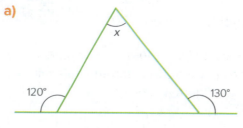

b)
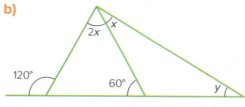

c)
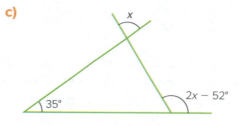

d)
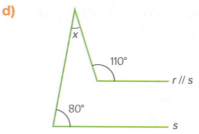

211

PANORAMA

FAÇA OS EXERCÍCIOS A SEGUIR E VEJA O QUE VOCÊ APRENDEU.

41. (Encceja-MEC) Os carpinteiros costumam colocar uma espécie de trava de forma triangular quando fazem portões, telhados etc. Isso se deve ao fato de que o triângulo é, dentre os polígonos:

a) o que tem mais ângulos.

b) o que tem mais lados.

c) o que suporta maior peso.

d) uma figura rígida que não se deforma.

42. (Sesi-SP) Mozart fez uma pipa juntando dois triângulos equiláteros, como mostra a figura. O ângulo α é:

a) agudo e mede 90°.

b) obtuso e mede 60°.

c) obtuso e mede 120°.

d) obtuso e mede 150°.

43. (Saresp) Duas pessoas disputam uma corrida em volta de um terreno triangular, conforme a figura a seguir.

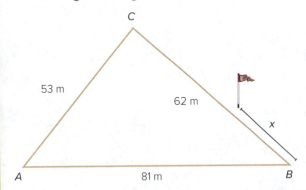

Elas saem juntas do ponto A, mas cada uma vai por um caminho diferente. Quem bater primeiro na bandeira de chegada que se encontra entre C e B ganha a corrida. Para que as duas pessoas percorram a mesma distância, a bandeira deve ser colocada a:

a) 40 m da esquina C.

b) 31 m da esquina B ou C.

c) 17 m da esquina B.

d) 15 m da esquina B.

44. O valor de x na figura é:

a) 50°.

b) 60°.

c) 70°.

d) 100°.

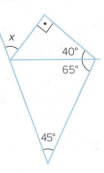

45. (PUC-SP) Quanto mede o ângulo x?

a) 30°

b) 50°

c) 80°

d) 100°

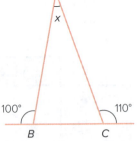

46. Rodrigo cortou canudinhos de refresco com comprimentos diferentes.

Qual dos conjuntos de canudinhos a seguir ele deve usar para construir um triângulo?

a) 10 cm, 4 cm e 6 cm

b) 12 cm, 5 cm e 3 cm

c) 14 cm, 4 cm e 8 cm

d) 12 cm, 6 cm e 9 cm

47. (SEE-SP) A medida x, do ângulo assinalado na figura abaixo, é igual a:

a) 118°.

b) 125°.

c) 132°.

d) 133°.

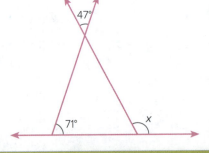

48. (UFMG) Os ângulos x e y da figura medem:

a) x = 20°, y = 30°.
b) x = 20°, y = 20°.
c) x = 30°, y = 20°.
d) x = 60°, y = 20°.

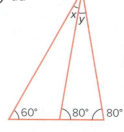

49. (Mack-SP) Na figura, $\overline{DE}$ é paralelo a $\overline{BC}$. O valor de x é:

a) 60°.
b) 70°.
c) 80°.
d) 90°.

50. (Fespi-BA) Em um triângulo isósceles, o perímetro mede 80 cm. Sabendo-se que a base vale 20 cm, cada lado deve valer:

a) 20 cm.
b) 30 cm.
c) 40 cm.
d) 60 cm.

51. (Saresp) Na figura, o triângulo BDC é equilátero e o triângulo ABD é isósceles (AB = BD). A medida do ângulo interno A é igual a:

a) 30°.
b) 20°.
c) 45°.
d) 60°.

52. (UFMG) Na figura, o valor de 3y − x, em graus, é:

a) 8°.
b) 10°.
c) 12°.
d) 16°.

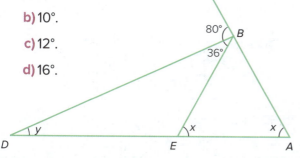

53. A medida, em graus, do ângulo x é:

a) 30.
b) 35.
c) 40.
d) 45.

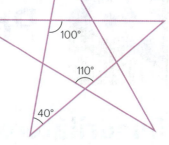

54. Quanto vale a soma dos 10 ângulos indicados na figura?

a) 360°
b) 600°
c) 720°
d) 900°

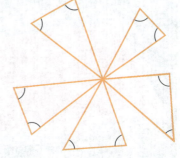

55. (UMC-SP) Na figura abaixo, a medida do ângulo x é:

a) 70°.   b) 80°.   c) 100°.   d) 120°.

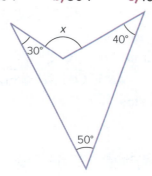

56. (Unirio-RJ) As retas r_1 e r_2 são paralelas. O valor do ângulo α, apresentado na figura abaixo, é:

a) 40°.   c) 50°.
b) 45°.   d) 65°.

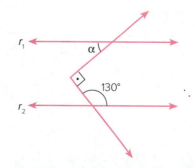

213

CAPÍTULO 25
Polígonos

Quadriláteros

Veja alguns exemplos da utilização da forma de quadriláteros no mundo real.

Quadrilátero é um polígono de quatro lados.

No quadrilátero *ABCD* ao lado, temos:

- vértices: *A*, *B*, *C* e *D*;
- lados: $\overline{AB}$, $\overline{AB}$, $\overline{CD}$ e $\overline{DA}$;
- ângulos internos: $\hat{A}$, $\hat{B}$, $\hat{C}$ e $\hat{D}$;
- lados opostos: $\overline{AB}$ e $\overline{CD}$, $\overline{AD}$ e $\overline{BC}$;
- ângulos opostos: $\hat{A}$ e $\hat{C}$, $\hat{B}$ e $\hat{D}$;
- diagonais: $\overline{AC}$ e $\overline{BD}$.

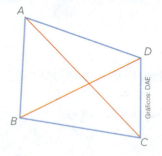

Diagonais são segmentos que unem dois vértices não consecutivos de um polígono.

O perímetro de um quadrilátero é igual à soma das medidas de seus quatro lados.

No quadrilátero da figura acima, o perímetro é: *AB* + *BC* + *CD* + *DA*.

Quadrilátero convexo

Um quadrilátero é **convexo** quando qualquer segmento com extremidades no quadrilátero está contido nele.

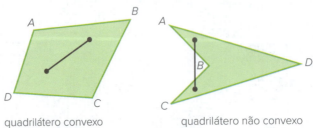

quadrilátero convexo   quadrilátero não convexo

Estudaremos apenas os quadriláteros convexos.

AQUI TEM MAIS

Durante uma campanha eleitoral, um candidato a prefeito prometeu duplicar a área da praça de esportes de um bairro. Um de seus oponentes acusou-o de fazer uma falsa promessa, já que a praça era quadrada e as quatro árvores dos vértices não poderiam ser derrubadas, por exigência da lei ambiental, e precisariam ser mantidas fora da área de utilização da praça esportiva.

Visualize a representação dessa praça:

Uma comissão de moradores voltou a procurar o primeiro candidato e expôs o questionamento de seu adversário.

Para garantir que sua promessa era viável, o primeiro candidato mostrou à comissão o seguinte projeto, que já havia encomendado a um arquiteto:

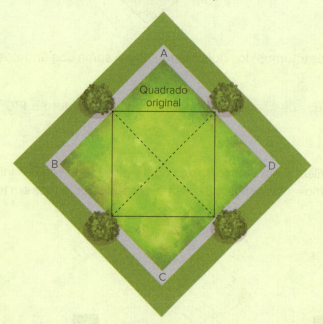

Perceba que os lados do quadrado *ABCD* são paralelos às diagonais do quadrado original. Repare ainda que, do primeiro quadrado para o quadrado *ABCD*, a área dobrou e as quatro árvores permanecem fora da praça.

Soma das medidas dos ângulos internos de um quadrilátero

Observe quadriláteros combinados em uma obra de arte.

→ Paul Klee. *Thomas Landhaus*, 1927. Aquarela sobre papel, 31,1 cm × 46,7 cm.

ABCD é um quadrilátero convexo, e a diagonal $\overline{AC}$ o divide em dois triângulos. Veja:

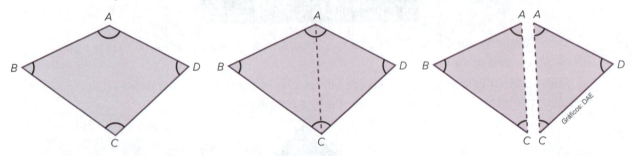

A soma dos ângulos internos dos dois triângulos é a soma dos ângulos internos do quadrilátero. Então:

A soma das medidas dos ângulos internos de um quadrilátero é 180° + 180° = 360°.

Tarefa especial

Desenhe um quadrilátero em uma folha de papel e pinte seus ângulos internos, um de cada cor. Recorte o quadrilátero como mostra a figura 2 e reúna os ângulos coloridos em torno de um ponto (figura 3).

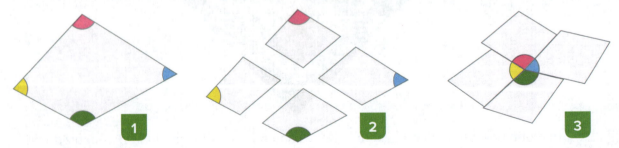

Os quatro ângulos reunidos formam um ângulo de 360°. Constatamos experimentalmente a propriedade que vimos acima.

EXERCÍCIOS DE FIXAÇÃO

1. Observe o quadrilátero ABCD e responda:

a) Qual é o lado oposto a $\overline{BD}$?
b) Qual é o lado oposto a $\overline{AB}$?
c) Qual é o ângulo oposto ao ângulo $\hat{A}$?
d) Qual é o ângulo oposto ao ângulo $\hat{C}$?

2. O perímetro do retângulo abaixo é 26 cm. Qual é o valor de x nesse retângulo?

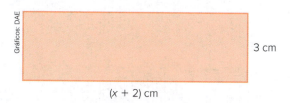

3. O perímetro de um quadrilátero mede 48 cm. Quanto mede cada lado se as medidas são representadas por x, $x + 1$, $x + 2$ e $2x - 5$?

4. Quantos quadradinhos haverá na figura 8?

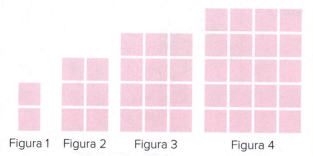

Figura 1   Figura 2   Figura 3   Figura 4

5. A figura representa uma malha de paralelogramos todos congruentes. Qual é o comprimento do caminho que vai de A para B?

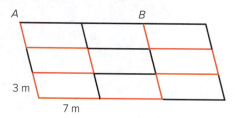

6. Calcule o valor de x nos quadriláteros.

a)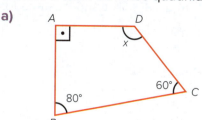

b)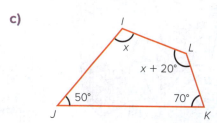

c)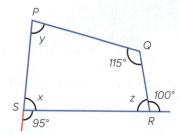

7. Determine os ângulos indicados pelas letras.

a)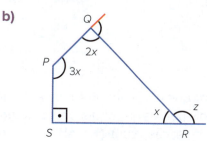

b)

8. Calcule o valor de x nesta figura.

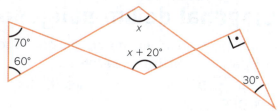

Polígonos convexos

Você já sabe que uma figura plana limitada apenas por segmentos de reta é um polígono.

Veja a forma de polígonos destacados no mapa ao lado.

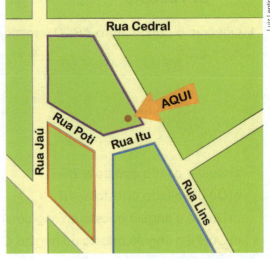

VOCÊ JÁ CONHECE OS TRIÂNGULOS E OS QUADRILÁTEROS. AGORA VAMOS GENERALIZAR.

Veja alguns elementos dos polígonos:

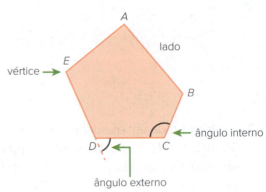

Os polígonos podem ser **convexos** ou **não convexos**.

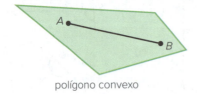

Dizemos que um polígono é convexo quando um segmento que une dois pontos quaisquer de seu interior está inteiramente contido nele; caso contrário, ele é não convexo.

Diagonal de um polígono

Chama-se **diagonal** de um polígono todo segmento que une dois vértices não consecutivos.

$\overline{AC}$, $\overline{AD}$ e $\overline{AE}$ são exemplos de diagonais do hexágono ABCDEF.

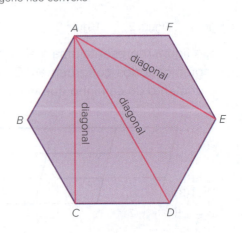

Classificação dos polígonos

Quanto ao número de lados, os polígonos se classificam em:

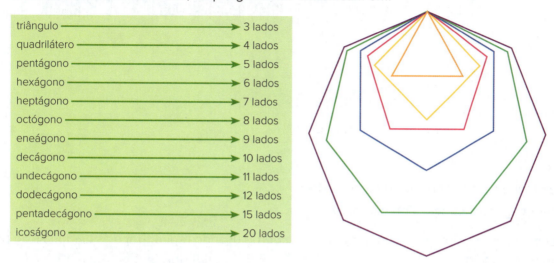

triângulo	3 lados
quadrilátero	4 lados
pentágono	5 lados
hexágono	6 lados
heptágono	7 lados
octógono	8 lados
eneágono	9 lados
decágono	10 lados
undecágono	11 lados
dodecágono	12 lados
pentadecágono	15 lados
icoságono	20 lados

O número de lados de um polígono é igual ao número de vértices dele.

EXERCÍCIOS DE FIXAÇÃO

9. Responda:

a) Quantos lados tem um heptágono?

b) Quantos lados tem um dodecágono?

c) Quantos vértices tem um polígono de 10 lados?

d) Quantos lados tem um polígono de 15 vértices?

10. Entre os polígonos representados, indique aqueles que são:

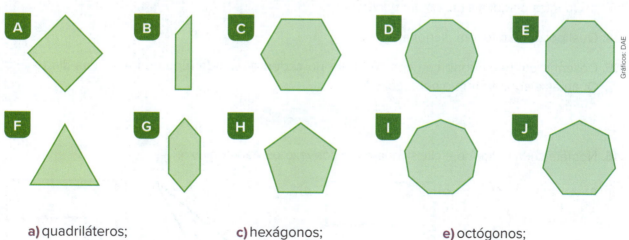

a) quadriláteros;

b) pentágonos;

c) hexágonos;

d) decágonos;

e) octógonos;

f) dodecágonos.

11. Determine o perímetro de um pentágono sabendo que o comprimento de cada lado é igual a 8 cm.

12. O hexágono abaixo tem perímetro de 77 cm.

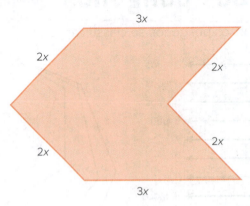

a) Determine o comprimento do menor lado.
b) Esse polígono é convexo ou não convexo?

13. Desenhe um pentágono convexo qualquer no caderno usando régua. Trace as diagonais do polígono e responda:

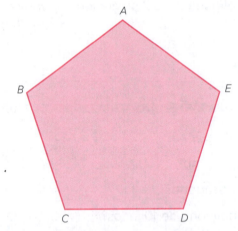

a) Juntando lados e diagonais de um pentágono, quantos segmentos obtemos?
b) Quantos lados há em um pentágono?
c) Quantas diagonais há em um pentágono?

14. Qual polígono não tem diagonais?

15. Desenhe um heptágono convexo qualquer no caderno usando régua e trace suas diagonais. Quantas diagonais tem o heptágono?

Hepta = sete.

16. Nomeie cada polígono e classifique-o em convexo ou não convexo.

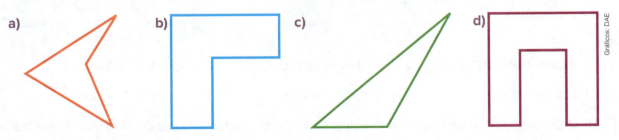

Como vai?

Cinco amigos se encontram e se cumprimentam. Todos trocaram um único cumprimento com cada amigo. Quantos foram os cumprimentos?

Quer ver um jeito fácil de pensar?
- Quantos cumprimentos cada um deu?
- Quantos são os amigos?
- Isso possibilita concluir que houve um total de 5 · 4 cumprimentos?

Observe que, quando Alex cumprimenta Bruna e Bruna cumprimenta a Alex, esses dois cumprimentos devem ser considerados um só. É preciso dividir o total por 2.

Logo, o número de cumprimentos é $\frac{5 \cdot 4}{2} = 10$.

Quer ver outro jeito de pensar? Basta fazer um esquema como este abaixo para representar a situação.

Soma das medidas dos ângulos internos de um polígono

Para obter a soma das medidas dos ângulos internos de um polígono, basta dividir o polígono em triângulos por meio de diagonais que partem de um vértice.

1. A soma dos ângulos internos de um triângulo é 180°.

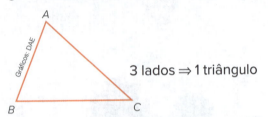

3 lados ⇒ 1 triângulo

2. A soma dos ângulos internos de um quadrilátero é 360°

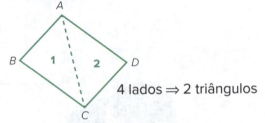

4 lados ⇒ 2 triângulos

3. A soma dos ângulos internos de um pentágono é 540°.

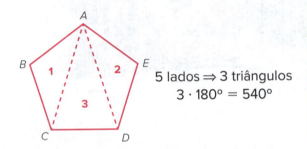

5 lados ⇒ 3 triângulos
3 · 180° = 540°

4. A soma dos ângulos internos de um hexágono é 720°.

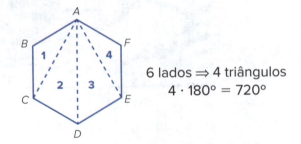

6 lados ⇒ 4 triângulos
4 · 180° = 720°

Observe que:

> O número de triângulos obtidos é sempre igual ao número de lados menos 2.

Assim:

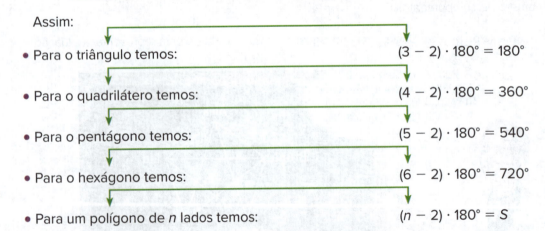

- Para o triângulo temos: $(3 - 2) \cdot 180° = 180°$
- Para o quadrilátero temos: $(4 - 2) \cdot 180° = 360°$
- Para o pentágono temos: $(5 - 2) \cdot 180° = 540°$
- Para o hexágono temos: $(6 - 2) \cdot 180° = 720°$
- Para um polígono de *n* lados temos: $(n - 2) \cdot 180° = S$

Assim, a soma (S) das medidas dos ângulos internos de um polígono convexo é dada por:

$$S = (n - 2) \cdot 180°$$

número de lados menos 2

EXERCÍCIOS
DE FIXAÇÃO

17. Calcule a soma das medidas dos ângulos internos do eneágono.

> **Solução**
> Temos:
> $n = 9$
> $9 - 2 = 7$
> São 7 triângulos.
> $180° \cdot 7 = 1260°$
> Resposta: 1260°.

18. Calcule a soma das medidas dos ângulos internos dos seguintes polígonos:

a) decágono;

b) undecágono;

c) pentadecágono;

d) icoságono.

19. Para pavimentar o chão de uma garagem, serão usadas placas de dois tipos, como mostra a figura. Qual é a soma das medidas dos ângulos internos de cada placa de tamanho maior?

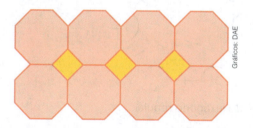

20. Com base nas informações dadas, determine a medida dos outros ângulos de cada polígono a seguir.

a) Triângulo; um ângulo de 25° e outro de 45°.

b) Quadrilátero; dois ângulos de 75° e outro de 70°.

c) Pentágono; um ângulo de 100° e os outros quatro congruentes.

d) Hexágono; seis ângulos congruentes.

21. A soma das medidas dos ângulos internos de um polígono convexo é 900°. Qual é o polígono?

22. Calcule x.

a)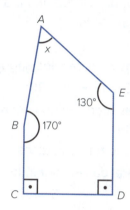

b)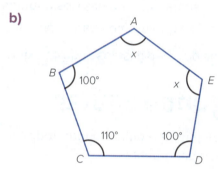

23. Calcule x.

a)

b)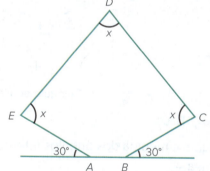

Soma das medidas dos ângulos externos de um polígono

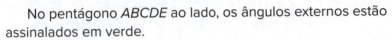

No pentágono *ABCDE* ao lado, os ângulos externos estão assinalados em verde.

Veja:

- A soma das medidas dos ângulos internos é:

    $S = (5 - 2) \cdot 180° = 540°$.

- A soma das medidas dos ângulos interno e externo em cada vértice é 180°.
- O pentágono tem 5 vértices.
- A soma **total** das medidas dos ângulos internos e externos é:

    $5 \cdot 180° = 900°$.

- Assim, a **soma** das medidas **dos ângulos externos** do pentágono é: $900° - 540° = 360°$.

    O raciocínio que usamos para o pentágono vale para todo polígono convexo.

    A soma das medidas dos ângulos externos de um polígono convexo de *n* lados é igual a 360°.

Polígono regular

Um polígono é **regular** quando todos os seus lados são congruentes e todos os seus ângulos internos são congruentes.

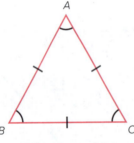

↑ Triângulo equilátero.

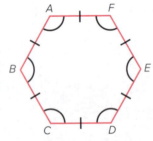

↑ Hexágono regular.

Exemplo:

Calcule a medida dos ângulos internos e externos de um octógono regular.

Solução:

- Cálculo da soma das medidas dos ângulos internos de um octógono regular.

    $S = (8 - 2) \cdot 180°$

    $S = 6 \cdot 180°$

    $S = 1080°$

- Cálculo da medida de **cada ângulo interno** de um octógono regular.

    $a_i = \dfrac{1080°}{8} = 135°$

- Cálculo da medida de **cada ângulo externo** de um octógono regular.

    $a_e = \dfrac{360°}{8} = 45°$ ou $180° - 135° = 45°$

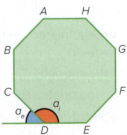

a_i é o ângulo interno.
a_e é o ângulo externo.

EXERCÍCIOS
DE FIXAÇÃO

24. (Saresp) Luís construiu uma pipa com a forma de um hexágono regular. O lado do hexágono mede 15 cm. Qual a medida da vareta *GH*?

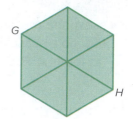

> O hexágono regular pode ser decomposto em 6 triângulos equiláteros.

25. Calcule a medida de cada ângulo interno dos polígonos regulares a seguir.

a) hexágono b) eneágono c) decágono d) icoságono

26. Calcule a medida de cada ângulo externo dos polígonos regulares a seguir.

a) hexágono b) eneágono c) decágono d) icoságono

27. Calcule o valor de *x* e *y* nesta figura.

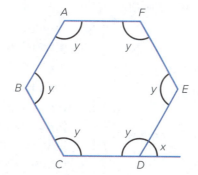

! CURIOSO É...

Pavimentações com polígonos regulares

Os polígonos são encontrados em várias situações práticas, por exemplo, no revestimento de pisos ou paredes, em calçamento de ruas etc. Por meio da observação, podemos descobrir as medidas dos ângulos de um polígono.

Veja:

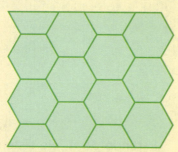
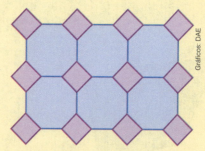

↑ Mosaico formado por hexágonos regulares.

↑ Mosaico formado por quadrados e octógonos regulares.

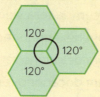
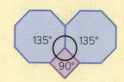

225

EXERCÍCIOS
COMPLEMENTARES

28. (Cesgranrio-RJ) O polígono abaixo é um octógono e possui 8 vértices, identificados pelas letras A, B, C, D, E, F, G e H.

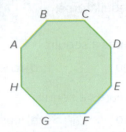

Se forem traçados os segmentos BD e BE, esse octógono será dividido em três polígonos. Esses polígonos serão:

a) três quadriláteros.
b) dois triângulos e um quadrilátero.
c) dois triângulos e um pentágono.
d) dois triângulos e um hexágono.
e) um triângulo, um quadrilátero e um pentágono.

29. O hexágono abaixo tem um perímetro de 37 cm. Qual é a medida do maior lado?

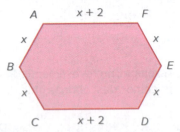

30. Calcule x.

a)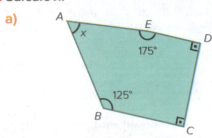

b)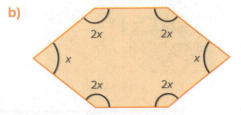

31. A figura abaixo representa um hexágono de centro M. Que fração desse hexágono está pintada?

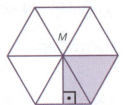

32. (Encceja-MEC) Um artista criou um mosaico utilizando pentágonos regulares e losangos, dispostos como mostra a figura.

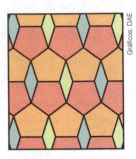

Para recortar as peças do mosaico o artista precisa conhecer a medida dos ângulos das figuras. Sabendo que cada ângulo interno de um pentágono regular mede 108°, os ângulos internos dos losangos devem medir:

a) 18° e 162°.
b) 30° e 150°.
c) 36° e 144°.
d) 54° e 126°.

33. (PUC-SP) A figura descreve o movimento de um robô:

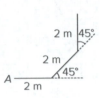

Partindo de A, ele sistematicamente avança 2 m e gira 45° para a esquerda. Quando esse robô retornar ao ponto A, a trajetória percorrida terá sido:

a) um hexágono regular.
b) um octógono regular.
c) um decágono regular.
d) um polígono não regular.

EXERCÍCIOS
SELECIONADOS

34. Em um pentadecágono regular:
   a) Qual é a soma das medidas dos ângulos internos?
   b) Quanto vale cada ângulo interno?
   c) Quanto vale cada ângulo externo?
   d) Qual é a soma das medidas dos quinze ângulos externos?

35. O pentágono abaixo é formado por um triângulo equilátero e por um quadrado.
   a) Qual é a medida do ângulo x?
   b) Qual é a medida do ângulo y?

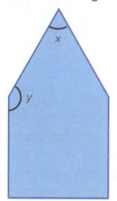

36. O ângulo externo de um polígono regular mede 60°.
   a) Qual é a medida do ângulo interno desse polígono?
   b) Que polígono regular é esse?

37. Qual é o polígono regular onde a medida do ângulo interno é igual à medida do ângulo externo?

38. O mosaico ilustrado foi composto somente por polígonos regulares. Qual a medida x?

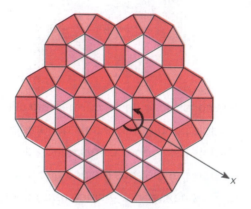

❗ CURIOSO É...

Você conhece este quebra-cabeça?

Este quebra-cabeça milenar, de origem chinesa, chama-se **Tangram**. Ele é formado por sete peças – cinco triângulos e dois quadriláteros –, que normalmente são apresentadas na forma de um quadrado.

É espantoso como é possível formar centenas de figuras com sete polígonos tão simples!

Veja a seguir algumas figuras construídas com o Tangram.

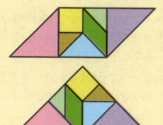
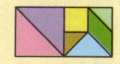
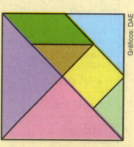

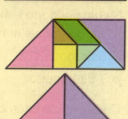

227

PANORAMA

FAÇA AS ATIVIDADES A SEGUIR E REVEJA O QUE VOCÊ APRENDEU.

39. Um polígono de quatro lados é denominado:
a) quadrado.
b) retângulo.
c) paralelogramo.
d) quadrilátero.

40. (Saresp) Alguém construiu uma caixa, com fundo e tampa, a partir de pedaços de papelão que são, cada um deles, polígonos com lados da mesma medida. Veja como ficou essa caixa, aberta e cheia de algodão.

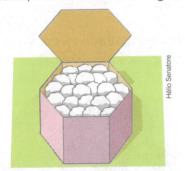

Na construção dessa caixa foram utilizados:
a) dois pentágonos e seis quadrados.
b) dois hexágonos e seis quadrados.
c) dois pentágonos e cinco quadrados.
d) dois hexágonos e cinco retângulos.

41. (Saresp)

Polígono	Número de lados	Número de diagonais em um vértice
quadrilátero	4	1
pentágono	5	2
hexágono	6	3
heptágono	7	4
octógono	8	5

Se um polígono tem 12 lados, então o número de diagonais em um vértice será:
a) 6 diagonais.
b) 7 diagonais.
c) 9 diagonais.
d) 15 diagonais.

42. Cada ângulo interno de um polígono regular de 12 lados mede:
a) 1800°.
b) 150°.
c) 120°.
d) 108°.

43. (Saresp) Para confeccionar sua pipa, Paulo usou 3 varetas, nas posições indicadas na figura. Como a pipa tem forma hexagonal, se em cada diagonal Paulo colocasse uma vareta, ele teria que dispor de mais:

a) 9 varetas.
b) 6 varetas.
c) 4 varetas.
d) 3 varetas.

44. (Saresp) Seis cidades estão localizadas nos vértices de um hexágono regular, como mostra a figura. Há um projeto para interligá-las, duas a duas, por meio de estradas. Algumas dessas estradas correspondem aos lados do polígono e as demais, correspondem às diagonais. Desse modo, o número de estradas a serem construídas é de:
a) 9.
b) 15.
c) 21.
d) 24.

Dica: desenhe um hexágono no caderno e trace as possíveis estradas.

45. (Uerj)

> Se um polígono tem todos os lados com a mesma medida, então todos os seus ângulos internos têm a mesma medida.

Para mostrar que essa proposição é **falsa**, pode-se usar como exemplo a figura denominada:
a) losango.
b) trapézio.
c) retângulo.
d) quadrado.

46. O valor de x nesta figura é:
a) 25°. c) 31°.
b) 30°. d) 35°.

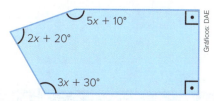

47. (FGV-SP) A soma das medidas dos ângulos internos de um eneágono é:
a) 900°. c) 1260°.
b) 1080°. d) 1800°.

48. (PUC-SP) Cada ângulo interno de um decágono regular mede:
a) 60°. c) 120°.
b) 72°. d) 144°.

49. (Mack-SP) Na figura, ABCDE é um pentágono regular, $\overline{EF}$ é paralelo a $\overline{AB}$ e $\overline{BF}$ é paralelo a $\overline{AE}$. A medida do ângulo α é:

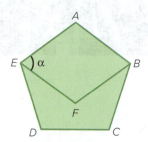

a) 72°.
b) 54°.
c) 60°.
d) 76°.

50. A figura mostra um triângulo equilátero e um pentágono regular. Quanto mede, em graus, o ângulo x?

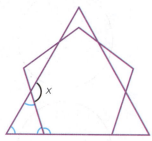

a) 120° c) 136°
b) 132° d) 140°

51. O ângulo externo de um octógono regular mede:
a) 120°. c) 45°.
b) 85°. d) 15°.

52. (Acafe-SC) A figura a seguir descreve de que forma uma pessoa se desloca, caminhando. Partindo de A, ela avança sempre da mesma maneira, caminhando 140 m e girando 45° para a esquerda. Depois de algum tempo, essa pessoa retorna ao ponto A, fechando a trajetória. Se, em média, ela dá 12 passos a cada 10 m, o número de passos que ela deu em toda a trajetória foi:

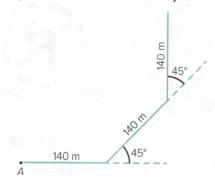

a) 1120. c) 1344.
b) 1200. d) 1400.

53. Na figura, ABCDEF é um hexágono regular. O valor de x é:

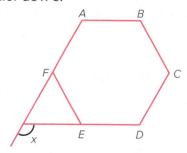

a) 60°. b) 80°. c) 100°. d) 120°.

54. (UFMG) Na figura, ABCDE é um polígono regular. A medida, em graus, do ângulo $C\hat{R}D$ é:
a) 32.
b) 34.
c) 36.
d) 38.

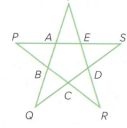

CAPÍTULO 26
Circunferência e círculo

Formas circulares

Veja como as formas circulares são comuns no cotidiano.

O que é circunferência? O que é círculo?

Fixamos um ponto P no plano e marcamos, ao redor dele, no mesmo plano, pontos que estão a uma distância, por exemplo, de 1,2 cm de P.

Marcando todos os pontos do plano que têm esta propriedade, obtemos uma linha curva que é chamada de circunferência de centro P e raio de 1,2 cm.

As imagens não estão representadas na mesma proporção.

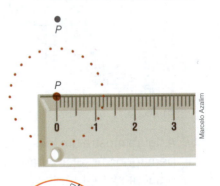

A circunferência é uma linha: tem comprimento.

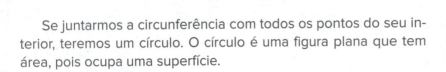

Se juntarmos a circunferência com todos os pontos do seu interior, teremos um círculo. O círculo é uma figura plana que tem área, pois ocupa uma superfície.

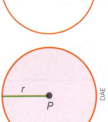

Circunferência, círculo e seus elementos

Circunferência é o conjunto de todos os pontos de um plano que distam igualmente de um ponto fixo chamado **centro**.

O aro da cesta de basquete nos lembra uma circunferência.

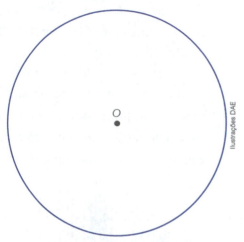

circunferência de centro O

Círculo é a reunião de uma circunferência e seu interior.

Este apoio para copos nos lembra um círculo.

círculo de centro O

Veja alguns elementos da circunferência e do círculo.
- **Raio** é o segmento que une o centro a qualquer ponto da circunferência.
- **Corda** é o segmento cujas extremidades pertencem à circunferência.
- **Diâmetro** é a corda que passa pelo centro da circunferência.

Na figura:
- $\overline{OA}$ é um raio;
- $\overline{CD}$ é uma corda;
- $\overline{AB}$ é um diâmetro.

O **diâmetro** mede o dobro do raio.

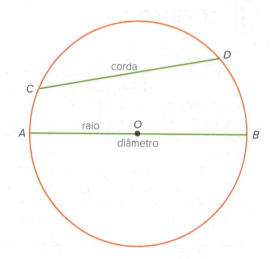

O compasso

O compasso é o instrumento mais adequado para traçar circunferências.

A ponta-seca (sem grafite) possibilita marcar o centro da circunferência.

A haste móvel possibilita abrir o compasso com a medida do raio da circunferência. Girando o compasso, traçamos a circunferência.

Para traçar uma circunferência precisamos:
- fixar um ponto no plano, que será o centro;
- fixar uma distância, que será a medida do raio;
- desenhar uma linha que contenha todos os pontos que estão a essa distância fixa do centro.

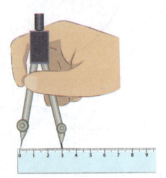
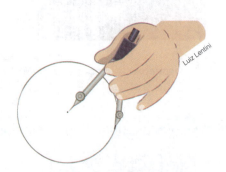

Observe a reprodução de um quadro do pintor russo Wassily Kandinsky (1966-1944). Círculos e circunferências foram utilizados para compor uma bela obra! Exercite o uso do compasso desenhando uma composição somente com formas circulares e cores.

→ Wassily Kandinsky. *Círculos em um círculo*, 1923. Óleo sobre tela, 98,7 cm × 95,6 cm.

❗ CURIOSO É...

Você já brincou de roda cantando *Ciranda cirandinha* ou já dançou quadrilha e formou a "grande roda"? As danças em círculo são quase tão antigas quanto o aparecimento das palavras e surgiram antes mesmo da escrita. Repare como são comuns atividades em que as pessoas se organizam em círculos: as rodas de capoeira, as rodas de samba, os momentos de conversa ou reuniões, por exemplo. Essas situações acontecem há muito tempo.

Uma das razões para o uso da disposição circular é que, assim, todas as pessoas ficam a uma mesma distância do centro – todos têm o mesmo destaque e a mesma importância na roda, gerando um ambiente de compartilhamento e confiança.

EXERCÍCIOS
DE FIXAÇÃO

1. Com a ajuda do compasso e da régua, desenhe no caderno circunferências com:

   a) 3 cm de raio;

   b) 5 cm de diâmetro.

2. Responda às questões.

   a) Um anel lembra que figura geométrica?

   b) Um CD lembra que figura geométrica?

3. Quero confeccionar uma capa quadrada para guardar um CD que tem 6 cm de raio. Qual é a menor medida que essa capa pode ter?

4. Um professor de Química deseja construir uma estante em que caibam exatamente 8 frascos de reagentes. Cada frasco tem 7,5 cm de diâmetro. Qual deve ser o comprimento da estante?

5. Na circunferência traçada ao lado, identifique:

   a) duas cordas;

   b) dois raios;

   c) dois diâmetros.

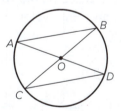

6. O perímetro do retângulo mede 36 cm. Calcule a medida do raio de cada circunferência.

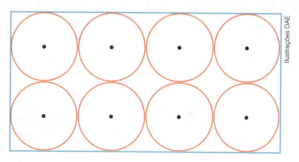

Comprimento da circunferência

Como vimos, a circunferência é uma linha, por isso, tem comprimento, que pode ser medido. O comprimento da circunferência é o perímetro do círculo que ele delimita.

Há muitos e muitos séculos já se sabia que o comprimento de uma circunferência depende da medida de seu diâmetro. Vamos descobrir que relação é essa por meio de um experimento.

Faça esse **experimento** seguindo as instruções indicadas.

Material:
- um prato;
- fita métrica.

Instruções

1. Contorne um prato com a fita métrica para medir seu **perímetro**.
2. Meça o **diâmetro** do prato e anote o resultado.
3. Divida essas medidas.

diâmetro

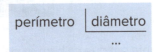

perímetro	diâmetro
...	

Você deve ter encontrado um número próximo de 3,1 ou 3,2, dependendo do rigor das medições efetuadas.

Repita o experimento com objetos maiores, como uma roda de bicicleta. Quanto maior o objeto, mais perto do valor correto você chegará, pois terá diminuído a margem de erro de medição.

Os matemáticos concluíram, após muitas determinações por processos muito mais rigorosos, que o **quociente** entre o **perímetro** de um círculo e o respectivo **diâmetro** é sempre igual, seja qual for o tamanho do círculo. Este valor constante é representado pela letra grega π (pi).

$$\pi = 3{,}14159265...$$

Como, $C : d = \pi$
$C = \pi \cdot d$
$C = 2 \cdot \pi \cdot r$

$\boxed{C = \pi \cdot 2 \cdot r}$ → Essa é a fórmula utilizada para determinar o perímetro de um círculo.

O perímetro do círculo é sempre 3 vezes e mais um "pouco" maior que o diâmetro.

Aproximadamente 0,14 do diâmetro.

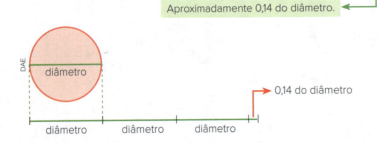

0,14 do diâmetro

Como π tem infinitas casas decimais, usaremos valores aproximados:
$\pi = 3{,}14$ ou $\pi = 3$, por exemplo.

Problemas que envolvem o comprimento da circunferência

1. Quantos metros de fita serão necessários para contornar toda a volta de uma toalha de mesa circular com diâmetro de 1,2 m?

Vimos que o comprimento da circunferência de diâmetro d é $C = \pi \cdot d$.

Neste problema, $d = 1,2$ m.

$C = \pi \cdot 1,2$.

$C = 3,14 \cdot 1,2 = 3,768$ m.

Vamos usar $\pi = 3,14$ como aproximação.

Para não faltar fita, podemos arredondar 3,768 para 3,8 m.

Serão necessários 3,8 m de fita.

2. A roda da bicicleta de Mariana tem 40 cm de raio. Ela percorre exatamente 1884 m pela ciclovia para ir de casa até sua escola. Quantas voltas a roda da bicicleta dá nesse percurso?

O raio da roda mede 40 cm = 0,40 m.

$C = 2 \cdot \pi \cdot r$, ou seja, neste problema, $C = 2 \cdot 3,14 \cdot 0,4 = 2,512$ m.

A cada volta completa, a roda percorre 2,512 m.

Como são 1884 m, faremos:

$1884 : 2,512 = 750$.

Para fazer o percurso, a roda dá 750 voltas.

EXERCÍCIOS DE FIXAÇÃO

Use π = 3,14 como aproximação para π.

7. Calcule o comprimento de uma circunferência quando:
   a) o raio mede 7 cm;
   b) o raio mede 2,5 cm;
   c) o diâmetro mede 3 cm;
   d) o diâmetro mede 8,2 cm.

8. O diâmetro do aro de uma cesta de basquete mede 45 cm. Qual é o comprimento do aro?

9. Uma pista de ciclismo tem a seguinte forma:

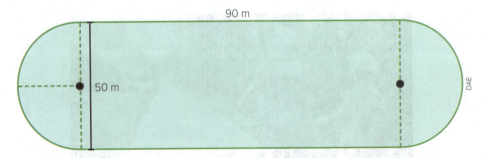

Qual é o comprimento dessa pista?

10. O diâmetro da roda de uma bicicleta é 52 cm. Determine a distância percorrida pela bicicleta após 10 rotações completas da roda.

11. Um pneu anda 21,98 metros para a frente quando dá 7 voltas. Qual é seu diâmetro?

236

Construção de triângulos com régua e compasso

Usando a definição de circunferência, construiremos triângulos usando régua e compasso.

A. Construção do triângulo ABC em que AB = 5 cm, BC = 4 cm e AC = 3 cm.

1. Trace um dos lados, por exemplo, AB = 5 cm.

2. Use a régua para ter abertura igual à medida de um dos outros lados, por exemplo, AC = 3 cm. Com a ponta-seca do compasso em A, trace um arco, como você vê na ilustração.

3. Use a régua para obter abertura igual à medida do terceiro lado, BC = 4 cm. Com a ponta-seca do compasso em B, trace o arco como na ilustração. Você determinou o ponto C.

4. Trace, com auxílio da régua, os segmentos AC e BC, obtendo o triângulo ABC.

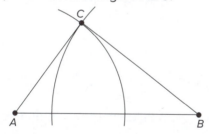

B. Construção do triângulo PQR equilátero de lado 2 cm.

1. Como o triângulo é equilátero, temos $\overline{DE} = \overline{DF} = \overline{EF}$ = 2 cm. Traçamos um dos lados, por exemplo, $\overline{DE}$.

2. Com a ponta-seca do compasso em D, depois em E, mantendo abertura igual à medida de DE, traçamos dois arcos que se cortam no ponto F. Com a régua, traçamos os lados DF e EF, construindo o triângulo DEF.

237

EXERCÍCIOS

COMPLEMENTARES

12. Use o compasso para traçar no seu caderno uma circunferência:

a) de centro P e raio 2,5 cm

b) de centro O e diâmetro 6 cm.

13. Na circunferência ilustrada, de centro O, identifique:

a) um raio;

b) uma corda;

c) um diâmetro.

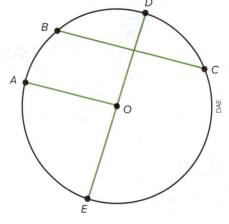

14. Na figura, qual dos pontos está mais próximo de O?

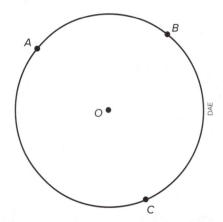

15. Associe cada objeto com a figura geométrica que ele nos lembra: círculo ou circunferência.

As imagens não estão representadas na mesma proporção.

16. Leandro deu 10 voltas completas caminhando ao redor de uma praça circular de 40 m de diâmetro. Use π = 3 para calcular aproximadamente quantos metros ele percorreu.

PANORAMA

FAÇA OS EXERCÍCIOS A SEGUIR E VEJA O QUE VOCÊ APRENDEU.

17. Em uma circunferência de 65 cm de raio foi traçada uma corda que passa exatamente por seu centro. A distância entre os pontos extremos dessa corda é:

a) 0,65 m.   c) 1,30 m.
b) 1,20 m.   d) 1,40 m.

18. (Obmep) Cinco discos de papelão foram colocados um a um sobre uma mesa, conforme mostra a figura. Em que ordem os discos foram colocados na mesa?

a) V, R, S, U, T.
b) U, R, V, S, T.
c) R, S, U, V, T.
d) V, R, U, S, T.

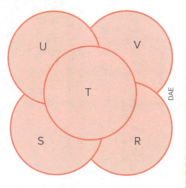

19. A figura mostra uma cartela de botões. Se o raio de cada botão acomodado é 4 mm, as dimensões do retângulo são:

a) 9 mm e 21 mm.   c) 24 mm e 56 mm.
b) 9 mm e 42 mm.   d) 4,5 mm e 10,5 mm.

20. Nesta figura, temos uma circunferência de centro P.

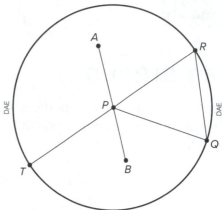

Qual segmento é um raio dessa circunferência?

a) $\overline{AB}$ c) $\overline{RQ}$
b) $\overline{RT}$ d) $\overline{PQ}$

21. (Cesgranrio-RJ) Um ciclista de uma prova de resistência deve percorrer 500 km sobre uma pista circular de raio 200 m. O número aproximado de voltas que ele deve dar é:

a) 200.   c) 400.
b) 300.   d) 500.

22. A figura abaixo representa o trajeto que uma formiga faz para ir de A até B utilizando o caminho indicado com setas. Qual distância ela percorre?

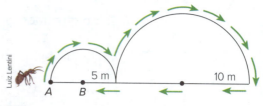

a) 57,1 m   c) 72,1 m
b) 62,1 m   d) 77,1 m

23. (Fatec-SP) O pneu de um veículo, com 80 cm de diâmetro, ao dar uma volta completa, percorre, aproximadamente, uma distância de:

a) 0,25 m.   c) 2,50 m.
b) 0,50 m.   d) 5,00 m.

CAPÍTULO 27
Áreas

Relembrando...

Área é a medida de uma superfície. A área da figura ao lado é de 12 cm². Sua superfície ocupa 12 quadradinhos de 1 cm de lado.

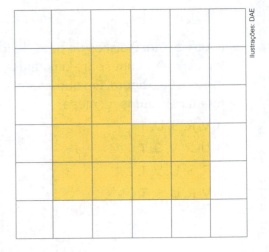

$A = 12$ cm²

No volume do 6º ano, vimos como calcular a área de alguns polígonos sem precisar contar os quadradinhos.

Área do retângulo

área do retângulo = medida da base × medida da altura

$A = b \cdot h$

Sendo: $b \rightarrow$ base

$h \rightarrow$ altura

Área do quadrado

área do quadrado = medida do lado × medida do lado

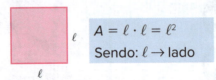

$A = \ell \cdot \ell = \ell^2$

Sendo: $\ell \rightarrow$ lado

Área do paralelogramo

área do paralelogramo = medida da base × medida da altura

$A = b \cdot h$

Sendo: $b \rightarrow$ base

$h \rightarrow$ altura

Área do triângulo

área do triângulo = $\dfrac{\text{medida da base} \times \text{medida da altura}}{2}$

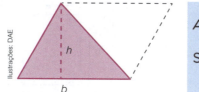

$A = \dfrac{b \cdot h}{2}$

Sendo: $b \to$ base
$h \to$ altura

Vamos resolver problemas que envolvem a área desses polígonos.

A. Júlia comprou um terreno cujas forma e medidas estão na ilustração. Para calcular a área do terreno, ela percebeu que poderia decompor a figura em um retângulo e um triângulo. Fez, então, uma linha tracejada para facilitar a visualização.

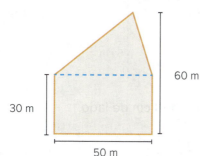

$A_{\text{retângulo}} = b \cdot h = 50 \cdot 30 = 1500 \text{ m}^2$

$A_{\text{triângulo}} = \dfrac{b \cdot h}{2} = \dfrac{50 \cdot 30}{2} = 750 \text{ m}^2$

$h = 60 - 30$

Somando as duas áreas, Júlia obteve a área do terreno todo:

$A = 1500 + 750 = 2\,250 \text{ m}^2.$

B. Veja como Rafael calculou a área de uma peça de metal com a forma e as medidas indicadas na ilustração abaixo.

Ele calculou a área do retângulo de 8 cm $\times$ 6 cm e dela subtraiu a área do retângulo de 4 cm $\times$ 1 cm.

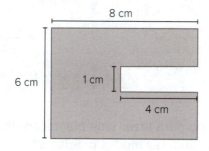

$A_{\text{retângulo I}} = 8 \cdot 6 = 48 \text{ cm}^2$
$A_{\text{retângulo II}} = 4 \cdot 1 = 4 \text{ cm}^2$

A área da peça é $A = 48 - 4 = 44 \text{ cm}^2$.

> Lembrando algumas equivalências entre unidades de medidas de área:
>
> 1 m $\cdot$ 1 m = 1 m²
> 100 cm $\cdot$ 100 cm = 10 000 cm²
> 1 km $\cdot$ 1 km = 1 km²
> 1 000 m $\cdot$ 1 000 m = 1 000 000 m²
>
> 1 m² = 10 000 cm²
> 1 km² = 1 000 000 m²

EXERCÍCIOS DE FIXAÇÃO

1. Calcule a área destes polígonos.

a)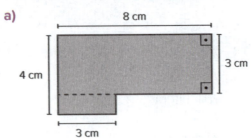

c)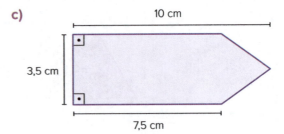

b)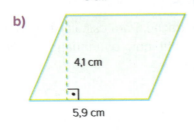

d)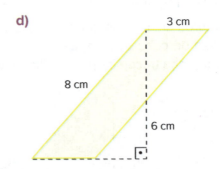

2. Calcule a área dos triângulos traçados na malha quadriculada de 1 cm de lado.

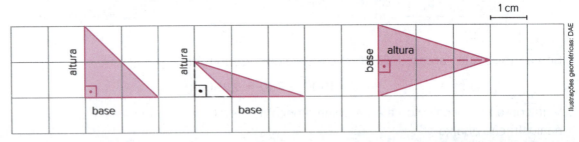

3. Num terreno retangular, foi construída uma piscina também retangular. A ilustração mostra as medidas. Que área do terreno restou após a construção da piscina?

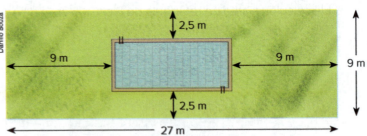

4. Renato fez um desenho do espaço que reservou para fazer uma plantação de alfaces. Se pretende colocar 8 mudas por metro quadrado, de quantas mudas precisará?

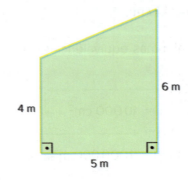

Estudaremos agora as áreas de outros polígonos: losango e trapézio.

Área do losango

O losango é o paralelogramo que tem 4 lados congruentes.

Então:

$$\text{área do losango} = \frac{\text{medida da diagonal maior} \times \text{medida da diagonal menor}}{2}$$

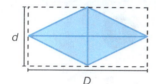

$$A = \frac{D \cdot d}{2}$$

Sendo: $D \rightarrow$ diagonal maior
$d \rightarrow$ diagonal menor

Exemplo:

Calcule a área de um losango cujas diagonais medem 7 cm e 10 cm.

$$A = \frac{7 \cdot 10}{2} = \frac{70}{2} = 35$$

Resposta: 35 cm².

EXERCÍCIOS DE FIXAÇÃO

5. As diagonais de um losango medem 6 cm e 8 cm. Qual é sua área?

6. Calcule a área destes losangos.

a)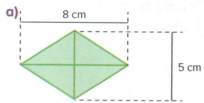

b)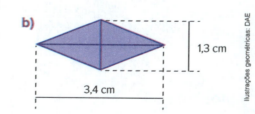

7. A diagonal maior de um losango mede 15 cm e a diagonal menor mede a terça parte da diagonal maior. Qual é a área do losango?

8. Calcule a área do losango a seguir.

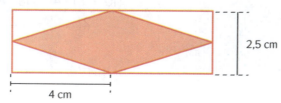

Área do trapézio

O trapézio é o quadrilátero que tem um par de lados paralelos, chamados base maior e base menor.

Considere dois trapézios com as mesmas medidas.

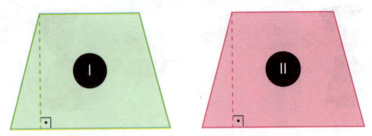

Inverta o trapézio II e coloque-o ao lado do trapézio I, como mostra a figura a seguir.

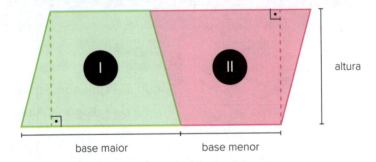

Observe que a área do trapézio é a metade da área do paralelogramo.

Então:

$$\text{área do trapézio} = \frac{(\text{medida da base maior} + \text{medida da base menor}) \times \text{medida da altura}}{2}$$

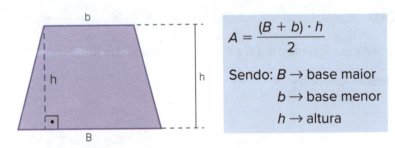

$$A = \frac{(B + b) \cdot h}{2}$$

Sendo: $B \rightarrow$ base maior
$b \rightarrow$ base menor
$h \rightarrow$ altura

Exemplo:

Calcule a área de um trapézio cujas bases medem 8 cm e 10 cm e a altura é 4 cm.

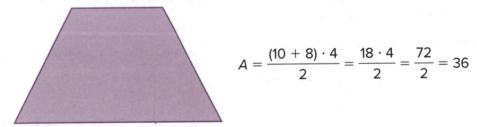

$$A = \frac{(10 + 8) \cdot 4}{2} = \frac{18 \cdot 4}{2} = \frac{72}{2} = 36$$

Resposta: 36 cm².

EXERCÍCIOS DE FIXAÇÃO

9. Calcule a área destes trapézios (medidas em cm).

a)

b)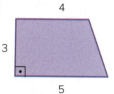

10. Calcule a área de um trapézio cujas bases medem 8 cm e 12 cm e a altura é 5 cm.

11. Calcule a área deste trapézio (medidas em cm).

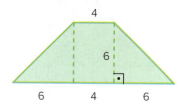

12. Num trapézio, a base menor é a metade da base maior, que mede 16 cm. Qual é a área do trapézio se a altura é igual à base menor?

13. (Obmep) Os quadrados abaixo têm todos o mesmo tamanho.

   I   II   III   IV   V

Em qual deles a região sombreada tem a maior área?

14. (Saresp) Sabendo que cada haste do cata-vento foi feita a partir da divisão do quadrado A indicado na figura, e que a área do quadrado A mede 4 cm², qual a área do cata-vento B?

15. (UERJ) Um terreno com a forma de um quadrado de 40 m de lado foi dividido em três regiões retangulares, destinadas à construção de uma casa (I), um campo de futebol (II) e uma piscina (III), conforme sugere a figura. Sabendo que as áreas das regiões I e II são iguais, calcule:

a) a área da região II;

b) o valor de x na região III.

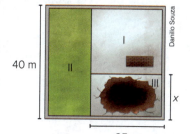

16. Carla desenhou esta casinha formada por um quadrado, um trapézio, e um retângulo e anotou as medidas. Qual a área total do desenho?

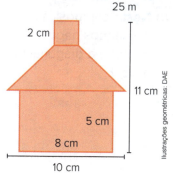

245

EXERCÍCIOS COMPLEMENTARES

17. Calcule a área de cada triângulo e do paralelogramo ilustrados na malha quadriculada de 0,5 cm de lado.

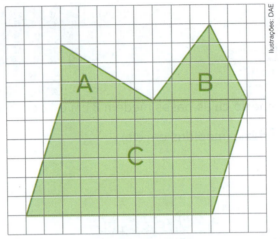

18. Tatiana demarcou, em seu terreno, uma parte triangular para plantar uma horta. Qual é a área da horta?

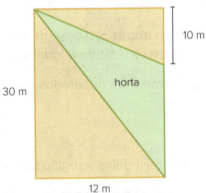

19. Um decorador fez um esquema da parte do terreno de uma chácara em que será plantada grama e da parte em que será posto piso cerâmico. O metro quadrado de grama custa R$ 15,00 e o de piso, R$ 80,00. Qual será o gasto total com material nessa obra?

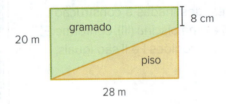

20. Nesta composição de azulejos, um losango maior é formado por 4 losangos pequenos. A diagonal maior do losango pequeno mede 25 cm e a diagonal menor mede 12 cm. Qual é a área do losango maior?

 **PANORAMA**

FAÇA AS ATIVIDADES A SEGUIR E REVEJA O QUE VOCÊ APRENDEU.

21. A parte colorida da figura abaixo tem área de:

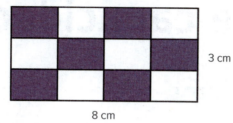

a) 24 cm². b) 12 cm². c) 6 cm². d) 3 cm².

22. A área da casa representada na planta abaixo mede:

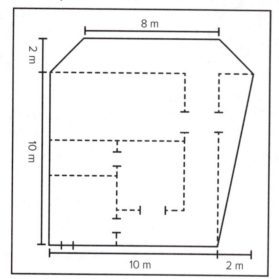

a) 100 m². b) 110 m². c) 130 m². d) 140 m². e) 160 m².

23. Uma letra **V** será aplicada em uma placa de acrílico para um letreiro. A área dessa letra, em metros quadrados, é:

a) 4,75.
b) 3,75.
c) 2,75.
d) 2,25.
e) 2.

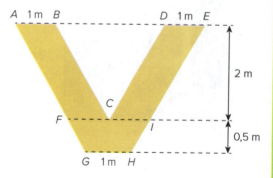

24. Rita decompôs o octógono traçado na malha quadriculada de 1 cm em dois trapézios e um retângulo. Ela somou as áreas e descobriu que a área do octógono é:

a) 12 cm².
b) 16 cm².
c) 24 cm².
d) 28 cm².

CAPÍTULO 28
Medidas de volume e de capacidade

Medidas de volume

Conhecemos os paralelepípedos e os cubos. Eles são exemplos de sólidos geométricos. Os sólidos geométricos ocupam espaço – eles têm volume.

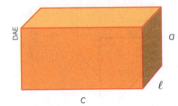
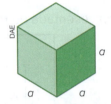

O volume de um paralelepípedo é calculado multiplicando-se suas três dimensões:

$V = c \cdot \ell \cdot a$

O cubo é o paralelepípedo com seis faces quadradas idênticas. Seu volume é calculado fazendo-se:

$V = a \cdot a \cdot a$ ou $V = a^3$

Para calcular o volume do paralelepípedo ilustrado ao lado fazemos:

$V = 5 \cdot 4 \cdot 1,5 = 30$ cm³.

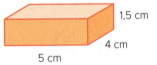

As unidades mais usuais para medir volumes são as descritas a seguir.

Metro cúbico: volume ocupado por um cubo de 1 m de aresta.

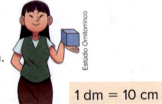

Decímetro cúbico: volume ocupado por um cubo de 1 dm de aresta.

1 dm = 10 cm

Centímetro cúbico: volume ocupado por um cubo de 1 cm de aresta.

1 m = 10 dm ⟶ **1 m³** = 1 m · 1 m · 1 m = 10 dm · 10 dm · 10 dm = **1000 dm³**

1 m = 100 cm ⟶ **1 m³** = 1 m · 1 m · 1 m = 100 cm · 100 cm · 100 cm = **1 000 000 cm³**

EXERCÍCIOS
DE FIXAÇÃO

1. Na figura abaixo, a aresta de cada "cubinho" mede 1 cm. Qual é o volume do cubo "grande"?

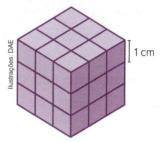

2. Com alguns cubinhos, todos com volume de 4 cm³, montou-se um paralelepípedo retangular. Qual é o volume desse sólido?

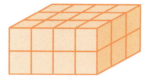

3. Calcule o volume de um cubo cuja aresta mede 6 cm.

4. Cada face de um cubo tem perímetro de 20 cm. Qual é o volume desse cubo?

5. O volume de um paralelepípedo é 13 824 cm³. Calcule a medida da altura desse sólido sabendo que seu comprimento é 32 cm e sua largura, 24 cm.

6. A soma de todas as arestas de um cubo é 48 m. Calcule o volume desse cubo.

O cubo tem 12 arestas.

7. Quando a caixa a seguir estiver cheia, quantos cubinhos do mesmo tamanho caberão em cada camada? E no total de camadas?

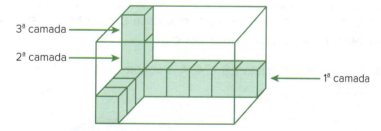

8. Uma embalagem com a forma de um paralelepípedo tem a base retangular medindo 8 cm por 6 cm. Qual é a altura da embalagem se o volume é de 720 cm³?

9. Quantos cubinhos formam este empilhamento? Qual é o volume da pilha se os cubinhos têm 4 cm de aresta?

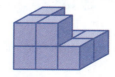

Medidas de capacidade

O litro (L) e o mililitro (mL) são as medidas de capacidade mais usuais. As medidas de capacidade estão relacionadas à ideia de "quanto cabe".

$$1\,L = 1000\,mL$$

Há uma equivalência fundamental entre as medidas de volume e de capacidade.

$1\,L = 1\,dm^3$ 1 L é a capacidade de um cubo com 1 dm de aresta

Como $1\,m^3 = 1000\,dm^3$, temos que $1\,m^3 = 1000\,L$.

Agora acompanhe:

$1\,dm^3 = 1000\,cm^3$ ⎫ $1000\,cm^3 = 1000\,mL$
$1\,L = 1000\,mL$ ⎭ $1\,cm^3 = 1\,mL$

EXERCÍCIOS DE FIXAÇÃO

10. Expresse em litros cada medida indicada dos quadros a seguir.

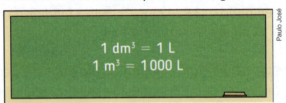

a)
60 dm³	73,6 dm³	1,54 dm³

b)
78 m³	1,4 m³	2,68 m³

11. Uma indústria produz 900 litros de suco por dia. Essa produção é distribuída em garrafas de 720 mililitros. Quantas garrafas são usadas por dia?

12. A embalagem de 1 litro de suco custa R$ 1,74. A embalagem de 1,5 litro custa R$ 2,55. Qual delas tem melhor preço?

13. Despejei 8 xícaras de chá numa jarra graduada que marcou 1 L de chá. Qual é a capacidade da xícara usada como medida?

EXERCÍCIOS

COMPLEMENTARES

14. Daniela colocou água em um pequeno aquário na forma de paralelepípedo até atingir $\frac{4}{5}$ da altura total. Quantos litros de água ela colocou no aquário?

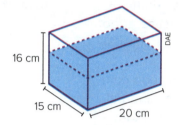

15. As medidas internas da carroceria de certo caminhão são: 1 metro de altura, 5 metros de comprimento e 2 metros de largura. Esse caminhão transportará tijolos cujas medidas são mostradas na figura a seguir. Quantos tijolos, no máximo, cabem nessa carroceria?

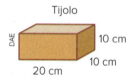

16. Uma caixa-d'água na forma de paralelepípedo com 2 m de comprimento, 1,5 m de largura e 80 cm de altura está vazia, e uma torneira que despeja 5 L por minuto será aberta para encher completamente essa caixa. Quantas horas essa tarefa deve durar?

17. Com 1,8 L de suco de uma jarra enchi completamente 6 copos iguais. Qual é a capacidade de cada copo em mL?

18. O senhor Alfredo precisa tomar 5 doses diárias de 12 mL de certo medicamento durante 1 semana. Esse remédio é vendido em frascos de 120 cm³. De quantos frascos ele precisará? Sobrará medicamento? Se sim, quantos mL?

19. Mariana derreteu a parafina de uma vela cúbica com 6 cm de aresta para aproveitar todo esse material numa nova vela no formato de paralelepípedo. Para ter 6 cm de comprimento e 4 cm de largura, qual deverá ser a altura da nova vela?

PANORAMA

FAÇA AS ATIVIDADES A SEGUIR E REVEJA O QUE VOCÊ APRENDEU.

NO CADERNO

20. (Enem) **Minecraft** é um jogo virtual que pode auxiliar no desenvolvimento de conhecimentos relacionados a espaço e forma. É possível criar casas, edifícios, monumentos e até naves espaciais, tudo em escala real, através do empilhamento de cubinhos.

Um jogador deseja construir um cubo com dimensões 4 × 4 × 4. Ele já empilhou alguns dos cubinhos necessários, conforme a figura.

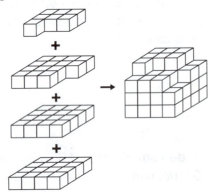

Os cubinhos que ainda faltam empilhar para finalizar a construção do cubo, juntos, formam uma peça única, capaz de completar a tarefa. O formato da peça capaz de completar o cubo 4 × 4 × 4 é:

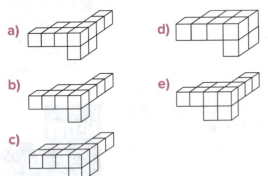

a)
b)
c)
d)
e)

21. (UFRGS-RS) O paralelepípedo reto A, com dimensões de 8,5 cm, 2,5 cm e 4 cm, é a reprodução em escala 1 : 10 do paralelepípedo B.

Então, o volume do paralelepípedo B, em cm³ é:

a) 85
b) 850.
c) 8 500.
d) 85 000.
e) 850 000.

22. (CFT-MG) Deseja-se construir uma caixa-d'água no formato de um paralelepípedo retângulo, que armazene 18 000 litros de água, como mostra a figura.

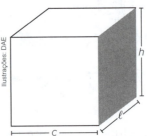

Sabe-se que o comprimento (c) é o dobro da largura (ℓ), que a altura (h) é $\frac{1}{3}$ da medida da largura (ℓ) e que 1 m³ equivale a 1000 litros de água.

Nessas condições, a largura dessa caixa-d'água, em metros, é igual a:

a) 1,5.
b) 1,8.
c) 2,7.
d) 3,0.

23. (IFSul-RS) Um tanque vazio, com formato de paralelepípedo reto retângulo, tem comprimento de 8 metros, largura de 3 metros e altura de 1,5 metro. Esse tanque é preenchido com óleo a uma vazão de 1000 litros a cada 15 minutos.

Nesse sentido, após duas horas do início do preenchimento, a altura de óleo no interior do tanque atingirá, aproximadamente:

a) 24 cm.
b) 33 cm.
c) 1,05 cm.
d) 1,15 cm.

24. (UFPR) A piscina usada nas competições de natação das Olimpíadas Rio 2016 possui as medidas oficiais recomendadas: 50 metros de extensão, 25 metros de largura e 3 metros de profundidade. Supondo que essa piscina tenha o formato de um paralelepípedo retângulo, qual dos valores abaixo mais se aproxima da capacidade máxima de água que essa piscina pode conter?

a) 37 000 litros.
b) 375 000 litros.
c) 3 750 000 litros.
d) 37 500 000 litros.
e) 375 000 000 litros.

Referências

BARBOSA, J. L. M. *Geometria euclidiana plana*. Rio de Janeiro: Sociedade Brasileira de Matemática, 2004.

BARBOSA, R. M. *Descobrindo padrões em mosaicos*. São Paulo: Atual, 1993.

BOYER, C. B. *História da Matemática*. São Paulo: Edgard Blücher, 1996.

BRASIL. Ministério da Educação. Secretaria de Educação a Distância. Disponível em: <http://portal.mec.gov.br/seed>. Acesso em: jun. 2019.

BRUMFIEL, C. F.; EICHOLZ, R. E.; SHANKS, M. E. *Conceitos fundamentais da Matemática Elementar*. Rio de Janeiro: Ao Livro Técnico, 1972.

CENTRO de Aperfeiçoamento do Ensino de Matemática. Disponível em: <www.ime.usp.br/~caem>. Acesso em: jun. 2019.

COXFORD, A.; SHULTE, A. *As ideias da Álgebra*. São Paulo: Atual, 1995.

DINIZ, M. I. de S. V.; SMOLE, K. C. S. *O conceito de ângulo e o ensino de Geometria*. São Paulo: IME-USP, 2002.

FREUDENTHAL, H. *Mathematics as an educational task*. Dordrecht: D. Reidel, 1973.

GONÇALVES JÚNIOR, O. *Geometria plana e espacial*. São Paulo: Scipione, 1988. v. 6. (Coleção Matemática por Assunto.)

GUNDLACH, B. H. *Números e numerais*. São Paulo: Atual, 1994. (Coleção Tópicos de História da Matemática.)

HAZAN, S. *Combinatória e probabilidade*. São Paulo: Melhoramentos, 1977. (Coleção Fundamentos da Matemática.)

HEMMERLING, E. M. *Geometria elemental*. Cidade do México: Limusa Wiley, 1971.

IEZZI, G.; MURAKAMI, C. *Conjuntos e funções*. São Paulo: Atual, 2004. v. 1. (Coleção Fundamentos de Matemática Elementar.)

IFRAH, G. *Os números:* a história de uma grande invenção. Rio de Janeiro: Globo, 1992.

INSTITUTO de Matemática da UFRJ. Projeto Fundão. Disponível em: <www.projetofundao.ufrj.br>. Acesso em: jun. 2019.

LABORATÓRIO de Ensino de Matemática – Unicamp. Disponível em: <www.ime.unicamp.br/lem>. Acesso em: jun. 2019.

LABORATÓRIO de Ensino de Matemática – USP. Disponível em: <www.ime.usp.br/lem>. Acesso em: jun. 2019.

LIMA, E. L. *Áreas e volumes*. Rio de Janeiro: SBM, 1985. (Coleção Fundamentos de Matemática Elementar.)

LIMA, E. L. et al. *A Matemática do Ensino Médio*. Rio de Janeiro: SBM/IMPA, 1999. v. 1, 2 e 3.

MACHADO, N. J. *Lógica, conjuntos e funções*. São Paulo: Scipione, 1988. v. 1. (Coleção Matemática por Assunto.)

MACHADO, N. J. *Medindo comprimentos*. São Paulo: Scipione, 1992. (Coleção Vivendo a Matemática.)

MACHADO, N. J. *Polígonos, centopeias e outros bichos*. São Paulo: Scipione, 1992. (Coleção Vivendo a Matemática.)

MELLO E SOUZA, J. C. de. *Matemática divertida e curiosa*. Rio de Janeiro: Record, 2009.

MOISE, E. E.; DOWNS, F. L. *Geometria moderna*. São Paulo: Edgard Blücher, 1975.

MONTEIRO, J. *Elementos de Álgebra*. Rio de Janeiro: LTC, 1989.

NIVEN, I. *Números:* racionais e irracionais. Rio de Janeiro: SBM, 1984. (Coleção Fundamentos da Matemática Elementar.)

REDEMATTIC. Disponível em: <www.malhatlantica.pt/mat/>. Acesso em: jun. 2019.

SOCIEDADE Brasileira de Educação Matemática. Disponível em: <www.sbem.com.br>. Acesso em: jun. 2019.

SOUZA, E. R. de; DINIZ, M. I. de S. V. *Álgebra:* das variáveis às equações e funções. São Paulo: Caem-IME-USP, 1995.

STRUIK, D. J. *História concisa das Matemáticas*. Lisboa: Gradiva, 1997.

TINOCO, L. A. *Geometria euclidiana por meio de resolução de problemas*. Rio de Janeiro: IM-UFRJ (Projeto Fundão), 1999.

WALLE, J. A. V. de. *Matemática no Ensino Fundamental*. Porto Alegre: Artmed, 2009.

Malhas